dtv
premium

Andrea Bajani

Liebe und andere Versprechen

Roman

Aus dem Italienischen
von Pieke Biermann

Deutscher Taschenbuch Verlag

Von Andrea Bajani
sind im Deutschen Taschenbuch Verlag erschienen:
Mit herzlichen Grüßen (24793, 14117)
Lorenzos Reise (24866)

MIX
Papier aus verantwortungsvollen Quellen
FSC® C013736
FSC www.fsc.org

Deutsche Erstausgabe 2012
Deutscher Taschenbuch Verlag GmbH & Co. KG,
München

Die Originalausgabe erschien 2010 unter dem Titel
›Ogni promessa‹ bei Giulio Einaudi editore s. p. a.,
Turin
Umschlagkonzept: Balk & Brumshagen
Umschlaggestaltung: Ruth Botzenhardt unter Verwendung
von Fotos von plainpicture
Gesetzt aus der Sabon 10,6/14,5·
Satz: Greiner & Reichel, Köln
Druck und Bindung: Kösel, Krugzell
Gedruckt auf säurefreiem, chlorfrei gebleichtem Papier
Printed in Germany · ISBN 978-3-423-24918-8

In der ersten Zeit unseres Zusammenlebens kam Sara morgens mit in die Schule, um die Kinder zu sehen. Wir wohnten erst ganz kurz in dem Mietshaus, der Umzug war ziemlich hastig über die Bühne gegangen und wie all solche Umzüge ein Schaulaufen gewesen, bei dem die anderen Bewohner aus den Fenstern guckten und wir möglichst nichts sagten und taten, was ihnen unangenehm hätte sein können, wir wollten sofort dazugehören. Deshalb haben wir anfangs auch nur auffallend schöne Blumen auf den Balkon gepflanzt, unsere feinste Wäsche aufgehängt und uns selbst als harmonischstes aller Paare dargestellt. Wenn wir mal Streit hatten, haben wir die Fenster zugemacht, damit uns niemand hört, und dann erst unseren aufgestauten Zorn hinausgefaucht. Bald war der Raum zum Bersten voll mit unserer Wut, die Wände wölbten sich, das Zimmer wurde zur Höhle, nach jedem Brüllen ein Extra-Fauchen, die Mauern strebten seitwärts, die Decke hob sich. Und wir dachten an die Dame einen Stock höher und an ihren Enkel, denen sich bestimmt gerade der Boden unter den Füßen bog. Wenn wir zu Ende gestritten hatten, machten wir die Fenster wieder auf, unser Zorn flog zu einem einzigen bebenden Fauchen geballt nach draußen, die Wände zogen sich wieder zurecht, der Boden auch. Und wir traten mit unserem breitesten Lächeln auf den Balkon und grüßten jeden, den wir sahen, mit einem freundlichen: Guten Tag, wie geht's? Wir grüßten auch im Treppenhaus alle Leute, ich stellte mich mit meinem Namen vor und schüttelte Nachbarshände, Sara dagegen sprach immer in Wir-Form, Wir hörte sich vertrauenswürdiger an. Wir hatte auch etwas Romantisches, es klang wie eine jedes Mal neu vollzogene Vereinigung, eine erneuerte Entscheidung füreinander. Und schließlich und vor allem war Wir eine Verheißung.

Saras Wir barg das ganze Leben, das wir zusammen leben wollten, es war wie ein Koffer, so prall gefüllt mit Worten, dass man ihn nur zukriegt, wenn man sich draufsetzt. Geradezu existenziell für dieses Wir war, dass Kinder dazukommen. Denn Saras Wir besagte: Noch sind wir zu zweit, aber bald sind wir zu dritt oder zu viert oder sogar zu fünft, wir bringen euch Kinder ins Haus, und am Anfang weinen die ein bisschen, aber bald dürfen sie auf den Balkon, und einer von uns hilft ihnen, sich auf die Zehenspitzen zu stellen, und ihr könnt ihnen zuwinken, wenn ihr wollt, bald spielen sie schon allein auf dem Balkon und mümmeln Zwieback, bald seht ihr sie an Mamas Hand aus dem Haus kommen und zur Schule gehen, bald kommen sie allein aus der Haustür, gehen zwei Meter weit, drehen sich kurz um, biegen um die Ecke und zünden sich eine Zigarette an, und dann hört ihr uns mit ihnen schimpfen und Türen knallen und Gebrüll quer durch die Wohnung, später hört ihr uns miteinander streiten, eine Mutter und ein Vater, die in puncto Erziehung verschiedener Meinung sind, ihr seht einen von uns auf den Balkon stürzen, hastig eine Zigarette rauchen, wieder hineingehen, wieder herauskommen, ihr seht, dass eines unserer Kinder jeden Nachmittag unterwegs ist und ein anderes immer zu Hause hockt, ihr seht, wie sie unten im Hof plötzlich eine andere Gangart einlegen, Brust raus und kerzengerade oder federnd und hüpfend wie Äffchen, eines mit herausfordernd breiten, ein anderes mit ängstlich eingezogenen Schultern, bald darauf bringen sie Freunde und Freundinnen mit, und kaum habt ihr euch ein Gesicht gemerkt, schon taucht es nicht mehr auf, bald gehen sie zur Universität und lassen sich nur noch sonntags blicken, wenn sie das Haus mit einer Reisetasche verlassen, und sonnabends, wenn sie mit derselben, nur stärker ausgebeulten Tasche wiederkommen, und dann seht ihr sie beim Auszug mit ihren paar Habseligkeiten und bei seltenen Besuchen, sonntags zum Mittagessen und zu Ostern und Weihnachten, und wir, wir Mutter und wir Vater, kommen euch bald vor wie Waisenkinder unserer eigenen Kinder, wenn wir stundenlang schweigend auf dem Balkon sitzen, aber plötzlich nach drinnen stürzen, weil das Telefon klingelt und wir uns nach dem Anruf wieder etwas zu erzählen haben, und irgendwann seht ihr immer dicker werdende Bäuche mitsamt unseren Kindern durch den Hof kommen, und alles geht von vorn los, bald darauf hört ihr im Haus wieder Kinder weinen, und wir sind auf einen Schlag alt geworden, aber wir werden lächeln und es zufrieden sein, uns um diese Kinder zu kümmern, die uns unsere Kinder geschenkt haben werden, als Ersatz für sich.

Nur, wir schliefen zwar miteinander, aber ein Kind wollte sich partout nicht einstellen. Unser Wir ging jeden Monat zu Boden und zu Bruch, und vor lauter Zusammenflicken wurde es nie wieder ganz. In der ersten Zeit war alles normal gelaufen, wir scherten uns nicht um Menstruationszyklen, wir hatten keine Zweifel noch machten wir uns auch nur Gedanken, wir schliefen einfach miteinander, weil wir gar nicht anders konnten, als uns gegenseitig die Kleider vom Leib zu reißen, sobald wir uns nur in die Nähe kamen. Aber dann war plötzlich dieser Gedanke an Kinder da gewesen, ein schöner Gedanke anfangs, mit dem wir uns vor dem Einschlafen umarmten. Leider wurde dadurch das Miteinanderschlafen zu einer Art Anstrengung, unser Wir aufzublasen, aus den zweien, die wir waren, erst drei, dann vier werden zu lassen, so wie bei einem Luftballon in Hasenform, in den man mit aller Kraft hineinpustet, lange passiert gar nichts, und plötzlich flutscht ein Ohr heraus. In dieser Zeit kam Sara oft morgens mit in die Schule und sagte den Kindern meiner Klassen Guten Tag, als wären sie allesamt unsere eigenen. Sie nahm auch mal eines in die Arme und fragte mich: Wie steht mir das? Es war Monat für Monat dieselbe Illusion. Ein paar Wochen lang glaubten wir dran, jedes Mal hatte Sara es im Gefühl, behauptete sie. In dieser Zeit schlenderten wir immer wie eine Familientravestie zu zweit hinter einem Bauch her und sahen die Welt geteilt durch drei. Und es steckte eine ungeheure Kraft darin, Sara erklärte: Ich habe vor nichts und niemandem Angst. Sie fand bei jeder Schwangeren, die uns begegnete, einen Vorwand, auf sie zuzugehen, sie musste gar nicht mit ihr reden, nur ihr nahe sein, damit die Bäuche sich unterhalten konnten. Aber dann war doch jedes Mal nichts daraus geworden, die Monate gingen so dahin, und keiner von uns beiden kam auf die Idee, mal zum Arzt zu gehen, uns wenigstens die Schuld zu teilen. Zur Schule wollte Sara allerdings auch nicht mehr mit, sie erfand jeden Morgen eine andere Ausrede und brachte mich nur zur Tür. Und ich wusste jedes Mal, wenn ich sie im Bad die Schublade mit den Binden aufziehen hörte, dass sie mit zusammengepressten Lippen wieder herauskommen würde. Sich zu mir setzen und stundenlang nichts sagen würde. Abends im Bett verbissen über mich herfallen würde. So war unser Liebesleben allmählich aus den Fugen geraten, sie stürzte sich auf mich, die Füße wütend ineinander verhakt, die Lider halb zu, zornbebend. Hinterher lagen wir einfach da, jeder auf seiner Bettseite, atmeten mit offenen Augen, jeder mit seinem Schmerz, der so ausschließlich der eigene war, dass vom anderen kein Trost kommen konnte.

Dann war lange Zeit von einem Kind keine Rede mehr. Wir schlichen nur noch durch die Wohnung, ganz vorsichtig, als ob da irgendwo ein unsichtbarer Fötus herumläge und wir aufpassen müssten, nicht draufzutreten. Wir bewegten uns durch die Zimmer, wie man sich nachts bewegt, die Haut angespannt, der ganze Körper in Alarmbereitschaft, man setzt die Füße mit der Ferse zuerst auf, dann mit der ganzen Sohle, hält die Hände ausgestreckt vor sich. Und wenn wir das Gefühl hatten, da liegt er irgendwo, unsichtbar, aber sehr anwesend, stiegen wir drüber hinweg, setzten zunächst einen Fuß auf die andere Seite, zogen den Körper hinterher und gingen erst dann normal weiter, wenn der andere Fuß auch drüben war. Je länger unser Schweigen andauerte, desto größer wurde die Zahl dieser herumliegenden unsichtbaren Anwesenheiten, sie vervielfachten sich, es wurde immer komplizierter, sich durch die Wohnung zu bewegen. Mit der Zeit lagen diese Körper auf sämtlichen Fußböden herum, verstopften den Flur, das Bad, das Wohnzimmer, die Küche. Manchmal hatten wir das Gefühl, sogar vor der Wohnungstür liegen einige und wir müssen sie entweder beiseiteräumen oder uns dreinschicken und zu Hause bleiben, uns hinsetzen und abwarten, dass sie von allein verschwinden. Also setzten wir uns hin und warteten ab, starrten auf den Fußboden und hielten die Füße still auf den wenigen noch freien Fleckchen unserer verstopften Wohnung.

Auch wenn wir miteinander sprachen, war dieses Kind, das es nicht gab, irgendwie immer dabei, als hätte es sich zwischen uns gedrängelt und wir müssten über es hinwegsprechen, wie im Bus. Wenn wir nicht miteinander sprachen, starrten wir uns an, und unsere Blicke klammerten sich schuldbewusst und vorwurfsvoll zugleich aneinander fest. Jeder von uns beiden wäre gern tief eingedrungen in die Augen des anderen, einfach einsteigen und eintauchen, durch alle Körpergefäße gleiten bis hin zu der Stelle, an der alles blockiert war. Irgendwo da drin hätten wir herausfinden können, wer von uns beiden nicht funktioniert, wer von uns beiden die Ladehemmung hat. Vor allem hätten wir uns irgendwo da drin gegenseitig helfen können, wir hätten das ganze Terrain durchkämmt, Zentimeter für Zentimeter, hätten den Fehler finden und beheben können, die Drähte entwirrt, die Kontakte wieder richtig geschlossen, wären schnell zurück nach oben geglitten und herausgekommen, wir hätten endlich wieder Luft gekriegt. Aber wir kamen nicht hinein in die Augen des anderen, und so blieb uns nur sprachloses Pendeln zwischen Schuldzuweisungen und Bitten um Vergebung. Wir schliefen zwar weiter miteinander, aber es war nur noch eine kraftlose Kopie, wie beim Hochsprung, man nimmt Anlauf und bricht ihn in letzter Sekunde ab. Sara weinte längst nicht mal mehr, sie drehte sich auch nur noch manchmal zu mir um und umarmte mich, nahm meine Brust als Kissen und zeigte, dass sie am Ende war. Eine Weile blieb sie so liegen, stumm, dann fragte sie, ohne sich von mir zu lösen: Was sollen wir machen? Ich spürte ihre Frage wie einen Wärmestrahl auf der Brust, als ob der Hauch ihrer Worte an der Stelle ein Loch bohrte und wir nur durch dieses Loch miteinander sprechen könnten. Und in dieser Frage, in diesem: Was sollen wir machen?, steckte so vieles. Da war das sich langsam zersetzende Wir, da war sie, da war ich, da war die Wohnung mit den Namen auf dem Klingelschild, und da waren unsere Eltern auf dem Balkon.

Also hatten wir uns einen Hund angeschafft. Er hatte die Wohnung betreten wie ein Profi, sich kurz umgeguckt, ein Zimmer nach dem anderen inspiziert wie jemand, dem ein Blick genügt, um genau Bescheid zu wissen, dann war er wieder zu uns gekommen und hatte sich auf dem Teppich zusammengerollt. Wir hatten auf dem Sofa gesessen und ihm mit unseren Blicken signalisiert: Wir scheuen weder Kosten noch Mühen, und so war er auf dem Teppich liegengeblieben und hatte sich schon nach den ersten Dienstminuten gelangweilt. Einen Namen mochten wir ihm nicht geben. Uns an den Tisch zu setzen und ein Blatt Papier mit Namenslisten vollzuschreiben, das wäre uns vorgekommen, als ob wir ihn in die Kinderrolle drängen wollten. So ging er die ganze Zeit in der Wohnung um wie ein wandelndes Fragezeichen. Nur der kleine Junge einen Stock höher war glücklich, dass der Hund keinen Namen hatte, er verpasste ihm vom Balkon aus jeden Tag einen neuen, dem Hund wiederum genügte offenbar ein namenloser Ruf, schon wedelte er mit dem Schwanz, und wenn er gestreichelt wurde, kniff er die Augen zusammen. Seine Aufgabe hatte er jedenfalls sehr gut verstanden, morgens suchte er als Erstes alle Räume nach diesen unsichtbaren Körpern ab, diesen stummen Anwesenheiten, die aus unserer Wohnung ein Depot der Obsessionen gemacht hatten. Er schnappte sie eine nach der anderen mit den Zähnen an einem Zipfel, zog sie sachte zu sich heran und schleppte sie dann allesamt über den glatten Boden in das Zimmer am Ende des Flurs, das eigentlich für ein eventuelles Kind hatte frei bleiben sollen, aber im Lauf der Zeit mutiert war zur Kammer für das Bügelbrett und anderes Zeug, das man nicht sehen sollte. Danach war er wieder ganz Hund, ließ sich zum Gassigehen an die Leine legen, jagte Vögeln hinterher, feilte sich auf dem Asphalt die Krallen, zerbiss Hausschuhe, schlief auf unserem Bett und hauchte uns seine grenzenlose Liebe ins Gesicht.

In jenem Zimmer am Ende des Flurs schliefen nun aber auch diese Anwesenheiten, die wir nicht mehr in der Wohnung haben wollten. Wenn ich nachts auf die Toilette ging, musste ich daran vorbei, und ich hatte, obwohl die Tür zu war, immer das Gefühl, ich könnte ihre Atemzüge hören und spüren, einen Luftstrom, von dem ich kalte Füße bekam. Einmal sind Sara und ich uns da sogar begegnet, und wir mussten gar nichts sagen. Ich gab ihr nur einen Kuss auf die Stirn, sie hatte ein T-Shirt von mir an und die Augen geschlossen. Später lagen wir wieder zusammen im Bett, Sara drückte sich an mich, schmiegte sich so dicht an meinen Rücken, dass ihr Körper vollkommen parallel zu meinem lag und ihr Arm über meine Flanke hing wie ein ausgeworfener Anker. Aber was immer der Hund uns erfolgreich aus dem Weg räumte, es wohnte weiter in unseren Träumen, über die wir nicht sprachen, wenn wir kreuz und quer durch die Stadt hinter ihm herliefen, der Hund war inzwischen unser Gefängniswärter und seine Leine das Band, das uns aneinanderfesselte. Wir sahen ihm zu, wenn er hinter den Tauben herrannte, und dachten jedes Mal, wenn er in einem Gebüsch verschwand, jedes Mal, wenn er hinter einem anderen Hund aus dem Park herlief, jedes Mal, wenn wir ihn nicht mehr sahen, hoffentlich kommt er nicht zurück.

Im letzten Monat vor den großen Ferien haben wir Geräusche aufgenommen. Wir fingen Geräusche aller Art mit kleinen Recordern ein, auch solche, die scheinbar gar nicht zu hören waren. Meine kleinen Schüler liefen in Grüppchen durch die Schule und hielten ihre Kästchen an die Wände des Hausmeisterzimmers, unter das Pult, an die Schultaschen von Klassenkameraden, in Hefte und in Abfalleimer oder fuchtelten damit an Lehrerinnen herum. Sie zogen so umtriebig herum und stellten Stühle hoch, um besser an das Geräusch unter dem Tisch zu kommen, dass sie eher etwas von einer Putzkolonne hatten. Sie waren ganz fasziniert von Geräuschen, die tauchten plötzlich irgendwo auf, wo sie nicht damit gerechnet hatten. Und wenn sie selbst Teil eines Geräusches waren, hörten sie es nicht. Sie hatten vorher auch nie die akustische Wellenbewegung wahrgenommen, die ganze Stunde Stille, dann plötzlich Stimmengedonner, und das geht beinah sofort wieder unter in der nächsten Stille, dem nächsten Donner, und immer so weiter, den ganzen Tag lang. Dies war der Rhythmus des Viertels, unsere Grundschule schlug die Stunde für alle. Sie war wie eine Kuckucksuhr, zu jeder vollen Stunde ploppten dreihundert Kindergesichter auf einmal aus dem Türchen, rissen die Mäulchen auf und waren im nächsten Moment wieder weg.

Wir sortierten alles, was die Kinder aufgenommen hatten, zu einem Geräuscharchiv. Dafür gab es einmal in der Woche einen Extratermin, alle Teams standen Schlange, jeweils drei oder vier Kinder und der Gruppensprecher, der das Gerät in Händen hielt. Ich nahm es ihm ab, steckte ein Kabel hinein und schloss es an den Computer an, und dann warteten wir zusammen ab, dass die Geräusche vom einen Kabelende zum anderen flossen. Während des Überspielens hatten die Kinder weder Augen für den Computer noch für den Recorder, sondern nur für das Kabel, als wäre es der Ort allen Geschehens, als zwängten sich die Hausmeisterin und die Lehrerinnen leibhaftig durch dieses Röhrchen, danach das Pult, der Abfalleimer, Caterina und das veilchenblaue Federmäppchen von Matilde. Sie starrten es an und rechneten fest damit, dass es ausbeult wie eine Schlange, nachdem sie eine Maus gefressen hat. Sobald die Geräusche in meinem Computer waren, zog ich das Kabel wieder heraus, und alle stöhnten erleichtert auf. Jetzt musste noch jedes Geräusch seinen Namen bekommen und verwechslungssicher katalogisiert werden. Wir hatten dafür vier Rubriken, vier Computerordner mit den Titeln Leute, Orte, Dinge und Tiere. Den Kindern bot die Namensgebung jedes Mal Anlass für lange Diskussionen und manche, allerdings nur kurze, Zankerei. Dazu gingen sie ein Stück beiseite, stellten sich im Kreis auf wie Rugbyspieler, debattierten eine Weile erregt und kamen erst zurück, wenn sie den

Namen hatten, den sie dem jeweiligen Geräusch geben wollten. Danach setzten sie sich nacheinander vor die Tastatur und hackten ihn hinein, mit einem Finger wie ein Raubfalke über den Tasten kreisend. Und am Ende der Stunde waren unsere Aufnahmen allesamt alphabetisch sortiert und archiviert. Die Langenasevonsilvia, die Schuhevonmattia, das Hausmeisterzimmerleer, die Pizzarotmitsardellen.

An einem Tag, meistens mittwochs, hörten wir immer gemeinsam durch, was wir bis dahin aufgenommen hatten. Wir schoben die Bänke an die Wände, ließen die Rollläden herunter, bis es stockfinster war, und setzten uns alle im Kreis auf den Fußboden. Die Kinder saßen regungslos im Dunkeln, zuerst noch unsichtbar, dann, ganz allmählich mit der Gewöhnung an die Dunkelheit, tauchten sie wieder auf. Zuletzt kamen die Augen zum Vorschein, sie hatten sie alle weit aufgerissen, um auf diese Weise im Dunkeln nicht unterzugehen. Und so nahmen wir gemeinsam die Tonparade ab, das Lehrerzimmer mit dem Fenster, unter dem das Moped nicht anspringt, die Schuhe von Mattia, in denen mysteriöserweise das Meer rauscht wie in großen Muscheln, das Hausmeisterzimmer mit dem Espressokocher, in dem das Wasser hochsteigt. Wir hörten, wie furios die Pause klingt, wie die Turnhalle in den ersten Nachmittagsstunden zu schweben scheint, und die Vögel im Baum vor unserem Klassenzimmer, wer hatte die je zuvor wahrgenommen, und einen Presslufthammer, der die Straße aufbohrt, und die Hausmeisterin, die durch den Flur ruft: Ihr Schlingel, gebt den Besen wieder her.

Nach einer Weile hatte trotz der Dunkelheit niemand mehr weit aufgerissene Augen. Jetzt starrte jedes Kind auf irgendeine Stelle seines Körpers, eines auf einen Fuß, ein anderes auf einen Finger, das nächste auf ein Knie, und manche starrten auch einfach in die Luft, den Mund halb offen, vor Augen einen unbelichteten Film, die Leinwand, auf die sie die Geräusche projizierten, die sie sahen.

Am letzten Schultag hat jedes Kind die anderen in sein Zuhause hören lassen, im Dunkeln hinter heruntergelassenen Rollläden, hat es der ganzen Klasse vorgespielt und jeweils dazugesagt, in welcher Straße es lag, in welchem Stock und wie groß die Familie war. Ein paar waren schon mal bei Klassenkameraden zu Hause gewesen, die meisten aber nicht. Ich hatte sie gebeten, die Aufnahmen allein zu machen, sich von niemandem helfen zu lassen, wenn möglich sogar so aufzunehmen, dass die Eltern nichts mitbekamen und schon gar nicht Brüder oder Schwestern. Und so gingen wir alle zu den anderen nach Hause, auch ich, der ich noch nie bei einem der Kinder gewesen war. Wir gingen zu Simone, wo die Nachbarn gerade ihre Wohnung entweder renovierten oder mit der Spitzhacke niederrissen, und zu Melissa, wo andauernd jemand ins Zimmer kam oder rausging und man die Luftbewegungen hören konnte, bei Matilde lief in jedem Zimmer ein Fernseher und in jedem Fernseher ein anderes Programm, bei Silvia sang die Mama ein altes Lied, das ich seit Jahrzehnten nicht mehr gehört hatte, Giacomos Schwester schäkerte am Telefon mit ihrem Freund, aber leider waren die

Worte nicht genau zu verstehen, Giulio hatte seinen Vater beim Schnarchen aufgenommen, weil der immer behauptete, er schnarche gar nicht, aber jetzt hatte er endlich den Beweis, bei Luca herrschte totale Stille, und als ich ihn fragte, warum, sagte er, weil er immer allein zu Hause ist, auch bei Beatrice war nichts zu hören, aber bloß weil sie den Recorder in die Hosentasche gesteckt hatte, damit ihre Eltern nichts mitkriegten. Dann kam noch Micheles Zuhause, da warfen sich die Eltern fürchterliche Sachen an den Kopf, da knallten Türen, und ich stellte mir vor, wie er mit seiner himmelblauen Brille und dem Recorder in der Hand herumirrt, während um ihn herum die Welt untergeht.

Über uns lief manchmal ein kleiner Junge herum, den seine Mama nachmittags zur Oma brachte. Abends kam sie ihn wieder abholen, dann sah ich beide, ihn mit der Schultasche auf dem Rücken, im Dunkeln durch den Hof gehen. Manchmal kam er herunter zu mir, seine Großmutter kündigte mir seinen Besuch vom Balkon aus an, ich machte die Tür auf, hörte oben ihre Tür aufgehen, und kurz danach kam er hereinspaziert. Er ging zum Sofa, setzte sich und schaltete den Fernseher ein. Ich rief durchs Fenster zur Großmutter hoch, dass er gut angekommen war, schloss meine Tür und hörte auch ihre Tür oben wieder zugehen. Seine Großmutter und ich hatten verabredet, dass sie ihn, wenn ich zu Hause war, herunterschicken durfte, das machte mir nichts aus. Wenn ich Zeit hatte, beschäftigte ich mich mit ihm, wenn nicht, beschäftigte er sich allein und störte mich nicht. Er war sechs, die Fernbedienung und den Kühlschrank kannte er auswendig, und sie waren auch die beiden einzigen Dinge, die ihn an meiner Wohnung interessierten. Am Kühlschrank interessierte ihn am meisten das Tiefkühlfach, das zog er immer ganz fachmännisch auf, und dazu kletterte er auf einen Hocker, den er sich extra für die Aktion herangezogen hatte. Dann langte er in die Gelatelli-Schachtel, holte sich je nach Tag und Laune ein paar Eistütchen heraus und ging wieder aufs Sofa. Manchmal stand er auch lange auf dem Hocker und studierte sämtliche Packungen, und das Eisfach hauchte ihm seine kalte Luft entgegen. Er drehte und wendete Päckchen mit Tiefkühlerbsen, Tüten mit aufgedruckten Fotos von schmuck arrangiertem Spinat, Teigtaschen, Klarsichtbeutel mit drei, vier dem Mülleimer entronnenen Brötchen. Er betrachtete sie neugierig und argwöhnisch, dann legte er sie wieder zurück. Er musterte sie, als wollten sie ihn reinlegen. Er zog Fischstäbchen hervor, beäugte sie kritisch aus der Nähe und mit dem deutlich ablesbaren Gedanken: Ich weiß genau, du bist überhaupt kein Eis. Tiefkühlkost jedenfalls beschäftigte ihn sehr, sie nahm nicht gerade wenig von der Zeit in Anspruch, die er bei mir verbrachte. Einmal hörte ich ein Geräusch und lief erschrocken in die Küche, aber er hatte nur eine Packung Kroketten fallen lassen. Er stand vor dem Kühlschrank und pustete sich heftig in die Hände. Er erklärte mir: Die war kochend heiß.

Das erste Mal kam der Enkel der Dame einen Stock höher an dem Tag herunter, als Sara ihre Möbel abholte. Bis dahin hatte seine Großmutter ihm nur erlaubt, sich von Balkon zu Balkon mit mir zu unterhalten, die Hände fest am Gitter, das Gesicht zwischen zwei Stäbe gequetscht. Er wollte immer wissen: Was machst du, auch wenn ich gerade gar nichts tat, aber wenn ich sagte: Nichts, redete er nicht mehr mit mir. Deshalb hatte ich mir angewöhnt, immer auf dem Balkon herumzuhantieren, nur um es ihm erzählen und dafür schwierige Wörter verwenden zu können: Ich wässere die Tulpen. Ich grübele. Ich nippe an einem Magenbitter. Ich zuzele an einer Weintraube. Ich trällere. Wenn ich so etwas sagte, lachte er. Und jedes Mal trug er das Wort nach drinnen und führte es stolz vor, als hätte er es beim Spielen gefunden. Dann rannte er durch die Zimmer und wiederholte es, er holte tief Luft, und wenn er sie wieder ausatmete, war sie ein Wort geworden, das aus seinem Mund hochstieg. Er pustete die ganze Wohnung mit Wörtern voll, ich sah sie zum Fenster hinausschweben wie Seifenblasen. Manchmal kam er auch wieder nach draußen auf den Balkon und rief nach mir, er hatte ein Wort vergessen. Trampolin. Und weg war er damit, hüpfte wieder stundenlang herum, nahm es in den Mund, drehte und wendete es, verlor es im Galopp und fand es plötzlich irgendwo wieder.

Er beobachtete Saras gesamten Auszug vom Balkon aus. Er sah von oben zu, wie die Leute mit Möbeln auf den Schultern ein- und ausgingen, und entbot allen sein Ciao. Und die Leute blieben stehen, setzten das Möbelstück ab, sahen nach oben, grüßten zurück, hoben das Möbelstück wieder hoch und gingen weiter. Seine Großmutter, der inzwischen klar war, was hier ablief, rief ihn immer wieder herein, aber das ignorierte er. Er wollte wissen, was los war, er führte regelrecht Buch, gab bekannt, wer der stärkste von Saras Umzugshelfern war, und erwartete, von jedem Ein- und jedem Ausgehenden zurückgegrüßt zu werden. Sara winkte ihm zu, bevor sie wegfuhr. Mittlerweile war auch ihm klar, was hier ablief. Also hat er mich fragend angesehen, um herauszufinden, ob er den Gruß erwidern durfte. Ich habe laut zurückgefragt: Willst du ihr nicht Auf Wiedersehen sagen? Er hat ein hastiges Ciao herausgebracht, das sofort wieder verklungen war, es war kaum über seine Lippen hinausgelangt. Dann ist auch die Oma auf den Balkon gekommen, hat die Ellbogen aufs Geländer gelegt und heruntergeguckt. Soll er zu dir kommen?, hat sie gefragt, und ich habe geantwortet: Gute Idee. Ich habe die Tür aufgemacht, sie hat heruntergerufen: Er kommt, und ich habe ihn mit einer Hand auf dem Treppengeländer herunterklettern sehen.

Als er in meine Wohnung kam, waren an allen Wänden Lücken von den ausgeräumten Möbeln. Es sah aus, als ob jemand Nischen hineingebombt hätte. Jedes Zimmer hatte solche Leerstellen, wo bis vor Kurzem noch Saras Möbel zwischen meinen gestanden hatten. Er blieb im Flur stehen, drehte sich um und sah mich an, aus seinem Blick sprach halb Verlangen und halb Angst. Ich nickte ihm zu, ruhig weiterzugehen, und er ging los. Von der Tür aus sah jedes Zimmer aus wie ein kaputtes Gebiss, jede klaffende Nische eine Zahnlücke. Ich blieb auf der Schwelle stehen und sah zu, wie er zwischen Schneide- und Backenzähnen herumging, auf Zehenspitzen, die Zunge entlang. Immer wieder drehte er sich um und suchte meine Augen, und ich ermunterte ihn mit Blicken und Nicken, allein weiterzugehen, denn im Maul des Monsters dürfen nur Kinder herumspazieren. Jetzt hatte er keine Angst mehr, es genügte ihm, mir blind zu vertrauen. Er besah sich die Nischen im Zahnfleisch, es schauderte ihn vor Ekel, vor diesen so gewaltsam in die Wände gerissenen Löchern. Dann stellte er sich genau zwischen zwei übrig gebliebene Zähne. Von da aus sah er mich an, und ich dachte, selbst wenn das Monster jetzt das Maul zuklappen würde, er wäre da drin sicher.

Der Tag, an dem Sara auszog, war der letzte Schultag. So verschaffte mir der Sommer unverhofft eine doppelte Leere: Er verschlang all meine Kinder, und er räumte mir die Wohnung aus. Ich hing plötzlich da wie ein Auto auf der Klippe über einem Abgrund. Der Tag hatte morgens um acht in der Schule begonnen, mit dem großen Freiheitsgebrüll auf der Treppe. Es war einer der Tage, an denen man eigentlich gar nicht erst laut zu werden, Schulbänke fest im Blick zu haben, Hausaufgaben abzufragen oder jemanden an die Tafel zu holen braucht. Jedes Jahr versuchte ich, dem Chaos vorauseilenden Feriengefühls etwas entgegenzusetzen, probierte jede Minute einen neuen Trick, setzte mal auf Überrumpelung, mal auf Schockeffekt, es nützte alles nichts. Die Kinder konnten einfach nicht mehr still sitzen, nach ein paar Sekunden warfen sie sich auf den Boden, traktierten ihren Banknachbarn mit Ellbogen, rauften sich die Haare, rieben sich die Augen mit Fäusten, matschten mit Farben herum, kriegten aber kein Bild zustande, schmissen alles Mögliche von Weitem in Richtung Abfalleimer. Am Ende brüllte ich, schlug mit der Faust aufs Pult, und sie guckten mich an, stumm, wie Tiere, wenn sie eine Gefahr wittern oder ein Kommando hören. Und wie Tiere blieben auch sie schlagartig stehen, reckten nur kurz den Hals und hoben den Kopf, als würden sie durch Schweigen und Stillstand unsichtbar. Ich sah sie natürlich trotzdem, sie standen vor mir wie Statuen, wie mitten im Akt des Haarereißens, Fangenspielens oder Ballwerfens erstarrt, nur der Ball sauste als Einziger in der allgemeinen Versteinerung munter weiter durchs Klassenzimmer, prallte gegen eine Wand und hüpfte von da weiter über den Boden. Dann folgte jedes Mal dieser gedehnte Augenblick der Stille, alle meine Steinböckchen regungslos mitten in einem Steinbruch. Aber es musste nur jemand niesen oder der Ball bis zu mir rollen, und das Chaos kehrte in die Klasse zurück.

An dem Tag, als Sara auszog, konnte man es spüren. Es war einer dieser Tage, an denen für alle die Luft vibriert, einer dieser Tage, an denen ein ansteckendes Fieber grassiert. Es fühlt sich an, wie wenn man einen Stromschlag abkriegt, irgendjemand kriegt als Erster einen gewischt, der greift nach irgendjemandem neben sich, und schon nimmt alles seinen Lauf. Ab da läuft die elektrische Ladung durch die ganze Stadt, durch einen Körper nach dem anderen, eine Straße nach der anderen, ein Haus nach dem anderen und breitet sich aus über Läden und Supermärkte, Schwimmbäder und Restaurants und steigt in Busse und U-Bahnen und springt über auf Männer und Frauen, die sich küssen und umarmen, geht durch sie hindurch und dringt vor auf Kirchenbänke, in Kasernen und Postämter und setzt sich später mit in Fahrschulautos, diese eine einzige Ladung, die sich durch einen Körper nach dem anderen fädelt, als wären sie Perlchen, und geht ins Museum und in unterirdische Parkhäuser, und Männer und Frauen gucken sich an, haben kleine, sofort verebbende Zuckungen im Gesicht, und der Strom fährt in Judo-Center, in Büchereien und Pflegeheime, und am Ende, wenn diese Erregung, diese elektrische Ladung durch die ganze Stadt gegangen ist, fährt sie mit einem Schlag in den Boden, an einer einzigen Stelle. Und an der gibt es ein Pfeifen und eine Stichflamme, alles, was da mal gewesen ist, wird zu Staub, und wo mal Gras gewachsen ist, bleibt für immer ein Loch. An jenem Tag war die Stelle der Entladung mein Zuhause.

Bevor wir sie in den Sommer entließen, haben wir alle Kinder in der Turnhalle versammelt, ein bisschen Feiern, Plastikbecher und gemeinsames Auf Wiedersehen. Eine Lehrerin hat wie jedes Jahr mit einer alten Polaroidkamera ein Foto von jeder Klasse gemacht, sie stand in der Mitte der Halle, um sie herum warteten die Kinder klassenweise, bis sie an der Reihe waren, im September würde das Foto hinterm Lehrerpult hängen. In jedem dieser Polaroids steckte eine Viertelstunde missratener Abschiede, am Anfang standen immer alle in Positur, aber dann hielt irgendjemand zwei Finger über den Kopf eines anderen, und sofort brachen alle in Gelächter aus, die Lehrerin trat aus der Gruppe heraus und fing an zu schimpfen, und alles musste noch mal von vorn losgehen. Die Lehrerin mit dem Fotoapparat ruderte so lange mit einem Arm, bis sie alle aus dem Bild geratenen Kinder wieder hineindirigiert hatte, sie führte sich auf wie ein Torwart hinter seiner

Abwehrmauer. Die anderen Klassen standen solange am Rand und sahen schweigend zu, nur der eine oder andere kreischte noch herum, die meisten hielten die Luft an und versuchten, sich in die Lage derer zu versetzen, die gerade in Positur standen. Auf jedes fertige Foto folgte ein Aufschrei, jetzt endlich lachte auch die jeweilige Lehrerin, beugte sich zu den Kindern und gab Kommentare ab oder nahm eines beiseite: So benimmt man sich aber nicht. Endlich waren wir an der Reihe, als Allerletzte, sonst war kein Mensch mehr in der Turnhalle, nur Fußbälle überall. Wir hatten uns vor dem Volleyballnetz in Positur gestellt, alle einundzwanzig, ich hatte gesagt: Blamiert mich nicht. Sie hatten sich tadellos angestellt, die Lehrerin hatte gesagt: Jetzt lächeln, Kinder. Wir hatten alle die Münder breitgezogen, die Lehrerin hatte auf den Auslöser gedrückt, und vorn war das Foto herausgekommen. Dann waren wir alle zu ihr gegangen, sie hatte gesagt: Aber schön artig, und gelacht und Michele das Foto übergeben. Jetzt scharten sich alle Kinder um ihn, und Michele barg das Foto in der Hand wie einen verletzten Vogel. Die anderen standen um ihn herum, beugten sich über seine Hand, jemand fing an zu schubsen und wurde aus der Gruppe gedrängelt. Zuerst war auf dem Polaroid nur ein dunkler Umriss zu erkennen, die Klasse sah aus wie eine Gebirgskette. Aber nach und nach kamen auch Gesichter zum Vorschein, stiegen hoch aus dem, was vorher nur weiß gewesen war, und Matilde schrie auf: Gespenster! Sie tauchten auf, als ob sie dem Meer entstiegen, und Michele hielt die Hand ganz weit von sich, fast als hätte er Angst vor dem Foto. Aber das waren nur wir auf dem Bild, alle zusammen, jeder bereit für den Sommer, jeder mit drei Monaten Leere vor sich. Hinter uns prangte das Volleyballnetz, unter uns der grüne Turnhallenboden, mittendrin ich, der Größte und der Einzige, der nicht lächelte.

Als ich nach Hause kam, lag nur der Hund zusammengerollt hinter der Tür, Sara war nicht da. Ich sah ihren völlig leergeräumten Tisch, und neben der Wohnungstür ragte ein Nagel aus der Wand, an dem ein Bild von einem Freund von ihr gehangen hatte. Die restlichen Sachen wollte sie irgendwann später abholen. Der Hund lag inzwischen nicht mehr im Flur, ich hatte die Wohnungstür offen gelassen, er war hinausgeschlüpft und die Treppe hinuntergeschlichen, jemand hatte ihm die Haustür aufgemacht und ihn hinausgelassen. Ich habe alle Fensterläden aufgerissen und frische Luft hereingelassen, als müsste die ganze Wohnung erst mal richtig durchatmen. Auf dem Küchentisch lag ein Zettel, und auf dem Zettel stand: Ruf deine Mutter an, Mario ist tot. Etwas weiter unten hatte sie mit einem anderen Stift dazugekritzelt: Mario? Mit Fragezeichen. Ganz unten stand Sara und dann das Datum, das sie sonst nie dazusetzte. Mario war der Vater meiner Mutter, seit mindestens fünfzehn Jahren hatte ihn niemand mehr erwähnt.

Der Vater meiner Mutter war ein Mensch, dem die Zeit auch das Gesicht genommen hatte. Ich hatte ihn nur ein paar Mal gesehen, danach war er aus meinem Blickfeld verschwunden. Für den Titel Großvater reichte das zwar nicht, aber andererseits war seine Abwesenheit so raumgreifend, dass er auch nicht jemand sein konnte, der nur mal so vorbeigekommen war. So waren wir auf die Zwischenlösung gekommen, diese Formulierung, die ihn nur zum Verwandten meiner Mutter erklärte und es mir überließ, wie ich mit ihm umgehen wollte, ablehnend oder anerkennend. Wenn ihr sein Name mal auf der Zunge lag, biss sie die Zähne zusammen und versteckte ihn unterm Gaumen, die Worte: dein Großvater, blieben eine Sehnsucht, die Worte: mein Vater, hätten hingegen mitten im Satz zwischen uns beiden einen Graben aufgerissen und eine Zugbrücke hochgezogen. Allerdings sagte sie manchmal schlicht: Großvater. Das bedeutete eine doppelte Anstrengung für sie, zum einen die Suche nach irgendeiner Reaktion in meinem Gesicht und zum anderen den Versuch, ihrem Vater zu trauen und ihm seinen Enkel anzuvertrauen, wenn auch nur mit Worten. Und dabei weiter händeknetend ihren Gedanken nachzuhängen und zu hoffen, mich heil und gesund wiederzusehen.

Ein paar Mal hatte ich ihn tatsächlich selbst gesehen, meistens zusammen mit meiner Mutter, aber manchmal sogar allein. Sie holten mich hin und wieder von der Schule ab, in meinen allerersten Jahren. In derselben Grundschule sollte ich Jahre später selbst unterrichten. Ich kam aus dem Gebäude und sah sie da stehen, nebeneinander, aber etwas abseits von den anderen Eltern. Ich ging jedes Mal mit Argwohn und Widerwillen zu ihnen, ließ sie extra warten. Manchmal tat ich, als hätte ich im Klassenzimmer etwas vergessen, lief zurück, lehnte mich an die Wand hinter der Tür und hoffte, sie würden weggehen. Aber wenn ich wieder herauskam, stand er immer noch neben ihr, sie redeten miteinander, ohne sich dabei anzusehen, sie suchten mich zwischen den anderen Kindern. Also bin ich schließlich hingegangen und habe meine Mutter begrüßt, ihn habe ich mir aus dem Sichtfeld gehalten. Aber sie sagte dann immer: Na komm, gib Großvater einen Kuss, und ich hasste sie. Sie tat das eindeutig nicht für sich, sondern vor allem für uns beide, damit er einen Enkel hatte und damit ich wenigstens probeweise daran glaubte, einen zweiten Großvater zu haben. Und er beugte sich herunter und umarmte mich, die Bewegung verursachte ihm Rückenstiche, er hielt den Atem an, kniff die Augen zusammen und hob mich hoch. Ich ließ mich zwar hochheben, aber ich drehte das Gesicht weg. Das geschah instinktiv, ich wollte seinen Geruch nicht abkriegen, es war ein fremder Geruch, der mich nichts anging. Der Geruch von Haut, Haaren, Rasierwasser. Dazu seine kratzigen Sachen, das derbe graue Sakko, ich spürte das Gepiekse in der Hand und stemmte mich dagegen, um weiter wegzukommen. Sogar seine Körpergröße war mir fremd, wenn er mich auf dem Arm hatte, er war so viel größer als alle anderen. In einem solchen Abstand vom Boden sah ich die Dinge sonst nie, von da oben aus war meine Mutter etwas Zerbrechliches, das ich nicht wiedererkannte. Ich guckte diesen Herrn an, und alles machte mir Angst, sein ausgemergeltes Gesicht, die von irgendjemandem in Fetzen gerissenen Wangen, der eingezogene Kopf, die eingezwängten Knochen. Und diese Augen, sie schienen gar nicht da zu sein, nur Dunkelheit auf dem Grund zweier Höhlen. So standen wir da, ich in der Hoffnung, es möge bald vorbei sein, er mit diesem Blick aus der Finsternis. Dann drückte er mich ganz fest, ich spürte den Druck seiner Arme auf dem Rücken und hielt die Luft an, bis er endlich aufhörte.

Ich ließ sie ein paar Meter vorgehen, Vater und Tochter. Er hatte mir die Schultasche abgenommen und sich umgehängt. Meine Mutter versuchte immer mal wieder, mich in die Mitte zu ziehen, sagte: Gib Großvater auch eine Hand, aber ich wand mich kurz danach wieder los. Jede Sekunde mit diesem Händedruck bedeutete eine Anstrengung, zu der ich nicht bereit war. Ich hatte das Gefühl, nicht nur meine Hand, sondern ich selbst bin da in seiner Hand, ich klemme in einer rauen dunklen Faust. Ich fühlte mich wie im Gefängnis, seine Schwielen schürften mir die Haut auf, ich musste im Dunkeln die Wände abtasten, mit dem Finger seine Handlinien entlangfahren, nach einer Öffnung suchen. Irgendwann fand ich den Ausgang und schlüpfte heraus, ein Ruck, und ich brachte mich in Sicherheit. Von hinten wirkten die beiden, die winzige Frau neben dem baumlangen Mann, als sei sie das kleine Mädchen, das vom Vater von der Schule abgeholt wird. Gleichzeitig wirkte er aber selbst auch wie ein Kind, der unsichere Gang, das mit jedem Schritt fast zufällig wiedergefundene Gleichgewicht und meine rote Schultasche auf dem Rücken. Er hatte sie sich auf den Rücken geschnallt wie ein Schuljunge seinen Tornister, sie spannte über seinem Sakko und zerknautschte es, er zog es ständig wieder nach unten. Die beiden sprachen nur leise miteinander in den zehn Minuten zwischen Schule und Zuhause, und zumeist sprach meine Mutter mit ihm. Dabei sah sie zu ihm auf, und manchmal schob sie ihr Gesicht so dicht an ihn heran, als ob sie ihn mit Worten füttern wollte. Ab und zu blieben sie stehen, sie zog ihren Arm aus seinem, sie wandten sich einander zu, meine Mutter gestikulierend, er mit diesem ewig augenlosen Blick. Ich schnappte das eine oder andere Wort auf, aber das reichte nicht, um zu verstehen, was sie sich sagten. Es waren einzelne Wörter, die wie aus dem Fenster geworfene Zigaretten kurz aufglimmen, die Luft durchschneiden und irgendwo verenden. Manchmal sah ich, wie er einen Arm nach ihr ausstreckte, seine Knochen auf die Schultern seiner Tochter zubewegte. Aber immer nur kurz, er hatte zu viel Angst, es könnte für eine echte Umarmung gehalten werden.

Wenn wir zu Hause ankamen, blieben wir noch eine Weile vor der Tür stehen. Er gab mir meine Schultasche zurück, und meine Mutter sagte, ich solle ihm doch mal meine Hefte zeigen. Wir setzten uns auf die Stufen, er folgte meinem Finger über die Zeilen, sagte ab und zu: Prima, und strich mir mit dieser rauen Hand über die Haare. Bald stand meine Mutter auf und sagte, jetzt sei es aber Zeit, mein Vater warte oben schon. Im Fahrstuhl blieb sie stumm, sichtlich versunken in Gedanken an ihren Vater. Und ich überlegte, was ich machen könnte, damit sein Geruch draußen blieb, vor der Tür zwischen unseren aufgereihten Schuhen.

Meine Klassenkameraden nannten ihn Das Skelett. Sind Knochen mit Kleidern drüber, sagten sie, wenn der geht, klingt's wie klapperndes Holz. Und genauso sah es wirklich aus, wenn er da vorm Schulzaun stand, wie ein über einen Krückstock gehängtes Sakko und oben drauf ein Totenkopf, der niemals lachte. Einer sagte es sogar laut, schrie es allen zu, wenn er ihn vom Fenster aus sah. Und dann brüllten alle auf einmal: Das Skelett!, und klapperten laut mit den Zähnen, zwanzig klackernde Gebisse, Dauer-Tack-Tack, Gehämmer mit Stöcken auf den Boden, das aus unserer Klasse die Treppe hinunter und über den Hof nach draußen lief. Und ich genierte mich und klapperte auch wie wild mit den Zähnen, machte den meisten Krach, spielte mich richtig auf. Wenn wir kurz danach aus der Schule kamen, hatte ich das Gefühl, ihn vor Angst schaudern zu sehen, das Gefühl, ein Windhauch fährt ihm zwischen die Knochen und wirbelt sie durcheinander. Aber er sagte nie etwas, und sobald ich bei ihm war, rückte sich alles wieder zurecht, das Skelett war wieder sortiert und laufbereit, und in seinem Gesicht zeigte sich sogar ein Lächeln. Drei-, viermal hat er mich allein abgeholt, am Anfang meiner Grundschulzeit, beim ersten

Mal hatte meine Mutter ihn bis ans Schultor gebracht, um sicherzugehen, dass er zurechtkommt. Sie war nur mitgekommen, um zuzugucken, wie wir losgehen, uns beiden einzuschärfen: Schön aufpassen, und uns nachzusehen. Sie hielt es vor meinem Vater geheim, dem dieser Herr überhaupt nicht gefiel und dem jedes Mal, wenn die Rede auf ihn kam, vor Wut das Glas in der Hand zitterte. Er sagte immer, wenn der meiner Mutter etwas angetan hatte, dann würde er auch mir etwas antun. Deshalb sprach sie einfach nicht über diese seltenen Besuche, sie musste mich aber auch nicht extra um Komplizenschaft bitten. Ich hätte meinem Vater nie erzählen können, dass sie mich ein paar Stunden lang mit ihm allein ließ und dass sie selbst so lange mit einem Buch und mit der Uhr auf einer Bank saß und auf uns wartete.

Das erste Mal war eine Tragödie. Ich weinte die ganze Zeit, und er wusste nicht, was er machen sollte, er war selbst erschrocken. Er beugte sich zu mir herunter und starrte mich an aus diesen Löchern, die da in seinem Gesicht waren. Er klappte die Knochen ein und ging in die Knie, sein Blick ein Gemisch aus Ohnmacht und Niederlage, als wäre ich ein Getriebe und er wüsste nicht, wo hinfassen. Er hoffte auf das Wunder, dass ich von allein wieder in Gang komme. Aber das Wunder kam nicht, sondern eine Stunde untröstliches Weinen und eine vom Schluchzen verklumpte Kehle. Die ganze Stunde lang saß ich auf einer Schaukel, er schubste mich an, ich sauste auf und ab und schrie meinen Schmerz heraus, und er hoffte, dass der Wind ihm wenigstens die Qual ersparen möge, mich weinen zu hören. Er sah sich verlegen um, um sich zu vergewissern, dass niemand kommt und die Szene sieht, ein Skelett, das eine Schaukel mit einem verzweifelten Kind anschubst. Bei diesem ersten Mal sah ich eine ganze Stunde lang, in der ich nicht aufhörte zu weinen, die Wohnhäuser von gegenüber auf mich zurasen und wieder wegschießen, gebrochen durch Prismen aus Tränen. Und so wie die Gebäude brachen sich auch die Leute vor meinem Blick zu einem Mosaik aus Sechsecken, und die Autos, die Tauben, sein Gesicht, das in viele, viele Teilchen zersplitterte Gesicht, das mich endlich irgendwann von der Schaukel herunterließ. Er machte einfach den Arm lang, packte den Sitz mit einem Griff, der mir den Atem verschlug, und schlagartig standen die Häuser still. Dann gingen wir zu meiner Mutter zurück, ich hatte noch das schwache Echo vom Weinen im Leib. Er lieferte mich bei ihr ab und sah sie verlegen an, wie jemand, der ein Auto mit einem Kratzer zurückbringt.

Die anderen Male war es besser gelaufen, ich hatte ihn am Schultor stehen sehen und mich ihm ausgeliefert, schicksalsergeben, aber mit den Fäusten in der Hosentasche, damit er mich nicht bittet, ihn bei der Hand zu fassen. Er fuhr mit mir immer zu einer Gans, die in einem Springbrunnen herumschwamm, ein paar Haltestellen mit dem Bus, hundert Meter zu Fuß durch den Park, dann auf eine Bank setzen. Im Bus saßen wir dagegen nie, die Strecke war zu kurz. Er hielt sich oben fest, und ich versuchte, die Balance zu halten, ohne mich irgendwo anzulehnen. Ich wechselte ständig von einem Bein aufs andere und verlagerte mein Gewicht nach vorn und hinten, je nach Schlenkern, Kurven, Bremsmanövern, Wiederanfahren, als hätte ich keinen Bus mit Leuten unter den Füßen, sondern mein Skateboard. Ab und zu kam ich aber doch aus dem Gleichgewicht und musste mich an ihm festhalten, für mich eine Niederlage. Im Park ging er neben mir, baumlang, sein Schatten war eine Stange, die uns den Weg bahnte. Rund um den Springbrunnen standen viele Bänke, auf eine setzten wir uns. Das Becken war riesengroß mit einer einzigen Gans drin, und Dutzende von Leuten starrten nur auf sie. Manchmal ließ sich die Gans herab und kam hoheitsvoll zu uns herangerudert, beäugte uns, drehte wieder ab und zeigte uns kurz das wackelnde Hinterteil. Manchmal blieb sie auch einfach in der Beckenmitte, unbeeindruckt von den gellenden Lockrufen und dem Zielschießen, das die Kinder veranstalteten, zuerst wohlwollend, dann ungeduldig, dann ziemlich erbost, und das sich am Ende in ein Zwiebackbombardement verwandelte. Wir saßen immer lange da auf der Bank. Er sagte wenig und immer dasselbe, wirre Sätze über Russland, den Krieg, die Kälte, Fußmärsche, Gefangenschaft. Aber irgendwann fiel ihm auf, dass ich gar nicht zuhörte, dann köderte er mich wieder mit der Gans. Er steckte sich die Finger in den Mund und stieß einen lauten, vollen Ton aus, so wie Hirten. Beim allerersten Mal war ich überhaupt nicht darauf gefasst, ich hätte nie gedacht, dass so etwas von ihm kommen könnte, er redete doch so wenig und so leise. Ich riss den Kopf hoch und guckte in

Richtung des Pfiffs. Ich sah ihn am Beckenrand stehen und hörte diesen Balzton, und die anderen Leute drehten sich zu ihm. Ich spürte das Bedürfnis aufzustehen, zu ihm zu gehen und allen zu zeigen, dass wir beide zusammengehören.

Plötzlich war er weg, und alles schien nur ein schlechter Traum gewesen zu sein. Kein Skelett mehr vor der Schule, kein Schulhof voller Kinder, die zähneklappernd wie eine Todesschwadron die Treppe hinunterstürmen, und keine Gans im Park zum Anbalzen. Auch meine Mutter sprach nicht mehr von ihm, erwähnte weder seinen Namen noch irgendetwas im Zusammenhang mit ihm. Wenn ich aus der Schule kam, stand wieder sie wie üblich zwischen den anderen Mamas, winkte mir zu und nahm mir die Schultasche ab. Anfangs habe ich vorher immer aus dem Fenster geguckt, ob er da steht, ein bisschen ängstlich, ein bisschen auch wegen dieses Pfiffs, den nur er konnte. Ich suchte auch die Fenster der Busse, die zu dem Park mit dem Springbrunnen fuhren, nach ihm ab. Und jeder große Mann kam mir vor wie Mario, ein Kopf, der alle überragt. Aber er war einfach weg, und ich wusste, ich durfte keine Fragen stellen. Also habe ich versucht, ihn nach und nach zu vergessen, jeden Gedanken an ihn zu verscheuchen, sobald er aufkam, nicht darauf zu warten, dass er vor der Schule steht, nicht mehr daran zu denken, wie meine Mutter neben ihm hergeht.

Aber abends war er wieder da, sobald meine Mutter mir Gute Nacht gesagt hatte, aus meinem Zimmer gegangen war, die Tür hinter sich zugezogen hatte und alles andere draußen blieb. Über dem Schrank war ein Lichtviereck. Durch einen Riss im Rollladen fiel Straßenlicht herein, strich über mein Bett und legte sich oben auf die Wand. Zu wissen, dass es über mir eine geheime Passage aus Licht gab, gefiel mir. Sie war geheim, weil man sie nur sehen konnte, wenn man etwas hineinhielt. Sonst war sie einfach da, eine leuchtende Hochbahn, für das bloße Auge unsichtbar. Wenn ich diese Lichtgalerie suchte, hob ich einfach einen Arm hoch und sah zu, wie meine Hand über mir aufschien und anfing zu leuchten, als wäre sie von meinem Körper abgetrennt. Manchmal hielt ich ein Buch hoch oder einen Fuß oder einen Hausschuh, sie schienen alle auf, und ich bewegte die Zehen, um mich zu vergewissern, dass der Fuß da noch immer ich war, und kitzelte mich, nur um mich im Dunkeln lachen zu hören. Bevor ich unter die Bettdecke schlüpfte, holte ich mir immer ein paar Sachen ans Bett, das Lineal, einen Schuh, den Fußball, ein Spielzeugauto. Sowie meine Mutter die Tür zugemacht hatte, ging es los mit den Erscheinungen. Es hatte eine Weile gedauert, bis ich entdeckt hatte, dass diese Gespenster sogar bis in das Lichtviereck über dem Schrank reichten. Es hatte mir auch Angst gemacht. Sie waren ungeheuer groß, viel größer als in Wirklichkeit, mein Fuß ein bedrohlicher Schatten, meine Hand so breit, dass sie fast das ganze Viereck überdeckte und das Zimmer ins Dunkel tauchte. Hier, in diesem Fenster über dem Schrank, erschien der Vater meiner Mutter. Keiner von uns sprach mehr von ihm, aber ich sah seinen Schatten, sein langgezogenes Skelett, einen großen Hut auf dem Kopf, und er rührte sich nicht von der Stelle, bis ich einschlief. Ich stellte mir vor, dass er reglos auf der Straße stand und zu meinem Fenster hochsah, mir war, als hörte ich seinen Pfiff, vielleicht wollte er mit mir reden, aber ich blieb in meinem Versteck. Ich schlief nicht gut, ich wälzte mich die ganze Zeit unter der Decke herum, kniff die Augen zu, um ihn nicht sehen zu müssen, und machte sie wieder auf, um nachzugucken, ob er noch da war. Er tauchte sogar im Schlaf wieder auf, mit diesen beiden großen Löchern im Schädel, diesen Höhlen, aus denen in meinen Träumen immer die Schulfenster wurden, aus denen meine Klassenkameraden hingen und brüllten: Das Skelett!, und dabei fuchtelten sie wild aus seinem Schädel heraus. Am nächsten Morgen war zum Glück alles wieder weg, sowohl er als auch das Lichtviereck. Wir machten uns auf den Schulweg, ich ging an der Straßenlaterne vorbei, ohne sie anzusehen, eine Hand in der Hand meiner Mutter, und nicht mal der kleinste Seitenblick, bloß nichts Verräterisches.

Auch in den Augen meiner Mutter war keine Spur mehr von seiner plötzlichen Auflösung. Ich suchte in ihrem Gesicht nach einem Zeichen, einem Wir-verstehen-uns, Wir-sind-Komplizen, dieser Großvater war doch unser Geheimnis. Aber ich fand nichts, womöglich hatte ich ihn mir nur ausgedacht. Schließlich vergaß ich ihn, er war einfach weg, als hätte ich überall in der Wohnung seine Knochen zusammengeklaubt, in einen Beutel gestopft und nachts in den Fluss geworfen. Es gab nirgendwo Fotos von ihm. Nicht einmal im Fotoalbum meiner Mutter mit ihrem Namen auf der ersten Seite war er zu finden. Sie selbst war auch auf den frühesten Kinderbildern immer nur mit meiner Großmutter zu sehen, mit Kopftuch vor einem schief in den Sand gerammten Sonnenschirm am Strand, auf Skiern, beim Schneepflugfahren, mit Leuten, die ich nicht kannte, in einem Restaurant, dann wieder beide ganz klein und fern vor der Mole Antonelliana und Jahre später auf Fahrrädern auf einem Platz, beide mit demselben Fuß auf dem Boden, einmal kochen sie zusammen, meine Mama ist vollgekleckert und guckt wie ein Lehrling, der gerade anfängt und jetzt schon keine Lust mehr hat, und noch einmal beide zusammen bei einem Schaufensterbummel, sie in ihren ersten hochhackigen Schuhen. Irgendwann gelangte auch mein Vater ins Album, in Sakko und Hemd, das Hochzeitsmahl, drei riesenlange Tische, allseits gelockerte Krawatten, auf den Tischen zusammengeknüllte Servietten, Gläser mit Getränkeschlieren, Aschenbecher voller Kippen.

Ich hatte auch ein Fotoalbum, das war zwar noch dünn, aber ich widmete ihm alle Zeit, die ich hatte, es sollte so dick werden wie das meiner Eltern. Also klebte ich es voll, und das erste Foto war auch wieder eins von meiner Mama mit Bauch und meiner Großmutter daneben. Jeder, der zu uns nach Hause kam, musste unbedingt mein Album ansehen, obwohl mein Vater immer sagte, ich solle ein paar Minuten abwarten. Ich starrte auf die Küchenuhr, und kaum waren zehn Minuten um, schlich ich mich an, mit dem Album unterm Arm. Wir blätterten es zusammen durch, meine Erklärungen wurden immer phantasievoller, strukturierter, farbiger, und die Gäste kommentierten alles wohlwollend. Aber ziemlich bald war Schluss, ein paar Bilder von meiner Geburt, mein erstes Fahrrad und dann schon gleich die Schulzeit, die Serie mit den Gruppenbildern. Beim Anblick der Klassenfotos sagten immer alle dasselbe. Sie sahen erst mich auf den Bildern an, dann meine Eltern, die im Wohnzimmer saßen. Sie wollten wissen, wie eine so kleine Frau und ein so kleiner Mann eigentlich ein Kind wie mich hingekriegt hatten. Ich überragte alle meine Klassenkameraden, sie reichten mir gerade bis zur Schulter, und ich stand immer lächelnd und hoch aufgeschossen dazwischen.

Das erste Foto aus Russland habe ich in einem Buch entdeckt, eine Gruppe junger Männer und zwischen ihnen der Vater meiner Mutter. Ich fand es in einer Pause beim Packen, wir zogen um, weil genau vor unseren Fenstern ein Wohnhaus gebaut wurde. Wir konnten es wachsen sehen, sein Schatten wurde mit jedem Tag ein bisschen länger, wir hatten das Gefühl, bald überflutet es unser Haus, und wir ertrinken. Mein Vater und meine Mutter hatten sich zuerst bei der Hausverwaltung beschwert, aber sich dann doch nach einer neuen Wohnung umgesehen. Deshalb war ich ganze Nachmittage lang allein zu Haus mit dem Schatten des Neubaus, der sich drohend über die Wände schob, am Anfang nur ein paar Zentimeter hoch, aber bald bis über den Tisch im Wohnzimmer, das Sofa, den Esstisch. Ich hatte mir sogar vorgenommen, den aufsteigenden Schatten zu messen. Ich malte mit einem Buntstift Striche auf die Wand und schrieb das Datum daneben. Es war dieselbe Wand, an der, allerdings in einer anderen Farbe, auch die Etappen meines eigenen Wachstums dokumentiert waren, ich und der Neubau wurden gemeinsam größer. Ab und zu ging ich ans Fenster und sah den Arbeitern zu, wie sie horizontal über die Gerüste liefen und sich

Befehle zubrüllten, woraufhin vertikale Bewegungen folgten, nach oben gehievte Rohre, an Seilen herabgelassene leere Eimer. Es kam mir vor wie ein Wettlauf zwischen ihnen und meinen Eltern, die Arbeiter zogen Wohnraum hoch, meine Eltern suchten neuen. Abends gingen wir auf den Balkon, lehnten uns ans Geländer und betrachteten die Baustelle, die umgedrehten Eimer, die Schrottstapel, hier und da auf dem Gerüst ein Handschuh neben einem bunten Helm. Wir standen lange auf dem Balkon, meine Eltern tauschten sich über die Wohnungen aus, die sie besichtigt hatten, ich versuchte, sie mir auszumalen, und alle drei trösteten wir uns mit dem Wissen, dass der Neubau bis morgen jedenfalls nicht höher würde. Und wir sahen zu den Bergen dahinter, die Tag für Tag kleiner wurden.

Irgendwann hatten wir eine neue Wohnung gefunden. Sie lag drei Blocks entfernt von der jetzigen, und sie konnte nicht zugebaut werden, denn da gegenüber stand schon ein flaches Haus. Solange nicht jemand beschloss, das abzureißen, waren wir sicher. Die neue Wohnung lag so nah an der alten, dass mein Vater fand, den Umzug könne man auch zu Fuß erledigen. Ich spielte meinen Part vor allem innen, Kisten packen und dabei die Sachen so geschickt stapeln, dass möglichst viel hineingeht. Also Gläser, Teller, Tassen, Fotos mit Rahmen in Zeitungspapier wickeln, alle Gebrauchsanweisungen in einen Extrabehälter, alle Schlüsselbunde in eine Tüte, eine Schachtel nur für die Parfums und Cremes meiner Mutter. Am besten gefiel mir die Kiste für die Schuhe, die durften kunterbunt durcheinander liegen, es war die einzige Kiste, in der die ganze Familie vereint war, große und kleine Füße, Pumps, Badelatschen, Fußballschuhe, Stiefel, Slipper und Moonboots. Als ich mir die neue Wohnung angucken wollte, sagten sie, die dürfe ich erst am Tag des Einzugs sehen, so wie eine Braut, die man auch erst vor dem Altar im Brautkleid zu sehen kriegt. Also sortierte ich hingebungsvoll unsere Wohnung weiter in Kisten und unterbrach immer nur kurz, wenn mein Vater und die drei jungen Helfer irgendein Möbelstück abholen kamen. Sie waren jedes Mal verschwitzter, liefen durch die Wohnung, gaben sich gegenseitig Anweisungen, und wenn sie wieder gingen und dabei redeten, keuchten sie unter der Last. Ich schloss die Wohnungstür und sah mir erst mal die Lücke an der Wand an, wo das Möbelstück jetzt nicht mehr stand. Dann machte ich mich wieder an die Arbeit, in Gesellschaft des neuen Schweißgeruchs, der mir klarmachte, dass das hier schon nicht mehr unser Zuhause war. Wenn ich keine Lust mehr hatte, die Wohnung in Kisten zu sortieren, ging ich auf den Balkon, beugte mich übers Geländer und sah ihnen nach, wie sie die Möbel den Bürgersteig entlangschleppten. Ich folgte ihnen durch die Menge, Damen mit Röcken und Taschen und dazwischen die Männer mit Sofas und Sitztruhen und dem Wunsch durchzukommen. Die schwersten Möbel trugen sie zu viert wie einen Sarg, je zwei pro Seite, das Begräbnis unseres alten Zuhauses.

Ich fand das Foto aus Russland, als ich ein Buch aufschlug, bevor ich es in der Kiste verstaute. Bücherpacken war die leichteste Aufgabe. Keine abweichenden

Maße, keine Ausbuchtungen, nur Rechtecke, die genau aufeinander passen, die dünnsten zum Stopfen von Hohlräumen. Aber es war auch die Arbeit, die am längsten dauerte, weil ich erst mal meine Nase in alle Bücher steckte, darin herumblätterte und kontrollierte, ob sonst noch etwas drin klemmte. Vor allem die Eselsohren, die meine Eltern beim Lesen in die Seiten geknickt hatten, erregten meine Neugier, die Kniffe waren noch genau zu sehen. Die Riesenohren von meiner Mutter, lässig, manchmal schräg über die halbe Seite, und die immer gleich winzigen, verschämten Dreieckchen von meinem Vater. In Büchern, die beide gelesen hatten, wechselte ihre Hemmungslosigkeit sich ab mit seiner Gewissenhaftigkeit, manchmal fand ich beide auf einer Seite. Am Abstand der Eselsohren konnte ich die Tage und Tageszeiten ablesen. Zwei Ohren im Abstand von zwei Seiten war die Abendlektüre meines Vaters, danach hatte sich langsam ein Traum in die Geschichte gedrängelt. Zwei Ohren mit Riesenseitenabstand dagegen markierten die Sonntagnachmittage meiner Mutter, Sofa, Decke, Beine angezogen. Hatten die ersten Seiten schon viele Ohren, kamen danach meistens keine mehr, den Rest des Buches hatte offensichtlich niemand mehr lesen wollen. Vor dem Archivieren unterzog ich jedes Buch einer fachmännischen Leibesvisitation, erst danach durfte es in die Kiste. Manchmal fielen Postkarten heraus, einige wenige Zeilen mit vielen Ausrufezeichen und ganz unten kaum zu entziffernden Namen von Freundinnen und Freunden, von denen ich nie gehört hatte. Eine Karte kam aus Kalabrien, auf der stand: Wir bleiben hier. Wenn mein

Vater mir im Vorbeigehen sagte, ich solle mich beeilen, griff ich schnell einen ganzen Stapel Bücher, packte ihn in die Kiste und sagte: Hast recht. Wenn er wieder weg war, machte ich weiter wie vorher.

Das Foto war aus einem dicken Kochbuch gesegelt, das mitsamt dem Regalbrett herunterkam, als ich die Bücher, die es gestützt hatten, herauszog. Ich habe es beiseitegelegt und das Foto erst später auf dem Boden im Flur entdeckt, wo die Helfer gerade mein noch komplett bezogenes Bett hinausschleppten. Ich habe es aufgehoben und in die Tasche gesteckt. Erst als alle weg waren, habe ich es mir angeguckt. Es war klein, schwarzweiß, leicht angeschmutzt, ausgeblichen. Es zeigte ein paar junge Männer im Schnee. Sie waren zu acht, einer davon er, schon damals mit Totenschädel statt Kopf. Auf der Rückseite stand mit Füllfederhalter geschrieben: Russland, Donfront, 13. Dezember 1942. Und darunter in einer Handschrift, die so aussah wie die von meiner Mutter: Pünktchen bedeutet verschollen, Kreuz gefallen, ohne Zeichen lebt noch. Ganz unten die Unterschrift: Mario. Ich habe das Foto umgedreht und Tintenzeichen entdeckt. Fünf der acht jungen Männer hatten ein Pünktchen und zwei ein Kreuz über dem Kopf, bei ihm war nichts.

In all den Jahren, in denen er sich nicht mehr hatte blicken lassen, war der Vater meiner Mutter also bei uns zu Hause gewesen, abgetaucht in Büchern. Manchmal fand ich ihn zwischen den Seiten, anfangs, weil ich danach suchte, in späteren Jahren, weil ich da schon viel las. Zuerst war dieses Fotosausgraben eine richtige Marotte, sobald ich allein zu Hause war, riss ich ein Buch nach dem anderen aus den Regalen. Ich klappte alle auf, schüttelte sie, hielt sie über Kopf und wartete darauf, dass ein Foto wie ein Fallschirmspringer auf dem Teppich landete. Aber es gab nur wenige, herausgesegelt kamen vor allem Zettel, die meine Eltern im Laufe der Jahre hineingesteckt hatten. Ich betrachtete ihre Handschriften, sie hatten beide etwas ganz Jugendliches, die Buchstaben mit den schlanken Schenkeln ragten hoch, voller Stolz und Scham. Im Unterschied zu meinem Vater schrieb meine Mutter jedes Mal anders, sie schien beim Schreiben nach ihrer Handschrift zu suchen. Manchmal war ihre Schrift rund und üppig, die Großbuchstaben aufgebläht, die t-Querbalken wie Rauchschwaden über fast allen anderen Wörtern, die p-Schenkel Invasoren, die in die Zeile darunter drängten. Dann wieder war sie fadenförmig, die Wörter wie metallene Insekten, jeder Buchstabe stand allein, als wollte er sich von niemandem helfen lassen. Nur die p-Schenkel entzogen sich auch hier der Kontrolle, sie verrieten meine Mutter, stürzten sich auf die darunter stehenden Wörter und schändeten sie. Sobald ich Bücher schüttelte, rutschten die Zettel heraus und bildeten Haufen auf dem Teppich wie die Trümmer eines eingestürzten Hauses. Dazwischen waren auch jüngere Notizen, in der Handschrift, die ich von meiner Mutter kannte. Sie hatte sich unter ihren vielen möglichen Schriftvarianten offensichtlich für diese eine entschieden, die kraftlose, schwunglose Synthese aus allen anderen.

Wenn ich beim Stöbern auf ein Foto von Mario stieß, steckte ich es immer hastig in die Tasche und sah mich um, ob es hoffentlich niemand bemerkt hatte. Ich fand ihn überall, er lag zwischen den Seiten, als wäre das Buch ein Gebüsch, als wohnte er bei uns und wollte nicht entdeckt werden. Es kam mir vor wie ein Geheimnis zwischen uns, dass er bei uns war und uns zusammengekauert im Bücherschrank beim Essen ausspionierte. Ich hatte extra eine neue Tischordnung erkämpft, hatte meine Mutter angefleht, sich mit dem Gesicht zum Bücherschrank zu setzen, er sollte sie sehen können. Sie hatte sich anfangs dagegen gesträubt, auf dem Weg in die Küche immer erst um den ganzen Tisch herum zu müssen, aber schließlich hatte sie nachgegeben. Ab da malte ich mir immer aus, wie sie beobachtet wird, aus einem Buch heraus, wie zwei seiner Finger die Seiten auseinanderbiegen, und gegenüber ist ihr Gesicht beim Essen, beim Reden, beim Lachen, Schimpfen, Rotwerden, Nachdenken, ihr Platz war nur vorm nächsten Gang leer, auf den setzte ich mich schnell selbst, unter dem Vorwand, meinem Vater etwas ins Ohr flüstern zu müssen. Manchmal, wenn wir wenig Zeit hatten, aßen wir allerdings in der Küche, und der Esstisch stand den ganzen Tag leer da, bis auf die Tischdecke und eine Vase. Wenn ich allein zu Hause war, ließ ich Mario sofort frei, ich zog ihn aus den Büchern, legte alle Fotos nebeneinander auf das Plastiktischchen auf dem Balkon und ließ ihn ein bisschen frische Luft schnappen. Die Fotos waren fast identisch, lauter in vielen Jahren angeschmutzte Vierecke mit einer Gruppe von sieben oder acht jungen Männern in Soldatenuniform. Sie hatten sich auch immer gleich aufgestellt, sie sahen aus wie eine Fußballmannschaft, nur nicht in Trikots, die erste Reihe in der Hocke vor den dahinter Stehenden, alle guckten, als wären sie in Gedanken beim Spiel, manche hatten ein Lächeln um den Mund. Manchmal stand dahinter oder daneben ein Geschütz, und jemand lehnte sich dagegen, als wäre es die Schulter eines Kameraden. Auf über der Hälfte der Bilder standen sie in Wiesen, mit aufgekrempelten Ärmeln oder nacktem Oberkörper, Bauch rein und Blick schräg, alle zusammen machten auf toller Hecht, jeder für die Frau, die das Foto kriegen sollte. Auf den anderen Fotos standen sie immer im Schnee, noch stattlicher wegen der Winterjacken und der Bärte, das Lächeln für die Post nach Hause etwas wehmütiger. Auf ein paar Fotos stand mit Füllfederhalter geschrieben: Russische Steppe. Auf der Rückseite das jeweilige Datum zwischen Juli und Dezember 1942 und sein üblicher Satz. Pünktchen bedeutet verschollen, Kreuz gefallen, ohne Zeichen lebt noch, Mario. Pünktchen bedeutet verschollen, Kreuz gefallen, ohne Zeichen lebt noch, Mario. Pünktchen bedeutet verschollen, Kreuz gefallen, ohne Zeichen lebt noch, Mario. Pünktchen bedeutet verschollen, Kreuz gefallen, ohne Zeichen lebt noch, Mario. Und genau wie auf dem ersten Foto, das ich gefunden hatte, war auch auf allen anderen der Einzige ohne Zeichen er.

Dann hatte eine Zeit lang nachts das Telefon geklingelt. Ich hörte es im Dunkeln, es schrillte lange, die ganze Wohnung vibrierte davon, ein kalter Luftzug, den wir alle spürten. Beim ersten Mal war mein Vater drangegangen, meine Mutter und ich hatten von der Tür aus zugesehen. Er hatte nur: Ja bitte?, und kurz danach: Moment, gesagt. Dann hatte er den Hörer hingelegt und meine Mutter angeguckt, er brauchte nichts zu sagen. Seitdem spielte sich immer wieder das Gleiche ab, erst das lange Klingeln, dann die Tür zum Zimmer meiner Eltern, die sich öffnete, die Fersen meiner Mutter auf dem Boden und schließlich das Ende des Klingelns. Ab da das Gespräch, meine Mutter im Dunkeln, ich hörte, wie sie am Anfang des Satzes immer flüsterte und bald immer lauter wurde, ohne es zu merken. Sie sagte auch immer wieder: Aber, Papa, und: Ist schon in Ordnung, lauter kurze Worte, in einem Atemzug gesagt. Manchmal brach sie plötzlich in Tränen aus, ich hörte sie schniefen und sich die Nase putzen, sie sagte: Jetzt versteh doch endlich, dass es vorbei ist. Einmal schrie sie es heraus: Hier ist nicht Russland! Dieser Aufschrei, bei dem mein Vater und ich mit aufgerissenen Augen im Bett gesessen hatten, hing noch wochenlang in der Wohnung. Solche nächtlichen Anrufe konnten ein paar Minuten oder Stunden dauern, meine Mutter saß dabei auf dem Fußboden, die Beine unterm Morgenrock, den Nacken an der Heizung. Eines Nachts hatte ich sie da sitzen sehen, ich war unter dem Vorwand, mir ein Glas Wasser zu holen, aufgestanden, aber sie hatte mich mit der Hand weggescheucht. Die Gesprächsanfänge waren immer mühsam, sie sprach erregt auf ihn ein, als wollte sie ihn ruhigstellen, erst mal ausschimpfen, dann in den Arm nehmen, schließlich hören, wie er sich fügt. Gegen Ende des Gesprächs wurde sie leiser, sie redete freundlich mit ihm, mit warmer Stimme, als wollte sie ihm einen Schmerz wegpusten, damit er einschlafen konnte. Dann legte sie auf. Wieder tappte sie auf bloßen Füßen durch die Wohnung, die Tür zum Schlafzimmer ging auf und wieder zu. Am nächsten Morgen wurde kein Wort darüber verloren, und ich sah mir jedes Mal die Heizung an, wollte herausfinden, wo der Schmerzpunkt sein könnte, ob ihr Kopf sich da abzeichnete.

Dann rief er jahrelang nicht mal mehr nachts an, und nach einer Weile hörte auch ich auf, nach Mario zu suchen. Weihnachten und Ostern war immer Familientreffen, dazu strömte die Verwandtschaft aus der ganzen Umgebung zusammen, und immer rief irgendjemand an, bin gerade erst aufgewacht, muss mich noch anziehen, Kaffee trinken, das dauert, aber fangt doch schon mal an. Alle parkten direkt vor unserem Haus, irgendjemand hatte ein neues Auto, also alle anderen hin, drumherumschleichen, Nasen am Fenster plattdrücken, Türen aufreißen, sich ans Steuer setzen, manchmal sogar eine Spritztour machen. Danach verteilten sich alle über die Wohnung, ich durfte Mäntel einsammeln und aufs Bett meiner Eltern legen, und mit jedem Klingeln an der Tür wurde der Berg ein bisschen höher. Jedes Mal waren neue Leute dabei, Zweitgatten von irgendjemandem oder beklommene Bräute von Cousins, die zur Musterung vorgeführt wurden. Ich sah zu, wie sie durch die Wohnung schlenderten, mit aufgerissenen Augen und festlich aufgetakelt, sie sagten ihren Namen und danach immer dasselbe, sie setzten sich zu Tisch, hofften, neben jemand Sympathischem zu sitzen, und schenkten sich gegenseitig Wein ein. Es gab auch immer neue Bäuche, irgendeine Frau schob ihren Pullover hoch, und die anderen legten die Hand drauf. Und kleine Kinder, die beim vorigen Fest noch nicht auf der Welt gewesen waren, im Treppenhaus bei den Kinderfahrrädern standen Buggys, im Wohnzimmer wurden Babys von Arm zu Arm gereicht. Und schließlich diejenigen, die sich sonst nie blicken ließen, die sonstwo arbeiteten und die die seltenen Male, bei denen man sie mal sah, Schlips und Sakko trugen, dauernd auf die Uhr guckten, sagten: Entschuldigt, und wieder weg waren. Zu Weihnachten trugen sie orangerote Pullover und Zweitagebärte und erzählten jedem, wie es der Firma ging, und alle bis auf irgendeinen schlurfigen Schwager klappten staunend den Mund auf. Irgendwann saßen alle bei Tisch, die Gespräche hatten dank Aperitifs und Kindern deutlich an Lautstärke zugenommen, die Neulinge waren auf sicheren, die Streithähne auf strategisch günstigen Plätzen untergebracht und die Jugend im Gemecker vereint. Los ging es mit dem Trinkspruch, den brachte mein Onkel aus, nachdem er sich, beschwipst vom Aperitif, erhoben hatte. Er sagte jedes Mal: Auch dies Jahr sind wir wieder alle da, Frohes Fest und der ganze Rest, und alle stießen miteinander an. Mario allerdings war nie dabei.

Meine Großmutter wurde behandelt, als wäre sie seine Witwe. Einmal brachte sie sogar einen Mann zu Weihnachten mit, der war tatsächlich Witwer, sie behauptete, er sei nur ein Freund und trauere seiner verstorbenen Frau noch immer ein bisschen nach. Sie bat uns, uns um ihn zu kümmern. Wir Kinder wurden zum

Trösten vorgeschickt und blieben abwechselnd bei dem trauernden Herrn, gemeinsam mit einer Cousine meiner Mutter, die selbst ihren Mann verloren hatte und insofern wusste, wie das geht. Sie redete beruhigend auf ihn ein, und wir sahen zu. Sie sagte: Schritt für Schritt, und: Ganz in Ruhe, sie gestikulierte auch viel und wirkte wie eine Krankengymnastin. Sie erläuterte ihm, wie das geht: Das erste Jahr ist das schwerste, jeder Anlass für Erinnerungen ist ein neuer Tod, und dann noch ihr Geburtstag, ihre Schuhe in der Wohnung, dass man all die Dinge lernen muss, die sie sonst immer gemacht hat. Aber das geht vorbei, und danach wird es besser, erklärte sie ihm. Im zweiten Jahr seufzt man zwar noch, aber man merkt es nicht mehr, man räumt die Schränke leer, man weint, aber man wundert sich nicht mehr, nur noch kleine Frosteinbrüche im Bewusstsein, und die nur sporadisch. Und im dritten Jahr, sagte sie, kommt dann die Ironie. Sie sprach langsam, als ob sie es ihm leichter machen wollte, sich die einzelnen Etappen einzuprägen. Nach jenem Weihnachtsfest ließ der Freund meiner Großmutter sich allerdings nicht mehr blicken. Und so hatte sie im folgenden Jahr die Rolle der Familienwitwe wieder inne und thronte ohne Begleitung inmitten der Verwandtschaft. Ab und zu fragte jemand: Warum heiratest du nicht wieder? Und sie wischte die Frage weg wie eine Fliege über dem Teller. Wenn jemand den Krieg erwähnte, drehten sich alle zu ihr, und sie wurde zum Bild von einer Kriegerwitwe, deren Mann auf eine Mine getreten und in die Luft geflogen war, einer von denen mit einem Tintenkreuz oder -pünktchen auf dem Foto. Wenn alle sie so ansahen, nahm ihr Gesicht einen kummervollen Ausdruck an, sie verlor sich ein paar Minuten lang selbst aus den Augen, so als hätte sie ihren Körper auf dem Stuhl sitzen lassen und wäre zum Weinen woanders hingegangen. Kurz darauf kam sie wieder zu sich, sah in die Runde und sagte jedes Mal nur: Sie haben ihn ermordet, aber da hatte meine Mutter schon das Thema gewechselt.

Leider nützte es nichts, das Thema zu wechseln. Denn alle wussten, dass er gar nicht tot war, dass er aus dem Krieg heimgekommen war, dass aber sein Kopf in die Luft geflogen war. Alle außer mir damals wussten, dass er irgendwo untergebracht war, dass er da in einem Park spazieren gehen durfte und den Vögeln zuhören und von Russland erzählen. Dass er da die ersten Jahre komplett weggeschlossen war, später aber manchmal Ausgang erhielt und allein in die Stadt fahren durfte. Da stellten sie ihn ruhig, wenn er seine Angstanfälle bekam, und fuhren mit ihm an den Fluss, und wenn er schrie, gaben sie ihm etwas zum Schlafen, davon ließen seine Muskeln langsam locker. Wenn er wieder brav war, durfte er auch wieder nach draußen, Bus fahren, Tochter und Enkel besuchen, aber wenn er unartig war, durfte er nicht mal telefonieren: Du existierst nicht mehr, für niemanden. Zu Weihnachten gab es Panettone, es gab den Baum mit den Lichtern, die Pfleger hatten rote Kapuzen auf, es gab Musik, und ein Mann im Weihnachtsmannkostüm erhob das Glas und sagte: Sind wir alle da? Na dann Frohes Fest.

Dann war er mal wieder da, aber nur für einen Nachmittag, als ich siebzehn war. Ich hatte ihn inzwischen innerlich abgemeldet, meine Mutter genauso, und den Krieg erwähnte auch niemand mehr. Ich hatte mir angewöhnt, ihn für tot zu erklären, wenn ich nach meinen Großeltern gefragt wurde, wer die waren und wo die lebten. Anfangs hatte ich es noch mit anderen Erklärungen versucht, aber das war schwierig, die Leute guckten mich dann an, als hätte ich den ganzen Großvater erfunden. Also versuchte ich es mit weiteren Einzelheiten und Überblicken, aber irgendwann gab ich es auf und sagte nur: Macht nichts, lass mal. Ich hätte von den nächtlichen Anrufen erzählen müssen, vom Nacken meiner Mutter an der Heizung und den Fotos in den Büchern, von der russischen Steppe und dass mein Vater es nicht erfahren durfte, wenn ich ihn sah, aber das war alles irgendwie unrecht. Ich wusste, sie würden es nicht begreifen, sie würden nur mitkriegen, wie ich alles noch komplizierter machte, und ich würde mich schämen, weil sie recht hatten. Also gab ich es auf, und der einfachste Ausweg war, zu sagen, er sei tot. Ich schmiss ihn regelrecht weg, packte ihn auf die Körper der Großeltern meiner Freunde, so verklumpten sie sich zu einem einzigen abgeschlossenen Gesprächsthema, und selbst wenn er noch lebte, sie würden es nicht merken, bald käme der nächste Körper obendrauf, und danach noch einer und immer weitere, und selbst wenn er schreien würde, sie würden ihn nicht hören.

Wiedergesehen habe ich ihn eines Nachmittags, als ich längst nicht mehr an ihn dachte, er ging mit meiner Mutter am Flussufer spazieren. Es war einer der Tage nach der Regenzeit, der Fluss war angeschwollen bis über den Rand, das Wasser braun, Äste trieben flussabwärts und mit den Ästen Blechbüchsen, Bierflaschen, dann ein einzelner Schuh und mit etwas Verspätung auch dessen Kumpel, Schalen von Wassermelonen, eine tote Taube, alle vereint zu einer Müllprozession auf ihrem ganzen langen Weg, allzeit bereit, zu stranden oder abzuprallen. Ich entdeckte die beiden von der anderen Uferseite aus, ich hatte den Helm schon auf dem Kopf, das Visier heruntergeklappt, den Motorroller schon vom Ständer geschoben. Ich wollte gerade losfahren, da sah ich sie, sie gingen dicht an der Mauer, um keine nassen Füße zu bekommen. Ich folgte ihnen mit dem Blick, im Viereck des Helms nur die beiden und in den Ohren mein Atem, der mir direkt vor der Nase langsam das Visier vernebelte. Von hier oben aus gesehen war Mario noch skelettartiger, sein Kopf noch größer, der Anzug hohl, die Schuhe riesig. Er warf die Füße vor sich wie Anker, die Beine hingen immer hinterher. Aber meine Mutter hatte sich nicht bei ihm eingehakt, sie lief neben ihm her, Hände in den Taschen, Blick auf die Füße, Schultern eingezogen, Zeichen einer Verlegenheit, die ich nur selten an ihr gesehen hatte. Ich wusste nicht, ob ich zu ihnen gehen oder sie in Ruhe lassen sollte. Nach so langer Zeit hätten wir uns entweder erst mal bekannt machen müssen oder uns verstellen und so tun, als wäre nichts, hätten nur aus den Gesichtern herauslesen können, wer wir jeweils waren, mit kleinen Griffen ins Wörterbuch der Zuneigung zwischendurch. Ich bin dann über die Brücke gefahren, falls sie mich sähen, würde ich anhalten und sie ansprechen, aber den Helm aufbehalten, oder ich würde den Helm abziehen, aber den Motor laufen lassen. Ich bin ganz langsam gefahren, ich wollte Mario wenigstens die Chance geben, mich vorbeifahren zu sehen. Er hat sogar den Kopf zur Brücke gedreht und in meine Richtung geguckt, ich stand gerade in einer Schlange, mit einem Fuß auf dem Pflaster. Ich habe die Hand gehoben und durch die Luft geschwenkt, aber Mario ist langsam weitergegangen, und ich bin weitergefahren.

Irgendwann kam ich nach Hause, und auf der Straße war ein Auflauf, ein Dutzend Leute vor unserer Haustür. Ich hatte den Roller gegenüber geparkt und kam gerade über die Straße, mit dem Helm am Arm. Ein Mann sah mich kommen, löste sich aus der Gruppe und lief auf mich zu, auf seinem Gesicht zeigten sich Angst und zugleich das Pflichtgefühl, mich beruhigen zu müssen. Ich hörte, wie er zu den anderen sagte: Da kommt der Sohn, und alle drehten sich um. Er nahm mich am Arm und zog mich weg, und ich versuchte, mich aus seinem Griff zu befreien, ich hörte ja die Schreierei. Er sagte: Sie haben sich unterhalten, und plötzlich ist dein Großvater laut geworden, er hat überhaupt nicht mehr aufgehört, er hat sie geschlagen. Irgendwann hatte ich mich losgerissen und rannte zur Haustür, er rief hinter mir her: Warte. Und dann sah ich alle drei: Mario, meine Mutter und meinen Vater, die anderen Leute sagten jetzt nichts mehr, sie guckten nur, was für ein Gesicht ich wohl mache. Meine Mutter saß auf dem Bürgersteig, die Hände vor den Kopf geschlagen, weinend, den Blick starr auf das Fleckchen zwischen ihren Füßen gerichtet, und die Tränen rollten und tropften zu Boden. Sie saß einfach da, eingeschlossen in ihren Schmerz, und sah den Tropfen zu, wie sie einer nach dem anderen herunterfielen und auf dem Asphalt zerplatzten. Vor ihr stand mein Großvater und starrte seine Hände an, mit diesen Augenlöchern, diesem Kopfwackeln, das nicht aufhörte, und ein Mann hielt ihn im Klammergriff, hatte ihm schon fast die Jacke ausgezogen. Daneben mein Vater, brüllend, und zwei junge Männer, die ihn nur mit Mühe zurückhalten konnten. Plötzlich befreite er sich mit einem Ruck aus dem Griff und ging mit Fäusten auf Mario los, und meine Mutter riss den Mund auf und stieß einen ewig langen Schrei aus. Und dann Sirenen, Blaulicht, das eine ganze Weile auf der Hauswand blinkte. Mario haben sie in eins der Fahrzeuge geladen und weggebracht. Meine Mutter hat weiter stumm auf dem Bürgersteig gesessen, mit einer Jacke um die Schultern, die ihr nicht gehörte. Und ich, ich habe mich neben sie gesetzt, aber ich konnte ja ohnehin nichts mehr tun.

Dann lag da dieser Zettel, fünfzehn Jahre später. Ruf deine Mutter an, Mario ist tot. Bis dahin war nichts mehr gewesen, nur ein paar Tage gedrücktes Schweigen gleich danach, meine Eltern schliefen plötzlich getrennt, und ich schlich nur noch durch die Wohnung. Auch im Haus wurde nicht mehr gesprochen, die Mitbewohner gingen uns aus dem Weg, teils aus Verlegenheit, weil sie nicht wussten, was sie sagen sollten, teils aus Angst vor Ansteckung, sie hatten uns im sechsten Stock in Quarantäne geschickt. Wenn jemand unten auf den Fahrstuhl wartete, lief ich die Treppen hoch, mit großen Schritten, immer zwei Stufen auf einmal, auf jedem Absatz kam mir das Fahrstuhllicht hinterher. Wenn ich doch mal mit jemandem zusammen nach unten fahren musste, stand jeder an seine Wand gepresst, ein kurzer Gruß beim Ein- und Aussteigen, Luft anhalten bis zur Haustür, nach draußen stürzen, wieder Luft holen. Bei jedem Schritt, inner- wie außerhalb der Wohnung, schien Mario im Weg zu stehen, jedes Mal musste man erst um ihn herumkommen. Aber ganz allmählich hatte sich das Schweigen wieder aufgelöst, zuerst in irgendeine kurze Bemerkung, Alltagskram, dann ein Stichwort, das alle erlöste, ich machte ein Witzchen, und plötzlich lachten alle auf einmal. So war es auch diesmal gewesen, ein Wort, und alles hatte sich in Bewegung gesetzt, wie ein Karussell nach dem Münzeinwurf. Klicken, einschalten, und schon gehen Lichter und Musik an, und alles dreht sich wieder im Kreis. Meine Mutter war zum Schlafen zu meinem Vater zurückgezogen, die Nachbarn hatten wieder gegrüßt, ich war mit dem Motorroller unterwegs und wurde angeschnauzt, weil ich zu spät nach Hause kam. Die Karussellmünze hatte allerdings ihren Preis, nämlich Verzicht, den meiner Mutter auf einen Vater, meinen auf einen Großvater und überhaupt auf die Frage, ob das alles richtig war oder nicht, und das Versprechen, nicht mehr darüber zu reden.

Als ich den Zettel fand, den Sara mir beim Auszug hinterlassen hatte, und ihn las, musste ich mich hinsetzen. Ruf deine Mutter an, Mario ist tot. Und weiter unten, nachgetragen: Mario? Mit Fragezeichen. Ich saß eine ganze Weile da, meine Augen jagten über das Papier, von Sara zu Mario und von Mario zu Sara, und rauf und runter, rauf und runter, bis ich einen wilden Schmerz verspürte und mich zusammenkrümmen musste. Ich bin ins Bad gerannt, ich habe es gerade noch geschafft, die Hose runter auf die Füße zu schieben, dann kam die Entladung ins Becken. Ich habe lange auf dem Klo gesessen, mit heftigen kneifenden Bauchkrämpfen, Schweißbächen zwischen den Schulterblättern und auf der Stirn, mit kribbelnden Beinen. Ich habe die Kacheln an der Wand fixiert und einer Musterung unterzogen und mir die Ellbogen in den Bauch gedrückt. In den seltenen, kurzen Feuerpausen habe ich erleichtert aufgeatmet, danach habe ich wieder die Augen zugekniffen und die Zähne ganz fest zusammengebissen. Nach einer gewissen Zeit wusste ich vorher, dass gleich wieder ein Krampf kommen würde, ich konnte spüren, wie er sich langsam nach unten arbeitete. Bis er schließlich herausplatzte, mit einem Schrei, erst ein Brocken, danach der ganze Rest, Marios Körper, der fünfzehn Jahre lang da dringesteckt hatte, instinktiv wollte ich ihn festhalten, dann ließ ich ihn doch raus und holte Luft. Irgendwann habe ich die Spülung gezogen, das Licht ausgeschaltet und die Tür zugemacht. Ich bin auf den Balkon gegangen und habe in den Himmel über den Häusern gesehen, die Hände auf den Hüften, als wäre ich gerade aufgestanden. Dann bin ich wieder hineingegangen, habe das Telefon genommen und meine Eltern angerufen. Ich musste es lange klingeln lassen, das Klingeln lief nacheinander durch sämtliche Zimmer, um nachzusehen, ob die Herrschaften zu Hause sind, und ihnen zu melden, dass jemand sie zu sprechen wünscht. Die Herrschaften sind im Moment nicht zu Hause, bitte hinterlassen Sie eine Nachricht. Aus dem Hörer kamen jetzt die Stimmen meines Vaters und meiner Mutter, jeden Monat besprachen sie den Anrufbeantworter neu, jedes Mal quälte meine Mutter meinen Vater so lange, bis er mit ihr gemeinsam Blödsinn redete. Die Ansage ging los mit der Stimme meiner Mutter: Und wenn wir nun keine Lust haben zurückzurufen? Darauf der verlegene Einwurf meines Vaters von fern: So doch nicht, das klingt unfreundlich. Aber danach machte er eine zu lange Pause, und der Piepton ging an.

Ich habe einen Augenblick lang nichts gesagt, sondern überlegt, ob ich auflegen und es auf dem Handy probieren soll. Dann habe ich doch draufgesprochen: Ach nichts, nur ich. Ich wollte nur mal Guten Tag sagen, ich melde mich morgen wieder.

Ich habe schnell aufgelegt, denn der Enkel der Frau einen Stock höher rief schon eine ganze Weile nach mir, er brüllte vom Balkon herunter: Pietro, wie eine Alarmanlage, vielleicht war er jetzt mit auf dem Anrufbeantworter meiner Eltern, unter meiner Stimme. Als ich auf den Balkon trat, ließ er gerade mit einer Hand ein Flugzeug herumsausen. Er brüllte weiter wie ein Automat nach mir, er hatte mich noch nicht gesehen, mein Name war inzwischen zu Flugzeuggedröhn mutiert. Ich hielt mir zum Schutz gegen die Sonne eine Hand über die Augen und rief zurück. Ein paar Tage zuvor hatten wir einen kleinen Flaschenzug von Balkon zu Balkon gebastelt, ein Körbchen, das man mit Sachen füllen und an einem Seil hoch- und runterfahren lassen konnte. Anfangs war es die reine Hölle gewesen, er hatte mich andauernd gerufen und mir Bonbons und Plüschtiere geschickt, die ich ihm zurückschicken musste. Eines Nachmittags hatten wir eine Art Sessellift für Plüschviecher betrieben, die unverdrossen zwischen dem Erdgeschoss und dem ersten Stock auf- und abschwebten, und nach den Plüschviechern waren Zahnbürste, Schuhe, Tennisbälle und das Handy seiner Oma dran. Bis just diese Oma draußen erschienen war, ihm die Hand auf den Kopf gelegt und zu ihm gesagt hatte: Komm, wir wollen los, und zu mir: Du musst dich aber auch wehren. Zum Glück hatte er sich aber nach ein paar Tagen beruhigt und rief nur noch manchmal nach mir. Wie an ebenjenem Tag, Sirenenalarm, Flugzeug in der Hand, weiß der Himmel, was er mir runterschicken wollte. Also rief ich: Schick's los, und er legte ein Blatt Papier ins Körbchen und sagte: Zieh. Als es ankam, war das Blatt ein Foto, und auf dem Foto waren er und seine Großmutter am Strand, mit Schwimmflossen dicht am Wasser. Ich rief hoch, ich hätte gar nicht gedacht, dass er so lange Füße habe, und er antwortete: Das sind doch nicht meine Füße, das sind Flossen.

Er wollte wissen, ob ich auch ein Foto mit meiner Großmutter habe. Ich habe kurz überlegt und ihm dann gesagt, ich hätte keins, ich hätte aber eins von meinem Großvater. Ich habe eins der Fotos aus Russland geholt und bin auf den Balkon gegangen. Dann bin ich noch mal hineingegangen, habe mit einem Füllfederhalter ein Kreuz über Marios Kopf gemacht und bin wieder hinausgegangen. Pünktchen bedeutet verschollen, Kreuz gefallen, ohne Zeichen lebt noch. Ich habe das Foto ins Körbchen gelegt und hochgerufen: Zieh. Ich habe dem Körbchen bei seiner gemächlichen Fahrt zugesehen, Marios Trauerzug.

Bevor wir zusammengezogen waren, hatten Sara und ich unsere Wohnung im Miniaturformat aus Pappe gebaut. Wir versuchten uns auszumalen, wie das wohl sein könnte, das Zusammenleben, welche Räume es bieten würde. Wir lebten noch in getrennten Wohnungen, aber sie kam jeden Abend mit einem neuen Möbelstück zu mir und stellte es auf den Küchentisch. Lauter leichte, mit Klebstoff und Tesafilm zusammengeklebte Schächtelchen aus Pappe. Sie zog sie aus der Tüte und baute sie nebeneinander auf, und auf die Weise nahmen nach und nach alle Zimmer Gestalt an. Zuallererst kamen das Sofa, schon mit blauen Kissen drauf, und ein roter Sessel daneben. Danach folgten ein Untersatz für den Fernseher, ein Teppich und ein riesiges Bücherregal, das bis an die nicht vorhandene Decke reichte. Wenn Sara kam, stellte sie mir sofort die neuen Teile vor den Teller. Ich aß weiter, vor mir stand mein Glas und gleich daneben der Schlafzimmerschrank, genauso hoch, oder der Schreibtisch mit den vier Zahnstocherbeinen. Ein Streit reichte, und alles flog in die Luft. Dann griff sie sich einen Schrank und drehte ihn zwischen den Fingern, fing an zu zittern, presste die Lippen zusammen, in diesem Groll, den sie jedes Mal dabei bekam. Dann ein jäher Ruck, und sie zerknüllte den Schrank mit einem brutalen Griff. Ich sah ihn verschwinden unter diesem chaotischen Druck, in einem einzigen Augenblick waren die beiden Türen weg, die bis eben noch imaginierten Kleider jetzt zerknautscht, zerquetscht in dieser zornbebenden Umklammerung. Ich schaute Sara an, ich hörte das Holz förmlich splittern, einen ganzen Wald zusammenkrachen, sah die Möbel zwischen ihren Fingern sogar regelrecht nach irgendeinem Fluchtweg suchen. Und ich wusste genau, jedes einzelne dieser Möbelstücke war ich selbst. Ich war das zermalmte Sofa und der blaue Nachttisch, und was ich krachen hörte, waren Knochen, und ich hatte Angst, wenn sie mich danach in den Abfalleimer schmiss.

Unsere Miniaturwohnung stand noch immer oben auf dem Schrank, wir hatten sie abgedeckt, damit sie nicht einstaubte. Zuerst wollte Sara sie unten behalten, in Sichtweite, auf dem Tisch im Flur. Sie füllte sie auch weiter mit allem, was wir anschafften, sie baute es abends nach, ich hörte sie Pappe schneiden und bemalen und Tesafilm ratschen, manchmal redete sie dabei mit mir, mit dem Bleistift im Mund, sie sah aus wie geknebelt. Dann führte sie mir vor, was sie gebastelt hatte, und fügte es ein in die Landschaft, die wir Tag für Tag erschufen. Sie beugte sich über unser Leben, ganz behutsam, sanft, alle Zärtlichkeit lag in ihren Fingern, sie atmete vorsichtig, fasste den Badezimmerteppich beim Umlegen nur mit den Fingerspitzen. Ihr Blick war ganz auf einen Punkt konzentriert, zuverlässig und präzise wie bei einem chirurgischen Eingriff, danach richtete sie sich wieder auf, betrachtete unsere Wohnung in der Wohnung und drehte sich zu mir um. Und aus dieser pedantisch konstruierten, unvollendeten Matrjoschka, dieser Welt aus Pappe, Tesafilm und Klebestift, sprachen eine Entschlossenheit und eine Zärtlichkeit, die beide zum Scheitern verurteilt waren, das viel zu hohe Bücherregal kippte immer mal wieder um und lag morgens, wenn wir aufstanden, eingedellt auf dem Fußboden. Wenn wir abends schlafen gingen, stand unsere Wohnung einfach da, unabgedeckt, Küche und Bad in einen Schatten getaucht. Sie bekam nur wenig mattes Licht aus dem Schlafzimmer, eine Zeit lang von zwei Lampen, später nur noch von meiner, die immer lange anblieb, und dann irgendwann doch ein Klick, und auch in der Wohnung ohne Bewohner wurde es Nacht. Sie stand einfach im Flur herum wie eine fehlkonstruierte Weihnachtskrippe, die Krippe selbst würde für immer leer bleiben, dieses Zimmer hinten neben dem Bad.

Eines Tages fand ich sie zufällig auf dem Schrank wieder. Ich suchte eine alte Tasche, Sara hatte sie alle da oben hingestellt, ich musste jedes Mal die Leiter holen und hochsteigen. Wir hatten die Miniaturwohnung in Sicherheit gebracht, als der Hund zu uns gekommen war, wenigstens sie sollte vor seinen Zähnen sicher sein. Ganz hatten wir es allerdings nicht geschafft, wir waren etwas zu spät gekommen. Jetzt, exhumiert ohne die Abdeckung, sah sie tatsächlich aus wie eine Wohnung nach einem Einbruch, der Sessel angefressen, der Fernseher von seinem Untersatz gerissen, auch unser

Bett war zwischen seinen zupackenden Zähnen geendet. Sie stand da oben wie ein an den Berg geklammertes archaisches Dorf. Ich habe sie heruntergeholt und auf den Küchentisch gestellt, ich wollte sehen, wie sie ohne Sara auf mich wirkte. Die Möbel waren alle eingedrückt von der Abdeckung, ich habe sie wieder in Form gezupft und den Staub weggepustet. Dann habe ich mich davorgesetzt und mir unsere heruntergekommene Wohnung angesehen, und es kam mir vor wie eine Zeitreise in die Vergangenheit, als ob Sara noch da wäre, gleich würde sie durch die Tür kommen, die Fenster aufreißen, frische Luft hereinlassen. Ich bin mit den Augen durch die Zimmer gegangen wie ein Eindringling, ich hatte das Gefühl, es eigentlich nicht zu dürfen. Ich habe mit einem Finger den Flur gewischt, ich habe einen neuen Tesastreifen auf die Geschirrspülmaschine geklebt, der alte hatte einen Riss. Die Küche war noch intakt, nur die Farben ein bisschen ausgeblichen, und im Esszimmer stand kein rotes Sofa mehr. Aber das Fenster war noch da, und auf dem Fenster stand FLUSS, Sara hatte es draufgeschrieben, weil ihr jeder Fluss, den sie zu zeichnen versuchte, misslungen war. Am besten gelungen war ihr die kleine Kommode, die wir in den Flur gestellt hatten, Sara hatte sogar ein Telefon gebastelt, das aber nicht mehr richtig klebte. Ich habe es ganz abgelöst und einen Tropfen Uhu auf die Kommode gedrückt. Ich hatte es gerade in der Hand, da klingelte das richtige Telefon. Ich ließ es klingeln, der Anrufbeantworter schaltete sich ein: Wir sind nicht zu Hause, bitten aber um eine Nachricht nach dem Piep. Danke.

Olmo war plötzlich da, einfach so, in der Wohnung, in der wir jahrelang gewohnt hatten, hinter dem Türspalt, als Ausschnitt eines wachsamen Gesichts. Er beäugte mich durch eine Brille, deren Riesengläser bis über die Augenbrauen reichten, hatte schon das übliche: Ich brauche nichts, auf den Lippen. Wir haben uns eine ganze Weile wortlos angesehen, ich auf seiner Fußmatte, er gleich gegenüber, ich auf der Suche nach irgendetwas in diesem Türspalt, und er, je mehr ich suchte, umso entschlossener, die Tür zuzuschieben. Der Gesichtsausschnitt wurde immer schmaler, zuerst konnte ich seine beiden Augen sehen, dann nur noch eins, am Ende nur noch einen dünnen Lichtstrahl zwischen Tür und Rahmen. Tagelang war ich immer wieder vorbeigegangen an diesem Haus, aus dem wir vor vielen Jahren ausgezogen waren, jedes Mal wollte ich klingeln und tat es dann doch nicht. Das Haus gegenüber war im Laufe der Jahre tatsächlich immer höher gewachsen, senkrecht nach oben geschossen, über unseres hinaus, sechs oder sieben Stockwerke plus Dachgarten, manchmal war jemand am Fenster zu sehen. Es platzte da gegenüber vor Stolz mit seiner verspiegelten Fassade, wie ein Sohn, der seinem Vater über den Kopf gewachsen ist und jetzt vor ihm steht und ihn mustert, voller Tatendrang und gleichzeitig beklommen. Gegenüber diesem Palast wirkte unser Haus wie jäh gealtert, mit seinem ausgelaugten gelben Anstrich, den nur die Fenster belebten, mit dem Rost auf den Geländern und den Metallspinden auf den Balkonen, manchmal trat jemand nach draußen, holte einen Besen aus dem Spind und ging wieder hinein. Jetzt stand es eindeutig als Verlierer da, die Berge davor waren jetzt komplett außer Sicht, statt ihrer war da nur noch diese Spiegelwand, die unser Haus dazu verdammte, sich selbst dabei zuzusehen, wie es gegen die Zeit verlor, das Gelb immer schmutziger wurde, der Rost die Balkone zerfraß, mitsamt den Leuten drauf.

Eines Tages hatte ich sogar an der Haustür geklingelt, aber dann hatte ich die Stimme aus der Gegensprechanlage gehört, eine kratzige Stimme, die zweimal gefragt hatte: Wer ist da? Ich war da, aber ich sagte nichts. Ich setzte mich eine Weile auf den Bürgersteig, wo ich immer mit Mario gesessen hatte, wenn er mich von der Schule abgeholt hatte, wir saßen da immer, bis meine Mutter sagte, Zeit zu gehen, meinen Vater nicht ärgern, und dann zogen Marios Knochen davon mit diesem klappernden Geräusch von Holz auf Holz. Jetzt kam ein Mann aus der Haustür, sein Gesicht passte zu der Stimme aus der Gegensprechanlage, er konnte nicht gut laufen, er ging an mir vorbei und über die Straße und schwenkte einen Arm, wegen der Autos. Ich rief ihm nach: Entschuldigung. Ich war sicher, dass er es war, aber er hörte mich nicht, ich rief noch einmal: Entschuldigung, aber meine Stimme war schon kraftlos, bevor ich das Wort überhaupt ausgesprochen hatte. Er stellte sich ins Wartehäuschen, und kaum war die erste Straßenbahn gekommen, war er weg, an seiner Stelle stand jetzt eine junge Frau und redete in ein Handy, und nach der nächsten Straßenbahn war auch sie weg. Ich ging noch einmal zum Klingelbrett, drückte auf den Knopf unter dem Schild, auf dem nur zwei Buchstaben mit einem Punkt dazwischen standen, wieder kam die kratzige Stimme und: Wer ist da? Ich starrte auf die Löcher in der Blechplatte und gleich danach auf das Wartehäuschen. Diese Stimme kam da einfach so heraus, als ob der Mann, der vorhin über die Straße gegangen war, sie zu Hause gelassen hätte.

Eines Tages bin ich schließlich ins Haus hineingegangen, eine junge Frau kam gerade mit einer Kinderkarre heraus, ich habe ihr die Tür aufgehalten und bin reingegangen. Im Treppenhaus roch es noch genauso wie in all den Jahren, die inzwischen vergangen waren, die alten Namen auf den Klingelschildern waren fast alle verschwunden, aber dieser Geruch hatte alle Abgänge überlebt. Als ich an unserer Tür klingelte, stand er in unserer Wohnung, er hatte die Tür nur einen Spalt breit aufgemacht und hielt sein Gesicht dazwischen. Wieder hat er gefragt: Wer ist da? Und auf meine Schuhe geguckt, als ob er glaubte, ich könnte ihn nicht sehen auf seinem Beobachtungsposten hinter dem Türspalt. Ich habe ihm erklärt, dass ich als Kind mit meinen Eltern hier gewohnt habe. Ich sprach leise, dazu ein beruhigender Blick, keine Hände in Taschen, und er zog tatsächlich die Tür etwas weiter auf, aber nur um mich besser sehen zu können. Er ließ seinen Blick über meinen Körper gleiten, suchte die Wahrheit in meiner Kleidung, waren meine Socken, die Bügelfalte meiner Hose vertrauenswürdig, und ich krempelte instinktiv die Ärmel hoch, ein Manschettenknopf war abgegangen. Ziemlich lange standen wir uns so gegenüber, ich erzählte ihm, wer hier alles mal gewohnt hatte und dass man früher vom Haus aus die Berge sehen konnte, und er reagierte abwechselnd mit Zu- oder Misstrauen. Dementsprechend ging die Tür mal etwas weiter auf oder wieder zu, waren Teile der Wohnung mal zu sehen und dann wieder weg, der Garderobenständer, an dem ein Hut hing, der Spiegel, eine Kommode, auf der das Telefon stand, und davor jeweils Olmos Gestalt. Dann ging die Nachbartür auf, ein junger Mann mit einer Tätowierung am Hals kam in Pantoffeln heraus und fragte Olmo: Alles in Ordnung? Er hat ihm in die Augen geguckt, und Olmo hat geantwortet: Ja sicher, ist aber rot geworden und hat schnell hinzugefügt: Ein Freund, der kommt mich besuchen. Daraufhin hat der junge Mann mir in die Augen geguckt, zur Kontrolle, ob das auch stimmte, dann verschwand er samt Tattoo und Pantoffeln wieder in seiner Wohnung. Als die Nachbartür wieder zu war, hat Olmo mir zugelächelt und gefragt: Willst du reinkommen?

So ist mein Zuhause kaputtgegangen, in Sekundenschnelle, die Wohnung war umgebaut, sie stand praktisch kopf, wo mal mein Zimmer gewesen war, war jetzt ein Bad, unsere Küche gab es gar nicht mehr, es gab ein Wohnzimmer, das ein Stück von einem anderen Zimmer dazubekommen hatte. Ich ging überall herum und suchte hinter den Wänden nach meinem alten Zuhause, aber es war nichts zu finden, nur etwas wie ein inneres Röcheln zu spüren. Ich stand da wie in einer Leichenhalle, vor einem wieder zusammengeflickten verstorbenen Verwandten, man betrachtet ihn, erkennt ihn nicht wieder und sieht ihn jetzt zum ersten Mal wirklich sterben, unter den eigenen Augen. Olmo war im Flur stehengeblieben, in einer Ecke beim Garderobenständer, er machte sich so klein wie möglich angesichts meiner Bestürzung und sah drein wie jemand, der sich entschuldigt, dass er überhaupt da ist, so als wäre das hier noch immer mein Zuhause. Irgendwann hat er die Balkontür aufgemacht, wir sind nach draußen gegangen, ich konnte endlich wieder Luft holen. Wir haben die Ellbogen auf die Brüstung gelegt, ich habe hochgesehen zur Spiegelfassade mit uns drin, Olmo hat gesagt: Guck mal, den Arm vorgestreckt und auf uns gezeigt.

Vor Olmo hatte ein älteres Paar in der Wohnung gelebt, sie hatten sie auch umgebaut. Olmo erzählte es mir zu seiner eigenen Entlastung, leicht schulterzuckend, ich deutete gerade ins Badezimmer und sagte: Mein Bett stand da in der Ecke, danach in der Küche sagte ich: Hier war die Rumpelkammer, schließlich, zum Haus auf der anderen Straßenseite hinübernickend: Die Berge. Olmo folgte mir artig in jedes Zimmer, blieb stehen und fixierte durch seine großen Brillengläser hindurch alle Dinge so lange, bis sie anfingen sich zu verwandeln. Aber hinterher sagte er jedes Mal: Ich verstehe überhaupt nichts mehr, und schüttelte entrüstet den Kopf. Und damit war seine Küche auch weiterhin ausschließlich seine Küche, lag auf dem Haus gegenüber kein Schnee und stand in seinem Schlafzimmer, sosehr er sich auch anstrengte, weder unser Kühlschrank noch der Herd samt meiner kochenden Mutter. Am Ende ging Olmo mit etwas ängstlichen Blicken und unbehaust durch sein Zuhause, in dem jetzt dieses andere Zuhause verborgen war, lebendig eingemauert in seine eigenen vier Wände. Ich erzählte weiter: Hier haben wir sonntags gefrühstückt, und: Mein Vater saß oft auf dem Balkon, Füße auf der Brüstung, und meine Mutter und ich auf dem Sofa, und sah plötzlich all diese Anwesenheiten aus den Wänden kriechen, meine Mutter, meinen Vater und mich als kleinen Jungen, zu dritt am Küchentisch oder auf dem Sofa sitzend und das Panorama betrachtend. Olmo konnte uns nicht sehen, nur hören, so wie man jemanden einen Stock höher herumlaufen hört, wir traten aus der Wand und gingen in sie hinein und durch sie hindurch, Olmos Blicke kamen überall mit hin, er fuhr auch manchmal ruckartig herum, aber er sah trotzdem niemanden. Schließlich habe ich gesagt: Es ist aber auch so sehr schön hier, und er hat mich angesehen und gelächelt, fast ein bisschen flehend, die Wohnung behalten zu dürfen, die sein Zuhause war. Also sind meine Mutter, mein Vater und ich als kleiner Junge vom Küchentisch aufgestanden und im Gänsemarsch zurück in die Wände geschlüpft, und Olmo hat gesagt: Danke, sehr nett von dir.

Er hat mir einen Espresso angeboten, wir sollten ihn auch gleich in der Küche trinken. Er hat sich größte Mühe beim Zubereiten gegeben, jeder einzelne Handgriff, als wäre es das erste Mal, Wasser genau bis zum Ventil füllen, dann Kaffeepulver ins Sieb, zuschrauben, auf den Herd stellen, Gasanzünder nehmen und anmachen, Flamme ganz klein lassen, Kocher exakt draufsetzen, Griff nicht ankokeln. Danach nahm er am Tisch Platz, sagte: Früher hat das immer meine Frau gemacht, und zeigte auf eine kleine Vitrine, in der das Foto einer älteren Frau stand. Er saß auf dem Stuhl, von dem aus er gleichzeitig sie und den Fernseher im Blick hatte. Er sprach leise, wenn er von ihr erzählte, er senkte die Stimme, als ginge es um ein Geheimnis. Laut sagte er: Der schmeckt ja überhaupt nicht, sprang auf und räumte die Tassen ab, wieder ganz Witwer. Als er an den Tisch zurückkam, ergänzte er: Kinder sind keine gekommen. Einen Moment später wurde die Küche schlagartig in grelles Licht getaucht, Olmo hat gesagt: Es ist sieben, und zum Spiegelpalast in seinem Rücken gedeutet. Ich habe auf die Uhr geguckt, es war sieben, die Sonne knallte die Uhrzeit auf die Fassade, ein Volltreffer, und der Lichtstrahl prallte ab und schoss über die Straße, über die Autos vor der Ampel, über die Straßenlaternen, durchs Fenster und ergoss sich in Olmos Küche. Aber es dauerte nur wenige Minuten, dann lag sie wieder im Schatten, das Licht floss nach draußen ab wie Wasser durch einen Riss in einem Deich.

Nach meinem ersten Besuch hatte Olmo nicht gut geschlafen, wie er mir ein paar Tage später am Telefon erzählte. Wir hatten uns an jenem Tag etwas verlegen voneinander verabschiedet, er hatte gesagt: Geh mir nicht verloren, die Fahrstuhltür zugedrückt und die Finger ins Metallgitter gehakt. Bevor ich auf den Knopf drückte, hatte ich geantwortet: Na, irgendwie ist das ja auch ein bisschen mein Zuhause, und sein Gesicht mit dem Karomuster betrachtet, jedes Viereckchen ein Ausschnitt aus einem Lächeln. Dann hatte ich auf den Knopf mit dem E gedrückt, und der Fahrstuhl hatte sich mit einem kurzen Ruck von der Etage gelöst und abwärts bewegt, der Schwerkraft ausgeliefert, im Vertrauen auf die Widerstandskraft der Seile, mit mir als Passagier. Olmo hatte eine Hand gehoben, als der Fahrstuhl angefahren war, sein Gruß blieb in der Luft hängen, während er mir beim Hinuntersinken zusah, und auch ich hatte gewinkt und noch einmal Ciao gesagt. Kurz danach hatte ich die Wohnungstür hinter ihm zufallen hören, ein Rums und vier Schlüsseldrehungen. Dann tauchte auch schon abrupt der Erdboden unter mir auf, viel zu schnell für meine erste Fahrt allein im Aufzug dieses Hauses. Mit meiner Mutter zusammen war mir das Hinunterfahren immer endlos vorgekommen, fünf Etagen Zeit, damit sie mich zu Ende anziehen kann, denn ich war immer erst provisorisch angekleidet, und sie wurde mit jedem Stockwerk ein bisschen hektischer, stopfte mir das Unterhemd mit Gewalt in die Hose, knöpfte sie zu, drohte zähneknirschend: Wehe, wenn du morgen nicht früher aufstehst, kämpfte gleichzeitig mit dem Reißverschluss und klemmte den Schlüpfer oder das Unterhemd ein. Aber am Ende der Fahrt hatte sie mich immer fertig, noch eben mit der Hand durch meine Haare, eine Sekunde vorm Halt, und raus aus dem Fahrstuhl, alle beide tadellos, sie hielt mir ihre Hand hin, ich schob meine hinein, und zusammen sagten wir: Guten Tag, wenn vor der Tür jemand stand, der hoch wollte.

Als ich nach dem ersten Besuch bei Olmo aus der Haustür trat, redete eine Frau mit der Klingelanlage, sie guckte sich um und sagte: Nein, hier ist wirklich kein junger Mann. Eine kleine Dame um die siebzig, auf dem Kopf einen Lampenschirm aus grauen Haaren, der Rest nur Hintern und Brillengestell. Sie stand vor dem Klingelbrett, sah es flehend, beinah verzweifelt an und sagte: Seien Sie mir nicht böse, aber ich muss los. Als ich herauskam, lehnte sie an der Wand, ich hörte Olmos Stimme auf sie niedergehen: Gucken Sie doch mal richtig nach, gnädige Frau, geben Sie sich etwas Mühe. Als sie mich sah, riss sie die Augen hinter der Brille auf, brüllte: Hier ist er, und zerrte mich unter die Stimmdusche. Dann rannte sie fast davon, Hintern und Tasche schlenkerten mit, und Olmo teilte mir durch die Gegensprechanlage mit, dass ich mein Portemonnaie vergessen habe, er lege es mir in den Fahrstuhl. Er sandte mir noch einen Schrei von oben durchs Treppenhaus: Ruf an, kurz danach ruckelten die Seile aufwärts, und die Kabine kam allein herunter, das Portemonnaie war in einer Brötchentüte mit Gummiband. Ich sandte ihm einen Schrei zurück: Angekommen, mein Ruf stieg Absatz für Absatz die Treppe hoch, dann hörte ich: Komm bald wieder.

Ich habe ihn keine zehn Tage später wieder besucht. In der Zwischenzeit hatte er zwei-, dreimal bei mir angerufen, immer zur selben Zeit, um halb acht. Er sagte jedes Mal nur: Ciao, sonst nichts, er wollte testen, ob ich ihn erkenne. Seit er wusste, dass ich mal in seiner Wohnung gelebt hatte, träumte er merkwürdiges Zeug von vielen Leuten, sie waren in der Dusche, sie standen sogar in der kleinen Vitrine, jeder gerahmt, neben dem Foto seiner Frau. Deshalb fragte er mich nach meiner Mutter und meinem Vater aus, was sie arbeiteten, wie sie so waren, und vor allem wie groß sie waren und was sie wogen, und grübelte, wie sie dort hineinpassen sollten, und als ich ihm erzählte, dass meine Mutter klein und zierlich war, sagte er: Gott sei Dank. Wenn er anrief, lief immer der Fernseher im Hintergrund, als leiser Basso continuo, wenn Olmo schwieg, redete der Fernseher weiter, aber manchmal brachte er ihn auch zum Schweigen, sagte: Sei still, und drückte die Fernbedienung auf Aus. Seine Anrufe endeten immer abrupt und immer vor acht, er sagte einfach: Gute Nacht, und legte auf. Als ich ihn wieder besuchte, kannten wir uns also schon ein bisschen besser. Diesmal holte er mich von der Haltestelle ab, er stand stocksteif im Wartehäuschen und riss, sobald er mich sah, den Arm hoch. Vielleicht, damit ich ihn wiedererkenne, vor lauter Angst, ich könnte einfach aussteigen und allein losgehen. Als ich dann vor ihm stand, hat er mir lächelnd die Hand entgegengestreckt, ich habe ihn in den Arm genommen, von ihm kam ein angedeutetes Sträuben, nur so der Männlichkeit halber. Neben uns stand eine Dame, sie hat ihn dann gegrüßt: Guten Tag, Olmo, wie geht's. Er hat etwas verlegen lächelnd zurückgegrüßt: Ciao, Rosa, darf ich vorstellen, mein Enkel. Die Dame hat mir die Hand gereicht, mein Gesicht nach irgendeiner Ähnlichkeit abgesucht und schließlich leicht verblüfft gesagt: So ein hübscher Kerl. Olmo hat mich am Arm weggezogen, er hat mir erklärt: Die Welt ist voller Schnüffler, die wollen immer alles wissen. Dann sind wir über die Straße gegangen, aber mitten auf dem Zebrastreifen ist er plötzlich stehengeblieben, hat mich angeguckt und gefragt: Du nimmst es mir doch nicht übel, wenn ich sage, dass du mein Enkel bist?

Als meine Mutter mich zum ersten Mal nach Marios Tod besuchen kam, musste ich ihr sagen, dass Sara hier nicht mehr wohnte, dass wir uns getrennt hatten. Wir standen vor der Tür, und sie hat mich lange angesehen, ihr Blick hat mein Gesicht in allen Einzelheiten abgetastet, ein Kontrollblick, ob noch alles da war, die Haare, die Stirn, die Ohren, die Nase, der Mund, und ist danach in meine Augen zurückgekehrt, ein Lächeln, alles noch da. Gesagt hat sie nur: Ja, und den Kopf gesenkt, ich sollte all die Dinge, die in ihr vorgingen, nicht von ihrem Gesicht ablesen, ihren Kummer, es abends meinem Vater sagen zu müssen, den geplatzten Traum vom Enkelkind und diese Erleichterung, die eine Mutter aber nie zugeben darf. Nur Sara kam in ihrem Gesicht nicht vor, sie hatte in Sekundenschnelle aufgehört, ihre Schwiegertochter zu sein, trotz der engen Beziehung, die sie gehabt hatten. Schließlich hat sie mich wieder angesehen, und in ihrem Blick lag nichts mehr von all dem, nur noch eine Liebkosung, mit der sie auf ihre Rechte als Mutter pochte. Wir sind dann in die Wohnung gegangen, und sie hat getan, als wäre nichts, sie hat nur gesagt: Ist ja ein bisschen unaufgeräumt, und sich in die Küche gesetzt. Ich habe Kaffee gekocht und gespürt, wie sie hinter mir mit dem Kopf an der Wand lehnt und meinen Rücken anstarrt. Ich habe von der Schule und den Kindern erzählt, aber das Thema hatte sich bald von selbst erledigt, es interessierte niemanden. In der Stille hörten wir den Enkel einen Stock höher, er hatte Rollerskates geschenkt bekommen. Ein endloses Rumgekurve, plötzlich ein Rums, dann nichts mehr, und wir rollten die Augen zur Decke.

Bevor sie ging, gab sie mir eine riesengroße rote Metalldose, sie sah aus wie die Dosen, in denen man Kekse aufbewahrt, nur viel größer. Sie hat sie mir an die Brust gedrückt, sie stand schon in der Tür, und hat nur gesagt: Dein Großvater, als wäre seine Asche drin. Ich bin wieder in die Küche gegangen, habe die Tassen gespült, mich auf den Stuhl gesetzt, auf dem sie gesessen hatte, und die Dose aufgemacht. Drinnen war lauter Krempel, Knöpfe, Medaillen, Münzen, ein Gipsabdruck mitsamt Marios Gebiss, eine Uhr, die um halb zehn stehengeblieben war, eine Brille, die nur noch ein Glas hatte, Schnürsenkel, ein Hosengürtel. In einer durchsichtigen Tüte war sein Ehering mit Gravur, 5-3-1941. Und es gab noch mehr Fotos aus Russland, aber diesmal andere. Auf diesen Bildern stand Soldat Mario in kurzen Hosen zwischen lauter Frauen und Kindern, als Einziger lächelnd, er hielt die Arme über sie, nahm sie alle unter seine Fittiche. Im Hintergrund die Steppe und ein paar Baracken zur Auflockerung der endlosen Ebene. Diese Fotos zeigten fast alle dasselbe, dieselben Frauen, dieselben Kinder mit den ernsten Gesichtern. In der Dose war auch eine gelbe Mappe mit Röntgenaufnahmen. Ich habe sie herausgenommen und gleich wieder weggelegt, Marios gespenstischer Schädel erschreckte mich, er war plötzlich erstrahlt, als ich ihn vors Fenster hielt, und hatte meine ganze Küche ausgeleuchtet. Ich habe mich nicht mehr getraut, die anderen Aufnahmen durchzusehen, ich habe seine Knochen alle wieder in die Mappe geschoben und in die Dose zurückgelegt.

Abends habe ich ein kleines Buch, das ich in der Dose gefunden hatte, mit ins Bett genommen. Es war ein dunkelbraunes, vom jahrelangen Gebrauch zerfleddertes Heftchen mit dem Titel: Wie sag ich's auf Russisch. Gedruckt im September 1941 und den Soldaten mitgegeben, die an die Front mussten. Auf der ersten Seite stand eine Einleitung: Es mag wie maßlose Überheblichkeit unsererseits klingen, aber dieses Bändchen möchten wir den heldenhaften Truppen des faschistischen Italiens widmen, denn sie schreiben an der Ostfront ein neues Kapitel unvergänglichen Ruhmes im Kampf für die Zivilisation und für Europa. In dem Stil ging es weiter: Unseren Offizieren und unseren Soldaten insbesondere möge in diesem historischen Augenblick das jetzt vorliegende praktische Handbuch mit russischen Begriffen und Redewendungen von gewissem Nutzen sein und ihnen – beim gelegentlichen Umgang mit der vom Joch des Bolschewismus erlösten Bevölkerung – helfen, zu verstehen und sich verständlich zu machen. Ich musste mir das Heftchen dicht vor die Nase halten, wegen des schwachen Lichts meiner Nachttischlampe und weil die Druckfarbe im Laufe der Zeit verblasst war. Einen Stock höher rollte der

Enkel jetzt nicht mehr auf seinen Skates herum, die Decke war auch nicht heruntergekommen, der Stille nach zu schließen waren sie oben schlafen gegangen. Auf Seite 34 klappte das kleine Buch von selbst auf, da steckte eins von den Fotos mit Kreuzen und Pünktchen. Pünktchen bedeutet verschollen, Kreuz gefallen, ohne Zeichen lebt noch. Wie üblich waren alle tot bis auf Mario. Und so nahm ich im kuscheligen Bett und zierlich-halbdunklen Lampenschein die Lektion auf Seite 34 des Russisch-Handbuchs für Offiziere und Soldaten durch. Sätze zum Auswendiglernen für Gespräche mit Russen an der Ostfront. Welches sind die schönsten Gebäude der Stadt? Und: In diesem Museum sind viele berühmte Gemälde und viele schöne Statuen. Kostet es Eintritt? Gibt es Sehenswürdigkeiten in dieser Stadt? Gehen Sie geradeaus bis zur vierten Querstraße. Ist es weit bis zur Uferpromenade? Nehmen Sie die Straßenbahn Nr. 50.

In der ersten Zeit sagte ich weder meiner Mutter noch meinem Vater, dass ich ab und zu diese Wohnung aufsuchte. Ich fuhr heimlich zu Olmo, stieg immer eine Haltestelle später aus und lief eilig über die Straße. Ich kam, fast ohne Luft zu holen, auf der anderen Seite an und verscheuchte den Gedanken, mein Vater könnte auf dem Balkon sitzen, was er immer tat, und mich von oben sehen. Wenn ich vor der Haustür stand, hoffte ich inständig, dass Olmo sich sofort meldet, auf den Türöffner drückt und ich nicht meinen Namen nennen muss, weil er fragt: Wer ist da? Erst im Haus atmete ich wieder durch, die Straße blieb draußen, ich kam etwas ausgepumpt bei Olmo an und setzte mich in die Küche, der Fernseher lief, das Foto von seiner Frau stand an seinem üblichen Platz. Und so verging wieder ein Nachmittag in meiner alten Wohnung und gleichzeitig im Untergrund. Olmo erzählte, und ich sah oft auf die Uhr, ich wollte nicht, dass meine Mutter gerade dann im Supermarkt einkauft oder meine Eltern spazieren gehen, wenn ich den Fuß wieder vor die Tür setze. Trotzdem war es jedes Mal ein Spiel mit dem Zufall, ein hastiger Abschied von Olmo, runter mit dem Fahrstuhl und raus auf die Straße. Es war mein russisches

Roulette, eine Fügung des Schicksals, ob ich ungeschoren davonkomme oder ihnen über den Weg laufe, ob ich heil durchkomme oder mit ihnen zusammenstoße, wenn ich aus der Tür trete.

Einmal habe ich meine Mutter in der Straßenbahn getroffen, als ich zu Olmo fuhr. Ich spürte einen Klaps von hinten, und hinter mir saß meine Mutter und lächelte mich an, dann hat sie einen langen Hals gemacht, um mir einen Kuss zu geben. Ich habe sie angesehen, die Augen zugemacht, um ihren Kuss entgegenzunehmen, und meine ganze Verlegenheit hinter den Lidern versteckt, ich saß ja auf einer Lüge. Als ich die Augen wieder aufschlug, zog sie einen Arztbrief aus der Tasche, als wäre dies völlig normal, und drückte ihn mir in die Hand, eine Seite Tabellen mit Messwerten: Das Herz deines Vaters. Dabei hat sie mich angesehen, als ob sie gern gehört hätte: Sieht doch gar nicht so schlecht aus. Ich habe jede einzelne Zahl mit dem Finger gestreichelt, ihr das Blatt zurückgegeben und gesagt: Ach komm, sieht doch gar nicht so schlecht aus. Sie hat gelächelt und gesagt: Stimmt, und ich habe mich umgedreht und ihr den Rücken zugekehrt. So sind wir durch ein ganzes Stück Stadt gefahren, ich vor ihr, sie hinter mir, das Rumpeln der Straßenbahn über die Gleise, die Weichen, und meine Mutter, die in einem fort redete, mir ihren Atem ins Ohr hauchte, von meinem Vater erzählte, von der Rente und von ihren Fußschmerzen und dass ihr mein Vater beim Fernsehen immer die Füße massiert. Sie sprach leise, ließ sich in den Zwischenräumen zwischen den Worten ablenken. Sie redete und sah gleichzeitig nach draußen, hielt mitten im Satz inne und nahm ihn wieder auf. Und in den Leerstellen zwischen ihren Worten zogen die Häuser, die Bürgersteige, die Reklametafeln und die Leute an Haltestellen vorbei, zogen auch die Autos vorbei, die neben uns fuhren, in einem saß ein schwarzer Cockerspaniel vorn am Beifahrerfenster und hinten eine Dame, allein. Irgendwann hat meine Mutter mir ihr Kinn auf die Schulter gelegt, ihr Kopf lag plötzlich neben meinem, ich spürte seine Wärme. Und ich gab ihr, hier in der Straßenbahn, nach vielen, vielen Jahren die Schulter zurück, die sie mir während der vielen, vielen Nachmittage, an denen mein Kopf auf ihrer hatte liegen dürfen, geboten hatte. Dann hat sie gesagt: Was für eine schöne Überraschung, dass du uns besuchen kommst. Also sind wir an ihrer Haltestelle ausgestiegen, und als ich eine Stunde später als verabredet zu Olmo kam, hat er gefragt: Hattest du mich vergessen?

Seitdem ging ich immer bei meiner Mutter vorbei, wenn ich Olmo besuchte. Manchmal vorher, meistens hinterher, drei Blocks zu Fuß und rein in ihr Haus. Ich saß eine halbe Stunde mit meinen Eltern zusammen, manchmal beim Abendessen, und immer in der Angst, sie könnten unser altes Zuhause an mir riechen, meine Mutter kräuselte bei jedem Geruch sofort die Nase und ging ihm so lange nach, bis sie ihn benennen konnte. Ich saß mit ihnen zusammen, ich war oft kurz davor, es zu sagen, und sagte dann doch nichts, aus Angst, es würde auch für sie alles kaputtmachen, die Mauern der Erinnerung einreißen. Also schwieg ich weiter über jene Nachmittage und über Olmo, über die zwei Tässchen, die immer auf dem Tablett warteten, und den Espressokocher, der schon gefüllt auf dem Herd stand, Olmo machte ihn an, sobald ich in die Wohnung kam. Eines Tages jedoch, als ich meine Mutter wieder mal besuchte, hat sie mich gebeten, ihr mit der Bettwäsche zu helfen. Wir haben die einzelnen Teile im Wohnzimmer auseinandergefaltet, ich habe an der einen Seite gezogen, sie an der anderen, ausgebreitet sahen die Laken aus, als ob gleich jemand aus einem Hochhaus springen würde, als kleiner Junge durfte ich immer hineinhüpfen, wenn meine Mutter und mein Vater die beiden Seiten festhielten. Es war noch dieselbe Choreographie, ein grandioser Paartanz mit Laken, auseinanderzockeln und zusammenfalten, und dann wieder zockeln und falten, so oft, bis man vereint dicht voreinander steht, danach habe ich das Laken ihr überlassen, und sie hat es übernommen und weggelegt. Beim letzten Laken hat sie plötzlich meine Hände festgehalten, mein Gesicht war zentimeterdicht vor ihrem, und gefragt: Verheimlichst du mir etwas? Erst eine Stunde zuvor hatte mir Olmo ein Foto gezeigt, von einem lachenden jungen Mann in Uniform, und mich gefragt: Weißt du, dass ich in Russland war? Und hinzugefügt: Das ist von vorher, nach Russland habe ich nicht mehr gelacht.

Olmo und meine Mutter sind sich eines späten Nachmittags sogar mal begegnet, vor seinem Haus. Ich hatte meine Mutter von der Straßenbahn aus gesehen, ich war gerade aufgestanden, hatte den Halteknopf gedrückt und wollte zum Ausstieg. Sie stand ein paar Meter vor ihrer Haustür, das Fahrrad angekettet am Laternenpfahl und sie davor, sie legte die Einkaufstasche in den Korb, ganz behutsam wie ein Baby in eine Wiege. Es gab einen kurzen Moment, in dem sie den Kopf hob und ich sie ansah, eingerahmt vom Fenster, mein Gesicht und ihr Gesicht auf der anderen Straßenseite direkt gegenüber. Aber sie sah nichts, ihr Blick war vollkommen nach innen auf ihre Gedanken gerichtet, die Straßenbahn fuhr an ihr vorbei, ohne dass sie es mitbekam. Ich sah sie noch aufs Rad steigen, auf dem Sattel zupfte sie sich den Rock zurecht, stieß sich mit einem Fuß ab, stellte dann beide Füße auf die Pedale und radelte davon. Sie fuhr ein ganzes Stück weiter den Bürgersteig entlang, auf Olmos Haus zu, gleich kam meine Haltestelle, und ich stand vor der Entscheidung: aussteigen oder weiterfahren. Dann flogen auch schon die Straßenbahntüren auf, und vier Leute stiegen aus, ich, zwei junge Frauen mit gepiercten Bäuchen und eine dicke Dame, die rücklings nach draußen gelangte, sie klammerte sich an den Haltegriff und ließ sich auf die Straße rutschen, wie man in ein Schwimmbecken gleitet. Als die Straßenbahn weiterfuhr, stand Olmo vor der Haustür, die Hände in den Taschen, sah zur einen Seite und dann zur anderen, und währenddessen kam meine Mutter angeradelt, in ihrem Standardstil, viermal in die Pedale treten, dann rollen lassen. Olmo sah mich, als ich über die Straße wollte, ich stand noch an der Ampel, etwas versteckt hinter zwei Fußgängern. Er hat sofort eine Hand aus der Tasche gezogen und gewinkt, zur Begrüßung und gleichzeitig als Zeichen, dass er mir entgegenkommt, ich sah, wie meine Mutter ihm Hals über Kopf ausweichen und um ihn herumfahren musste, sah die Angst in ihrem Gesicht, die Hand auf der Tasche im Korb, dass die ja nicht herausfällt.

Mit der Zeit wurde Olmos Wohnung immer mehr zu Russland, eine Frage genügte, und er hörte nicht mehr auf zu erzählen. Am Anfang hing nur eine Karte an der Wand, aber wenn ich dann das nächste Mal kam, hing noch eine da, nach und nach verschwanden die Küchenwände, nahm Russland Raum in der Wohnung ein. Die erste Karte hat er aus einem Schrank gekramt und auf dem Küchentisch ausgebreitet. Dann hat er mir mit Bleistift die ganze Strecke eingezeichnet, die er auf dem Rückmarsch zurückgelegt hatte, und dabei hat er dauernd gesagt: So eine Kälte, und sich die Hände vor den Mund gehalten und warme Luft hineingepustet, obwohl es in der Wohnung gar nicht kalt war. Er hat mich zum Abendessen eingeladen, die Karte blieb aber auf dem Tisch liegen, er fand: Wir machen ja hinterher weiter. Also haben wir den Tisch auf der Karte gedeckt, Essen in der Steppe, Teller, Gläser, Besteck und wir beide, am anderen Ufer die feindlichen Linien, denn in der Mitte floss ja der Don, und wir in Abwehrstellung, im Wartestand, Gewehr im Anschlag, an irgendeinem Abend vor fast siebzig Jahren. Während des Essens klingelte es, Olmo ging zur Tür, und ein Hund kam in die Küche, schwanzwedelnd, mit kurzen Beinen und einem schweren Hinterteil. Ihm folgte eine junge Frau mit einem Teller in der Hand, keine dreißig Jahre alt, die dunklen Haare fast kahlgeschoren. Flip-Flops, die ihr bei jedem Schritt an die Fersen klatschten, ein tätowierter Gecko, der sich von der Fessel bis hoch zur Wade wand. Olmo hat gefragt, ob sie auch ein Glas Wein wolle, sie hat gesagt: Danke, aber Sandro wartet. Mich hat die junge Frau nur aus den Augenwinkeln angesehen. Dann hat sie auf mich gezeigt: Und wer ist das da? Olmo hat geantwortet: Das ist Pietro, der hat hier mal gewohnt. Der Hund zwängte unterdessen die Schnauze durch die Gitterstäbe auf dem Balkon und bellte wütend, die Wut kam daher, dass er auf der anderen Straßenseite sich selbst sah, zwischen genau solchen Gitterstäben auf genau so einem Balkon wie dem von Olmo. Die junge Frau hat den mit Alufolie abgedeckten Teller auf den Tisch gestellt, guten Appetit gewünscht und gesagt: Wenn irgendwas ist, wir sind zu Hause. Dann hat sie den Hund gerufen, der hat seinen Hintern an uns vorbeigeschleppt, kurz darauf ist Olmos Tür zugeschnappt, und wir haben die Tür nebenan aufspringen und gleich danach zuknallen hören.

Wir haben das Geschirr abgeräumt und Russland von Brotkrümeln befreit, in die Felder hatte sich allerdings ein roter Saucenfleck ergossen. Olmo hat versucht, ihn mit dem Schwamm wegzuwischen, aber das Rot war schon eingezogen, eine Blutlache in der Steppe. Dann hat er sich mit seinem Bleistift wieder in Marsch gesetzt. Und schon schleppte sich ein kleiner Bleisoldat mühsam durch das Weiß, jeder Schritt ein Stich mit der Spitze in die Karte, jedes Mal das Risiko, ein Loch zu hinterlassen. Am Ende des Abends war das Ganze ein Ameisenhaufen aus schwarzen Pünktchen, so viele Soldaten waren da langmarschiert, auch Mario, ich suchte ihn in der Menge, er war einer von den dunklen Punkten. Und so viele waren gestorben da im Schnee, manche hatten einen Kopfschuss abgekriegt, andere waren auf der Straße liegengeblieben und erfroren, manch einer war verrückt geworden und wohl heimgekehrt, aber nur mit dem Körper.

Abends hörte ich mir manchmal die Tonbänder an, die Sara und ich zusammen aufgenommen hatten. Ich legte mich aufs Sofa, machte das Licht aus und hörte mir unsere Urlaube an. Wir hatten ein ganzes Album davon, eine CD pro Reise, mit Datum und Zielort drauf. Sara war es anfangs peinlich, auf Band zu sprechen. Sie redete, als ob sie einen Vortrag halten sollte, sie hob an: Vor uns haben wir den Montblanc. Auf der Rechten erstreckt sich der Lago Trasimeno. Sie sagte: Autobahnmautstation, Fahrzeug und Eine kurze Rast, lachte plötzlich los und keuchte: Ich kann nicht mehr, blöder Apparat. Aber irgendwann hatte sie sich dran gewöhnt, und es machte ihr nichts mehr aus. Die ersten Reisen waren ein einziges Palaver, wir haben uns alles Mögliche gebeichtet, uns gegenseitig unterbrochen, auch gelacht und gestritten, weil ich immer fahren wollte, weil Sara immer sang und ich mich beschwerte, ich kannte die Lieder nicht. Wenn wir in ein Rasthaus gingen, ließen wir den Recorder eingeschaltet im Auto, als Aufpasser. Und er nahm auf, wie die Autotüren zuklappten und sich danach so eine milde Stille verbreitete, es gab Gesprächsfetzen von vorbeigehenden Leuten, gleich daneben parkte jemand ein, ein Lkw rangierte hin und her, und unter allem das Grundrauschen von der Autobahn. Bis schließlich die Autotüren wieder aufgingen und wieder wir zu hören waren. Im Laufe der Zeit hatten sich unsere Reisen allerdings verändert. Am glücklichsten waren wir in der Bretagne gewesen, wir hatten nur in Etappen gesprochen, mal viel, mal gar nichts, Sara sagte: Guck mal, als die Mühlen in Sicht kamen, und wir machten die Fenster auf, um den Ozean zu uns hereinzuholen, er heulte zusammen mit dem Wind. Dann gab es ganze halbe Stunden ohne ein Wort, nur Regen auf dem Autodach und Sara, die leise ein Lied sang und zusah, wie draußen Frankreich vorbeizog. Auf den letzten Reisen hatten wir fast immer vergessen, auf Aufnahme zu drücken, oder wir hatten zwar gedrückt, aber den Recorder im Auto liegen lassen, ganze Tage mit nichts als Verkehr. Von Berlin hatte ich nur eine Aufnahme vom Hotelbalkon, wo ich andauernd nach Sara rief, sie aber war in die Bar unten gefahren, ohne mir etwas zu sagen. Die letzte CD war eine Reise nach Österreich, eine vollkommen andere Stille als in der Bretagne. Sara sang nicht mehr.

Dann hat Sara wochenlang Nachrichten auf meinem Anrufbeantworter hinterlassen, in denen sie kein Wort sagte. Ich kam nach Hause, setzte mich in den Sessel und hörte sie ab, bis das Piep ihre Schweigephasen unterbrach. Oft atmete sie auch einfach in den Hörer, ein langer Atemzug, und meine ganze Wohnung war geflutet. Ich hatte keine Ahnung, wo sie jetzt wohnte, nur dass die Wohnung im vierten Stock lag und ein Telefon und viel Licht, aber nur ein paar Quadratmeter hatte.

Ich versuchte jedes Mal, mir anhand ihrer Nachrichten ein Bild von den Räumen zu machen. Manchmal lief sie herum, ihre Schritte kamen auf mich zu, dann setzte sie sich auf einen Stuhl, rückte ihn zurecht, setzte sich quietschend wieder drauf, räusperte sich und sagte nichts. Das Telefon stand offenbar in der Küche, sie rief an, und nach dem Piep kamen Kochgeräusche, Wasser in Topf, anspringende Herdflamme, und Tischdecken, Glas, Besteck, und plötzlich sauste das Fallbeil der Zeit herab, Piep: Sie haben keine neuen Nachrichten. Ihre Stimme hörte ich nur manchmal, wenn mittendrin ihr Handy klingelte, sie sagte: Ja bitte, danach war unsere Leitung tot, ein Gespräch sauber abgetrennt, dabei hatte ich gerade angefangen, mir ihre Wohnung anzusehen, jetzt stand ich auf einen Schlag wieder draußen vor der Tür. Ein anderes Mal ging ein Gewitter los, es donnerte in ihre Küche und weiter bis zu mir, die Fenster knallten zu, sie schrie: Aufhören, als ob ein Schrei reichte, um den Himmel zu beruhigen, kurz danach brach sie in einen Weinkrampf aus, sie heulte ohne Ende, erst laut und verzweifelt, dann kam nur noch zwischen Schluchzern schaukelndes Gezischel. Die Nachricht gleich danach bestand aus ohnmächtigem Schweigen, aber die Fenster waren wieder offen. Davor stand offenbar ein Baum, jetzt kreischten Vögel direkt in ihre Küche, und gegenüber unterhielten sich zwei ältere Frauen, die eine sagte: Das war ja wie ein Bombenangriff.

Eines Tages bat Sara um ein Treffen. Eine Nachricht auf dem Anrufbeantworter in einem hastigen, beunruhigten Ton: Ich muss dich sehen. Im Hintergrund war Glockengeläute, drei Schläge, danach hatte Sara aufgelegt. Piep, und der Teil der Stadt war mir wieder verschlossen. Ich saß allein weiter im Sessel und starrte die schwarze Kiste an, aus der die Stimmen kamen. Ich rief zurück, ich war sicher, sie würde nicht drangehen. Es war tatsächlich niemand da, aber ich ließ es weiterklingeln. Allein dieses Schwindelgefühl, hinterrücks in ihre Wohnung einzudringen und herumzuspionieren, jedes Klingeln eine verschlüsselte Information, das ungespülte Geschirr, der Morgenrock im Badezimmer, das hastig gemachte Bett und die Bücher, die sie gerade las und die aufgeklappt in der ganzen Wohnung herumlagen wie Schmetterlinge, die auf Möbeln Rast machen. Und die Box, in der sie all ihre Schuhe aufbewahrte. Die habe ich mir etwas länger angesehen, im Flur, während das Telefon durch die Wohnung klingelte, lauter ineinander verhakte Füße, Sohlen, Absätze, die unter anderen Absätzen klemmten, und darüber noch mehr Schuhe, einfach übereinandergeworfen wie in einem Massengrab. Als das Telefonklingeln mit leeren Händen zurückkam, ist der Anrufbeantworter angesprungen, und ich habe gesagt: Ich bin's, dann musste ich plötzlich niesen, ich konnte überhaupt nicht mehr aufhören und habe aufgelegt.

Je öfter ich Olmo besuchte, je mehr er mir von Russland und von den Toten erzählte, desto öfter hatte ich nachts Träume, aus denen ich schreiend aufwachte. Ich merkte erst, dass ich entkommen war, wenn ich ein Auto auf der Straße hörte. Ich ging schon als Verurteilter zu Bett, ich legte mich schlafen wie jemand, der über Nacht in den Knast zurückmuss, ich schloss die Lider und hörte sofort den Wärter den Schlüssel umdrehen und seine Schritte sich entfernen. Dann lag ich allein im tiefsten Dunkel unter meinen geschlossenen Lidern und kämpfte gegen das Einschlafen an, ich sträubte mich dagegen, verstellte es mit anderen Gedanken, dachte an die Gesichter meiner Kinder in den Schulferien, an die Mamas, die sie nach der Schule abholen kamen. Ich trommelte sie alle zusammen, ich beschwor sie, sich um mein Bett zu stellen und mich am Einschlafen zu hindern, mir etwas zu erzählen, einen Zaun hochzuziehen gegen diesen Schlaf, den ich herannahen fühlte. Dann sah ich sie plötzlich stumm beiseitetreten, alle auf einmal von meinem Bett zurückweichen, sich umdrehen und weggehen, die Kinder an den Händen der Mütter. Und sah von fern andere Menschen zu einer Flut anschwellen, alle mit Löchern über der Nase, sah die Flut steigen und steigen und bis an mein Fußende rollen. Vorneweg immer Mario mit seinem ins Leere starrenden Blindengesicht, er kam ganz nah an mich heran und flüsterte mir ins Ohr: Wir frieren ein bisschen. Schon spürte ich, wie sie zu mir unter die Decke schlüpften, sie drängelten sich überall hin, zwischen meine Füße, zwischen meine Beine, sie waren zu Tausenden, sie bestiegen mich, kletterten mir ins Gesicht, klammerten sich an meinen Ohren fest, spazierten mir über die Augen, als mir der Erste in den Mund krabbelte, schrie ich los mit der ganzen Luft, die ich noch in den Lungen hatte.

Bald fuhr ich fast täglich zu Olmo, ich trug den Gedanken daran schon morgens mit mir herum, er ging mit mir durch die Stadt. Die Besuche blieben auch weiter unser Geheimnis, meine Mutter rief mich zwar manchmal an, wenn ich gerade bei ihm war, aber ich sagte ihr nie, wo ich war. Abends am Telefon erfand ich ganze Tagesabläufe extra für sie, seit Sara weg war, wollte meine Mutter über jeden meiner Schritte Bescheid wissen. Dieses Verschweigenmüssen war jedes Mal eine Qual. Und dann fingen wir doch an, darüber zu reden, wir dachten uns ein Spiel aus, in dem ich wieder Sohn und sie wieder Mutter wurde. Eines Abends habe ich sie gefragt: Weißt du, dass ich manchmal deinen Vater besuche? Sie hat angefangen zu lachen, sie hat durch den Hörer geprustet und dann zurückgefragt: Und geht's ihm gut? Ich habe gesagt: Ja klar. Danach brachte sie das Thema manchmal selbst auf, fragte: Und Mario? Besuchst du ihn noch? Und ich erzählte ihr von Olmo und seiner Wohnung, sagte aber nicht, dass es genau die war, in der wir jahrelang gewohnt hatten. Ich erzählte ihr von seiner Küche, von seiner Frau, die ihm weggestorben war, und den Tässchen mit den goldenen Henkeln, von seinen Berichten über die im Schnee erfrorenen Soldaten, über den Panzer, der ihn fast überrollt hätte, aber dann doch nicht getötet hatte, über den Kaplan, der immer als Letzter kam, um den Leichen irgendwas von Gott zu erzählen. Es war ein Mario, der nicht ganz stimmte, der richtige Mario war ja aus der Kriegsgefangenschaft heimgekehrt, Olmo dagegen hatte zu Fuß zurückmarschieren müssen und war fast gestorben. Meine Mama hörte atemlos zu, solche Gespräche dauerten ewig, zogen sich bis in die Nacht, gegen eins nahm mein Vater ihr den Hörer weg, er wollte mir nur auch mal kurz Guten Tag sagen: Ihr könnt ja weiterreden, ich gehe schlafen, aber seine Stimme klang, als hätte er schon ein paar Mal geschlafen, vor dem Fernseher. Dann kam sie wieder ans Telefon, ihre Stimme war jetzt leiser, ein zarter Hauch, und wir spielten weiter dieses Spiel, das ihr Spaß und Angst zugleich machte. Einmal sagte sie: Mario hat nie erzählt, was da alles los gewesen ist, als er wiederkam, hielten ihn längst alle für tot. Dann fügte sie hinzu: Er hat zwar von Russland gesprochen, aber nie irgendwas erzählt, er hat immer sofort angefangen zu weinen. Und so habe ich es ihr erzählt, am Telefon, lang und breit, ich habe Mario mit Olmos Worten aufgefüllt, immer nur ein paar auf einmal, ganz langsam, damit er nicht überfließt, und meine Mutter hat schweigend zugehört, ich wusste, sie ist in der Küche, über dem Herd ist die Lampe an, und sie sitzt im Morgenrock auf dem Fußboden mit angezogenen Beinen und dem Nacken an der Heizung.

Unterdessen hing in Olmos Küche jeden Tag eine neue Karte, die vorher nicht da gewesen war, der Raum wurde immer mehr zur Steppe, eine Fläche aus Millimeterpapier, die sich über den ganzen Süden Russlands erstreckte. Immer wenn ich in die Wohnung kam, hängte er gerade eine Karte an die Wand. Dann trat er ein paar Schritte zurück, um sich einen Gesamteindruck zu verschaffen, und drehte sich zu mir um, schon blind, mit bodenlosem Blick und tief in die Höhlen gesunkenen Augäpfeln. Die Karten waren alle unterschiedlich, manche klein, andere über die halbe Wand reichend, und es waren Dutzende, wer weiß, wo er sie heimlich aufbewahrt hatte. Beim Aufhängen ging er methodisch vor, damit auch alles exakt bedeckt war, was darunter an der Wand hing, gerahmte Panoramaansichten von Salerno und Otranto, der Petersplatz bei Nacht. Olmo breitete seine Karten über alles wie eine Decke über ein Feuer, ich konnte zusehen, wie die Küche verschwand, wie sie Stück für Stück verschluckt wurde von seiner Obsession. Bis nur noch das Fenster und eine Karte übrig waren, die hat Olmo aus dem Schrank neben seinem Bett hervorgezogen, ich sollte sie ihm aufhängen helfen. Und so haben wir zusammen die letzte Lücke geschlossen, ich in Socken auf einem Stuhl, er mit Anweisungen, an welchem Punkt ich den Nagel einschlagen soll, einen Tick weiter rechts, einen Tick weiter links. Und dann hat sich die Karte entrollt wie ein Rollo, und ich bin vom Stuhl gestiegen und auf Socken zur Tür gegangen und habe das Licht über Russland 1943 eingeschaltet.

Sara wollte nicht hereinkommen, nur auf den Klingelknopf drücken und feststellen, dass sie hier nicht mehr wohnte und ihr Name genauso schnell gelöscht worden war, wie man die Wohnung eines Verstorbenen räumt. Ich bin zur Haustür gegangen, Sara stand davor, mit dem Rücken zu mir, ich habe gesagt: Hier bin ich, um sie nicht berühren zu müssen. Der Rest unseres Treffens war ein Spaziergang am Ufer mit in den Taschen vergrabenen Händen, sie ihre in der Jacke und ich meine in der Hose. Nur wir beide und unsere beiden Spiegelbilder auf dem Wasser, einen Meter entfernt, und Möwen, die eine Zeit lang hoch oben kreisten und sich plötzlich auf den Fluss stürzten. Ich sah ihnen zu, sie stritten um das Wasser, kundschafteten es aus von weit oben, flogen Ablenkungskurven, spähten einen Punkt aus und schossen plötzlich abwärts, Angriff, Flügel anlegen, Meter um Meter die Luft durchstoßen, die dazwischen lag. Einmal zog sich ein ganzer Schwarm über uns zusammen, hoch über dem Wasser, zwanzig, dreißig Möwen, die im Kreis flogen, Spiralen zogen, unter den Flügeln hervor nach unten starrten und auf den passenden Moment warteten. Sara riss den Kopf hoch, wollte wissen, woher diese Finsternis kam, eine

Art Wolke, die sich zwischen die Menschen und die Sonne geschoben hatte. Als sie sah, dass es keine Wolke war, sondern Möwen, hat sie Angst bekommen, sie hat die Augen zusammengekniffen und gefragt: Was wollen die denn? Ich habe sie angesehen und dann auch nach oben geguckt. Aber zum Antworten blieb keine Zeit, gerade stürzte sich der ganze Schwarm auf unsere beiden Spiegelbilder im Wasser. Alle Möwen rasten abwärts wie ein einziger Körper im Fall, warfen sich auf unsere Gestalten, die der Fluss zum Paar vereint hatte, dann schlugen sie gemeinsam in unsere Gesichter und hackten uns die Augen aus, Häppchen für Häppchen, so lange, bis sie die Höhlen leergepickt hatten und mit Schaum vom Fluss auffüllen konnten. Danach hat eine der Möwen gekotzt, und sie sind alle gemeinsam davongestoben, genauso wie sie gekommen waren. Nur dieser gelbe Fleck war noch da, er hat noch eine Weile weitergezittert.

Später haben wir ein paar andere Leute gesehen, einige ältere Frauen, eine jüngere und einen kleinen Jungen. Sie standen an der Brüstung und sahen hinunter in den Fluss. Der Junge hatte sich hochgezogen, seine Mama hielt ihn mit einer Hand auf dem Rücken fest, während er sich hinüberbeugte. Er reckte einen Arm vor, zeigte aufs Wasser und rief: Da unten. Eine der Älteren sah uns kommen und sagte: Entschuldigung, dann hat sie unsere Gesichter und den ganzen Schmerz darin gesehen, aber da war es schon zu spät für einen Rückzieher. Also hat sie noch einmal gesagt: Entschuldigung, aber in einem anderen Ton. Sara hat sie angelächelt und gefragt: Was ist denn los?, und auf den kleinen Jungen gezeigt, der kreischend über der Brüstung hing. Die Frau hat ihren Mut zusammengenommen und erklärt: Ach nichts, bestimmt Unfug, wir wollten nur wissen, ob Sie das auch sehen. Wir haben uns neben den kleinen Jungen gestellt, der immer noch kreischte und gestikulierte. Am Grund des Flusses war ein Fahrrad zu erkennen, ein Reifen steckte im Schlamm, und über ihm schwammen Fische. Jetzt hat auch Sara gesagt: Da unten. Es war ein Damenfahrrad, neu, mit einem grünen Rahmen und einem Strohkorb, ein Pedal glänzte in der Sonne, die durch das Wasser fiel. Es lag fast genau in der Mitte des Flusses auf dem Grund, und der Junge guckte mich an und fragte: Von wo ist das denn da reingefallen?

Sara und ich haben uns hundert Meter weiter auf die Uferbefestigung gesetzt und die Beine baumeln lassen, unsere Füße hingen ein paar Zentimeter über dem Wasser, Saras etwas höher als meine. Wir saßen da und wussten nicht, in welcher Sprache wir miteinander reden sollten, unsere gemeinsam erfundene beherrschten wir nicht mehr, und so landeten wir unversehens bei Italienisch. Wir sprachen in Leihwörtern und benutzten sie auch wie Leihwagen, einfach um von einem Punkt zum nächsten zu kommen. Wir würden sie nach dem Gespräch auch gern genau so wieder zurückgeben, zugucken, wie sie wieder ins Regal kommen, wie Rollerblades nach Gebrauch. Ich habe ihr dann von Mario erzählt, sie hatte ja die Frage nach ihm in der Wohnung zurückgelassen, als sie ihre Sachen abgeholt hatte. Ich habe ihr erklärt, wer er war, mit ausschweifenden Schilderungen, aus lauter Angst, dass sie sagt, was sie eigentlich sagen wollte. Ich habe ihr von der Klinik erzählt, von Rússland, von Marios Besuchen in der Schule, als ich klein war, von dem Skelett. Und auch von dem Fausthieb meines Vaters und der Polizeisirene, von dem Schrei meiner Mutter und dem großen Schweigen, das danach eingetreten war. Während ich redete, starrte Sara auf ihre Hände, und unser Rhythmus war derselbe wie der der Ruderer auf dem Fluss, der vom Schlagmann gebrüllte Takt, Keuchen und Ruderschläge, die mit jedem Schub den Fluss ein Stück hinter sich ließen. Ich habe ihr erzählt, dass meine Mutter inzwischen jeden Tag auf den Friedhof ging, ich sah ihr Fahrrad oft vorm Eingang an einen der Pfosten gekettet, im Korb noch ein paar aus dem Blumenstrauß entwischte Blätter. Und einmal war sie wieder herausgekommen und viel schöner gewesen, sie hatte sich die Haare zusammengebunden und war losgeradelt, beide Füße gleichzeitig auf den Pedalen. Aber Sara hörte mir schon nicht mehr zu, ich konnte sehen, wie ihr Blick immer ferner rückte, wo ich meine Mutter über das Wasser radeln sah, sah sie etwas ganz anderes, und damit ist sie dann auch herausgeplatzt, mitten in meinen Satz hinein. Sie hat sich zu mir gedreht und gesagt: Ich bin schwanger, sie musste gar nicht hinzufügen, dass es nicht von mir war.

Zuerst habe ich den stechenden, wüsten Schrei der Möwen gehört und dann diese plötzliche Stille, wie in einer Schule, bei der das Dach heruntergekracht ist. Danach nur noch das Wasser, den Takt des Schlagmanns und jemanden, der sagte, wenn sie Sonntag nicht gewinnen, hört er auf, dann trainiert er nicht mehr, das lohnt sich ja nicht, die ganze Anstrengung, man macht sich bloß die Hände kaputt, wozu denn.

Ich habe mit Sara zusammen auf den Bus gewartet. Wir haben einfach nur die Straße hinuntergestarrt und bei jeder um die Ecke biegenden Straßenbahn gehofft, dass es die richtige Linie ist. Wir standen da, unsere Mienen taten, als wäre nichts, wir dahinter waren niedergedrückt, jeder von seinen Gefühlen, wir versuchten, die Straßenbahnen schon am Strom zu erkennen, der auf der Oberleitung britzelte. Ich hatte ihr keine einzige Frage gestellt und würde das auch nicht tun, weder nach dem Vater des Kindes noch danach, wann es geboren werden sollte. Ich stand da wie ein einziger Defekt, ich funktionierte nicht, und endlich war es bewiesen. Und wir redeten auch nicht miteinander, Sara mit ihrem vollen Bauch und ich mit meinem, der sich anfühlte, als hätte er ein Loch, wie nach einem Hammerschlag gegen eine Wand, plötzlich taucht auf der anderen Seite das Gesicht des Maurers auf. Ich stand wie gelähmt an der Haltestelle und hätte mir am liebsten beide Hände vor den Bauch gehalten, aus Angst, dass irgendjemand seinen Arm in dieses Loch steckt, dass ein Kind im Vorbeigehen hineinschaut, wie ein Löwe beim Sprung durch einen Feuerreifen. Bei Sara war es genau umgekehrt, ihr Körper hatte sich unverhofft verdoppelt, in ihrem Innern tappten Füße, als suchten sie nach dem Weg, und nahmen Hände und Augen Gestalt an. Sie war jetzt zu zweit, ich stand mit dem Rücken zur Wand und sie direkt vor mir, aufgestellt wie ein Geschütz, aus dem eine Kugel geschossen und durch mich durchgegangen war. Dann kam die Straßenbahn, erst als durch die Oberleitung rasende Spannung, dann als orangerote Schnauze mit der Nummer 15 drüber. Sara ist eingestiegen und hat sich zwischen zwei Damen gesetzt, von denen eine sie angelächelt und ihre Tasche vom Sitz genommen hat. Sara hat die Arme verschränkt und nicht zu mir gesehen, dann sind die Türen zugegangen, und als die Bahn anfuhr, hatte Sara den Gesichtsausdruck einer Frau, die ein Geheimnis mit sich herumträgt.

Als ich nach Hause kam, war da ein Mann, er stand einfach in meinem Garten, als wäre dies der natürlichste Aufenthaltsort. Ein Haufen Bauschutt, grüne Arbeitsstiefel, frisch angezündete Zigarette. Wir haben uns gegenseitig angeguckt wie Eindringlinge, er war aus der Wand des Hauses hinter meinem gekommen, das da anfing, wo mein Garten endete. Er sagte: Die Herrschaften wollen nach langen Jahren der Finsternis zwei große Fenster in die Wand brechen. Durch das Loch war ein Teil der Wohnung zu sehen, ein hängender Korb, ein Fernseher, ein Tischfußball, ein langer Tisch, Stühle. Über alle Möbel waren riesige Plastikfolien gebreitet, als wären sie Leichname. Dann tauchte noch ein Arbeiter auf, auch er fiel einfach in meinen Garten ein, hielt mir seine schwielige Hand hin und sagte: Angenehm. Er erklärte, wenn es Probleme gebe, solle ich mich an die Herrschaften wenden, die seien allerdings gerade im Urlaub auf den Balearen. Ich bin in meine Wohnung gegangen und habe den Rest des Tages ihr lautes Gehämmer gehört, die Scheiben zitterten bei jedem Ziegelstein, der aus der Wand krachte. Ich stand hinterm Fenster, die Arbeiter warfen sich hin und wieder Sätze zu, telefonierten, rauchten mal eine, setzten sich auf meine Stühle. Ich starrte auf meine Blumen und den Bauschutt, unter dem sie zugrunde gingen. Nach jedem Abkippen drehten sich die Arbeiter um, sahen mich hinterm Fenster stehen und zuckten mit den Schultern, dann hämmerten sie weiter auf die Wand ein.

Um sechs gingen sie, sie kletterten durch das Loch ins Haus, ich sah zu, wie sie verschwanden, von der Wand verschluckt wurden, und die Wand würde sie am nächsten Morgen wieder ausspucken. Ich stellte mir vor, wie sie sich umziehen und aufbrechen, wie sie aus der Haustür treten, die auf die Parallelstraße hinausgeht. Vorm Gehen hatten sie noch die Löcher in der Wand abgedichtet, sie hatten einfach Plastikplanen draufgetackert. Als ich später am Abend in den Garten kam, schlackerte eine Plane im Wind wie das Segel eines vor Anker liegenden Bootes. Ich ging durch den Schutt, die Trümmersteine kratzten mir unter den Füßen, ich bückte mich, um zu sehen, was aus den Blumen geworden war, ich habe sie unter den Brocken hervorgezogen und in eine schwarze Tüte getan. Dann bin ich auf die Straße gegangen und habe sie in den Container geworfen, früh am nächsten Morgen würde wieder der Müllwagen kommen, Heulton, Rumsen, dann weiterfahren und nach ein paar Metern wieder anhalten.

Die Fotos aus Russland bewahrte Olmo in seinem Schlafzimmerschrank auf. Es gab einen eigenen Flügel, gleich am Fenster, in dem er diesen Teil seines Lebens hortete. Eine Zeit lang hatte mir Olmo den genauen Ort verheimlicht. Er wartete immer ab, bis ich mich mal wegdrehte, mein Handy klingelte, und wenn ich wieder hinsah, war irgendetwas da, das einen Augenblick zuvor noch nicht da gewesen war. Ich fragte nicht, er sagte nichts, es lag einfach plötzlich ein Buch, ein Tapferkeitsorden, ein Foto auf dem Bett. Und er saß daneben, wartete auf mich und betrachtete den Gegenstand, als wäre er aus dem Nichts aufgetaucht, ein Zaubertrick. Ich tat immer, als wäre nichts, wandte mich um und hörte zu, wie der Schlüssel im Schrank das erste Mal gedreht wurde, beim zweiten Mal durfte ich wieder hingucken. Aber nach einer Weile war mir klar, dass auch ich diesen verborgenen Ort zu sehen bekommen sollte. Olmo brauchte bald immer länger mit dem Suchen, kramte nach Sachen, während ich aus dem Fenster guckte, und murmelte hinter meinem Rücken: Wo ist das denn bloß hin? Manchmal fragte ich ihn, ob er Hilfe brauche, seine Stimme kam halb erstickt aus dem Schrank: Nein danke, ich finde es gleich, keine Bange. Dann redete er weiter, einmal habe ich mich umgedreht, da waren nur noch seine Beine außerhalb vom Schrank, ich hatte schon Angst, dass der ihn gleich komplett verschluckt. Dann hatte er sich endlich eines Tages durchgerungen, mir zu zeigen, was da drin war. Er öffnete die Schranktür vor meinen Augen, als wäre sie eine Geheimtür. Er sagte: Guck mal hier, und zeigte auf einen Bügel mit einer Uniform. So in voller Länge da im Schrank, mit hängenden Armen und den zwei schlenkernden Beinen darunter, sah sie aus wie eine aufgeknüpfte Leiche. Sie starrte uns aus der Dunkelheit an, wir hatten das Licht vom Fenster im Gesicht und blinzelten, um irgendetwas sehen zu können.

Als Olmo den Schrank wieder zumachte, verschwand der Gehenkte in Uniform, als wäre er nie da gewesen. Die Tür ging zu, und er blieb drin, in Halshöhe an einem Eisenbügel aufgehängt. Eine Schlüsseldrehung, und der Schrank stand für den Rest des Tages in dem Zimmer wie ein aufrecht an der Wand lehnender Sarg. Olmo tat, als wäre nichts, manchmal stellte er sich nur davor und lehnte den Hinterkopf ans Holz, manchmal redete er und schlug mit der Faust gegen die Schranktür, um etwas Bestimmtes zu unterstreichen. Ich sah ihn vor dem Schrank stehen und bekam den Gehenkten dahinter nicht aus dem Kopf, der spürte bestimmt, wie die Faustschläge auf ihn zukamen, sich durch die Dunkelheit arbeiteten. Seit ich ihn gesehen hatte, redete ich selbst lieber leise, versuchte, Olmo von ihm fernzuhalten, bat ihn, sich mit mir an den Tisch zu setzen, wo mein Kopf seinem so nah ist, dass er gar nicht brüllen kann. Aber Olmo konnte es nicht lassen. Mir fielen all unsere Worte ein, meine und Olmos, ich stellte mir vor, wie sie die hölzerne Barriere überwinden und in den Schrank eindringen, Worte von ganz weit her, manchmal falsch, in etwas anderes verwandelt, wie sie in die Ärmel und die Hosenbeine kriechen, erst Brust und Schenkel blähen, dann Schultern, Hintern, Geschlecht, Rücken, wie sie dem leeren Anzug da im Schrank Form geben. Und ich überlegte, wie es wohl ohne mich hier ist, wenn niemand redet, nur die Stimmen im Fernseher oder nicht einmal die, nur Olmos Geräusche, wenn er sich in der fernen Küche etwas zu essen macht, der Gasanzünder knistert, später wird Geschirr in die Spüle gestellt, rauscht lange Wasser, und plötzlich wird das Wasser abgestellt. Und schließlich nachts, Olmo im Bett, die ganze Wohnung still, sein Kopf ins Kissen gedrückt, ein paar Zentimeter vom Schrank entfernt. Sein Atem, der seine Brust hebt und senkt. Er haucht ihn ans Holz, er wärmt es, und dahinter im Schrank ist immer diese Leiche.

Eines Tages wollte er, dass ich die Uniform anziehe. Er erklärte mir, er selbst habe nicht mehr den Mut dazu, habe zu viele schlimme Dinge in ihr erlebt. Zu viele schöne auch, hat er dazugesetzt. Beim Reden ist er rot geworden, hat mich aber trotzdem angeguckt, als ob er mir zeigen wollte, wie sehr er sich schämte. Er hat also die Uniform aus dem Schrank genommen, hat sie zum Bett eskortiert und auf die Zudecke gebettet, er hat die ganze Zeit seinen Arm unter ihren Rücken gehalten und ihn erst hervorgezogen, als sie vollständig lag. Dann hat er zu Boden geguckt, da lag meine Hose schlaff auf den Schuhen und darüber der Pullover, als hätte sich mein Körper plötzlich aufgelöst. Aber der stand daneben, in Unterwäsche, und vor ihm Olmo, der mir die Hose und danach die Jacke der Uniform anreichte. Ich sah, wie er meine Beine musterte, seine Augen wanderten Handbreite um Handbreite über meine Knie und Oberschenkel, er sagte: Ich weiß gar nicht, ob du da reinpasst, bei deiner Größe. Dann habe ich die Beine in die Hose gesteckt, der derbe Stoff kratzte mir an den Knien, ich bekam sie nur mit Mühe zu, ich musste die Luft anhalten. Nach der Hose schlüpfte ich in die Jacke, erst mit dem einen, dann mit dem anderen Arm, die Jacke war so schwer, dass sie mir die Schultern nach unten zog. Olmo stand vor mir und knöpfte sie wie ein gewissenhafter Schneider zu, erst mal nur zwei Knöpfe, einen Schritt zurücktreten und gucken, wie alles sitzt, danach ging er wieder an die Arbeit. Die Jacke war sehr eng, ich bekam mit jedem Knopf weniger Luft, aber Olmo blieb stur und zwängte sie alle durch die Knopflöcher, er wollte mich unbedingt auf seine Maße bringen, dabei war ich zwanzig Zentimeter größer. Als er endlich den letzten Knopf zuhatte, ist er weiter weggegangen, er hat sich aufs Bett gesetzt, mich gemustert und gesagt: Perfekt, als hätte er mir die Uniform auf den Leib geschneidert, ich kriegte allerdings nur noch einen Hauch Luft. Jetzt sollte ich noch fotografiert werden, mit so einer Kamera mit Rollfilm, die kramte er manchmal hervor, um irgendetwas zu knipsen. Wochen später hing dieses Foto bei meinen Eltern im Flur, meine Mutter hatte es gerahmt und neben das von Mario gehängt. Wir beide in Uniform, ich mit Leidensgrimasse, zu kurzen Ärmeln und Hosenbeinen, die nicht einmal bis zu den Knöcheln reichten. Wenn man genau hinsah, konnte man noch jemanden erkennen, es war Olmo im Spiegel, der mich gerade fotografierte. Meine Mama hatte ihn nicht bemerkt oder bewusst geschwiegen.

Es war nur ein Spiel, aber seit sie erfahren hatte, dass irgendwo in der Stadt ihr Vater wieder umging, hat meine Mutter Fotos von Mario hervorgeholt. Sie hat sie in der ganzen Wohnung verteilt, ich habe sie sofort bemerkt, als ich eines Nachmittags zu Besuch kam, gleich das erste hing silbern gerahmt im Flur. Seine neuerliche Anwesenheit war nicht zu übersehen. Aber meine Mutter tat, als wäre nichts, sie hat sich auf die Zehenspitzen gestellt und mir einen Kuss gegeben, sie hat mir die Jacke abgenommen und an den Garderobenständer neben der Tür gehängt. Dann ist sie vorgegangen in die Küche, vorbei an dem Bild, aber ohne einen Blick. Mario war also wieder da in der Wohnung meiner Eltern, er beobachtete uns aus diesen Fensterchen, die sich plötzlich in allen Zimmern auftaten, wie Leute, die auf der Straße vorbeikommen und einen Blick von draußen auf das Leben drinnen hinter der Scheibe werfen. Wenn ich zu Besuch kam, tranken wir den Espresso immer im Esszimmer, im größten Rahmen Marios Gesicht, und ich hatte das Gefühl, ich sehe seinen Atem über das Glas wandern, ich war ständig darauf gefasst, gleich trommelt er mit den Fingern. Eines Tages hörten wir ein lautes Geräusch im Flur, ein

Krachen und splitterndes Glas auf dem Boden. Wir liefen hin, es war ein Vogel, der aus Versehen gegen das Fenster geflogen war, er war durch das Glas geknallt und lag zwischen den Scherben auf dem Fußboden, mit gebrochenen Flügeln, aus einem Auge blutend.

Die Fotos, die jetzt zu Hause hingen, stammten alle aus der Zeit vor Marios Aufbruch nach Russland, er war noch ein junger Mann. Aber er trug schon Uniform, und wenn man ihn so sah in seinem Silberrahmen, bekam man das Gefühl, soeben sei der Krieg ausgebrochen. Fotos von später gab es nicht, meiner Mutter war das sehr recht, sie sagte, sie wolle das Gesicht, das er da bekommen hatte, gar nicht sehen, das Gesicht hatten Hunde zerfressen. Aber auch trotz Marios Fotos in der ganzen Wohnung wollte sie nicht über ihn sprechen, ihr Blick verschattete sich, wenn ich nur seinen Namen erwähnte. Es war viel einfacher, sich statt seiner mit Olmo zu beschäftigen. Nach ihm erkundigte sie sich, wollte immer auf dem neuesten Stand sein, sorgte sich, war neugierig und bestürmte mich mit Fragen. Ich sah sie an und wusste nicht, was ich sagen sollte, es gab noch immer dieses Geheimnis, dass Olmo jetzt in unserer alten Wohnung lebte, ich war zwar jedes Mal kurz davor, es zu lüften, tat es aber doch nicht. Dann hat sie plötzlich angefangen, ihm etwas zu essen einzupacken. Das erste Mal schien reiner Zufall, ein übriggebliebenes Stück Torte, eine kurze Pause beim Tischabräumen: Willst du ihm das mitnehmen? Sie hat es einfach so gesagt, sie hat nicht mal seinen Namen genannt, sie hat mich nur angesehen, im Blick der Gedanke, der ihr gerade gekommen war: Wer weiß, was der sich zu essen macht. Ich konnte nur mit den Schultern zucken. Sie hat geantwortet: Siehst du, eben, und ein paar Minuten später war die Torte in Alufolie verpackt. Danach hat sie sich angewöhnt, jedes Mal wenn ich zu Besuch kam, Riesenportionen zu kochen. Eine Portion blieb in der Pfanne, sie hatte den ganzen Gang schon gleich in vier Teile geteilt, bevor sie unsere Teller holte und voll und dampfend wiederbrachte, drei Portionen für uns am Tisch und die vierte in der Küche. Nach dem Mittagessen legte mein Vater sich hin, und meine Mutter holte Plastikdosen aus dem Küchenschrank, die ich noch nie gesehen hatte, jeder Deckel in einer anderen Farbe. Wir sprachen leise bei unseren Unterhaltungen nach dem Sonntagsessen, um meinen Vater nicht zu wecken, ich saß mit schwerem Kopf am Küchentisch, während sie zuerst den Abwasch erledigte und dann die abgezweigten Portionen in blickdichte Behälter füllte. Da drin war jetzt unser Sonntagsessen, von Pasta bis Dessert, inklusive Schmorbraten mit Sauce und in Butter gesottenen Karotten, und meine Mutter erklärte: Muss man bloß wieder warm machen. Dann stellte sie die Dosen in eine grüne Tasche und legte auch noch eine Stoffserviette dazu, aus derselben Garnitur wie unsere bei Tisch.

Und so kamen Dosen aus der Küche meiner Eltern in die Wohnung von Olmo, nur ein paar Blocks entfernt, einmal kurz treppab, an den Häusern entlang und wieder treppauf. Dann war ich da und stellte ihm die grüne Tasche auf den Tisch, eine Tasche, die schon früher in dieser Wohnung gewesen war. Ich holte die Dosen heraus und stellte sie alle auf die Arbeitsplatte neben dem Herd. Ich nahm eine Pfanne, ließ Butter aus, und ganz allmählich füllte sich der Raum mit dem Geruch der Wohnung meiner Eltern. Die ersten Male hatte Olmo mich verdutzt angeguckt, aber ich hatte ihm erklärt: Hat mir meine Mama für dich mitgegeben, und er hatte sich bedankt und nicht weiter gefragt. Aber es war ihm anzusehen, dass er das alles nicht verstand, er hing mit dem Kopf fast im Teller, diese Leute, die plötzlich in sein Leben getreten waren, ich, der ihn fast täglich besuchte, und diese Dosen, die in einer Tasche mit mir mitkamen, samt Serviette im Plastikring. Nach einer Weile verschwand das Verdutzte aus seinem Gesicht, und er gewann den Duft der Servietten lieb, den Duft einer anderen Wohnung irgendwo anders. Er trug mir immer ein Dankeschön für meine Mutter auf, wenn er sah, dass ich meine Jacke nahm und mich zum Aufbruch bereit machte, er sagte es noch ein paarmal auf dem Weg zur Tür, manchmal brachte er mich auch bis zum Fahrstuhl. Er teilte die Dosen gern in Klassen ein, je nach Lieblingsessen, Lasagne kam immer zuoberst, Tiramisu gleich darunter, Hähnchenbrust unten als Letztes. Also war in den Plastikdosen immer seltener Hähnchenbrust, meine Mutter schickte ihm nur noch Hochklassiges und echte Neuheiten, die probierte sie erst an uns aus, bevor sie in die Tasche kamen, die stets mitnahmebereit im Flur stand. Eines Tages stand noch eine große Plastiktüte daneben, darin war ein Karton und in diesem eine Mikrowelle, die sie für ihre Sammelpunkte im Supermarkt bekommen hatte. Sie sagte: Ist vielleicht einfacher für ihn, du musst ihm nur erklären, wie die funktioniert. Und so guckten Olmo und ich an dem Abend der Lasagne zu, die sich hinter der Scheibe drehte wie eine Ballerina auf einer Spieluhr, bis es klingelte.

Bald war meine Mutter ständig mit ihren Gedanken bei Olmo, auch wenn sie es nicht zugab und auf meine Frage, ob sie ihn mal kennenlernen möchte, Nein sagte und mich etwas erschrocken ansah. Sie behauptete, das sei ausschließlich meinetwegen, eine Mutter habe nun mal alle Leute gern, die ihren Sohn gernhaben, führe Krieg gegen seine Feinde, vergesse seine Frau, sobald die ihn verlässt. Fest steht trotzdem, seit Olmo in ihr Leben getreten war, hatte ihr Gesicht einen anderen Ausdruck, und ihre Kleider hatten ein paar Kilo mehr zu halten. Wenn ich zu Besuch kam, war alles, was ihr inzwischen durch den Kopf gegangen war, notiert und vorsortiert, und sie legte mir die Fragen komplett vor, eine ganze Liste auf einem Blatt Papier, dazu setzten wir uns an den Küchentisch und gingen sie Punkt für Punkt durch. Es waren Wortreihen auf den Rückseiten der langen Kassenbons von ihren wöchentlichen Einkäufen. Aufgeschrieben hatte sie sie an verschiedenen Tagen und mit dem jeweils gerade greifbaren Stift, mal blau, mal rot, mal mit dem schwarzen Filzstift, mit dem sie die Sachen zum Einfrieren beschriftete, bevor sie diese in die Tiefkühltruhe stellte. Lauter Dinge, die ihr eingefallen waren, der Name einer Illustrierten, die Olmo gefallen könnte, der Titel eines Films, den man sich ansehen sollte, und ob es das und das in seiner Wohnung gebe oder nicht, zumeist elektrische Haushaltsgeräte, nach denen fragte sie mich erst aus, dann stellte sie sie mir hin, manchmal neue, manchmal solche, die sie ja doch nicht mehr benutzte, die dazugehörigen Kartons mit den Jahren etwas ramponiert und mit Tesafilm zusammengehalten. Ich malte mir aus, wie meine Mutter in der Wohnung herumläuft und auf einen neuen Gedanken kommt, wie sie den in die Einkaufstasche steckt, zwischen Taschentücher und Schlüssel, bevor sie aus dem Haus geht. Und wie sie plötzlich so einen Zettel hervorkramt, womöglich mitten auf der Straße, zwischen Autos, Bushupen, angerempelt von vorbeigehenden Leuten, wie sie einfach eben mal stehenbleibt, den Deckel vom Stift zieht, etwas aufschreibt und danach wieder weitereilt, zusammen mit allen anderen.

Nach und nach füllte sich Olmos Wohnung mit Dingen, die früher bei meinen Eltern zu Hause gewesen waren und jetzt nach einem langen, langen Leben anderswo heimkehrten. Alte Drucke, die jahrelang an den Wänden gehangen hatten und später im Keller verschwunden waren, die Lampe, die auf meinem Nachttisch gestanden hatte, solange ich zu Hause wohnte, die Korkenzieher, die es bei uns massenweise gab, ein paar abgenutzte Töpfe mit Messerkratzern am Boden, lockeren Griffen und Schrauben, die sich nicht mehr festziehen ließen. Ich schleppte all die Sachen zu Olmo, und wir suchten gemeinsam einen Platz für sie, bei den Bildern mit Hammer und Nagel, die Russlandkarten mussten vorübergehend zurück ins Schrankarchiv. Ich wollte immer herausfinden, wo die Sachen früher gewesen waren, aber die Wohnung war inzwischen ganz anders. Olmo lief hinter mir her, während ich vergebens die Vorwohnung zu rekonstruieren, alles an seinen alten Platz zu rücken versuchte. Er half mir mit Feuereifer, räumte den Tisch frei, wenn ich eine Kiste voller Sachen abstellen musste, reichte mir den Hammer an, wenn ich darum bat, trat zwei Schritte zurück und sagte mir, ob die Bilder gerade hingen, und ich rückte sie so lange zentimeterweise höher oder tiefer, bis er sagte: Genau richtig so, hinterher hingen sie trotzdem immer etwas schief. Er hängte auch die Panoramabilder von Salerno und vom Gardasee ab und stapelte die Rahmen in einer Ecke, dann sah er mich an, lachend und noch immer leicht verwirrt wegen all der Veränderungen. So lagen eines Tages plötzlich die Häkeldecken aus der Küche meiner Eltern auf Olmos Küchentisch, und am nächsten die himmelblaue Tagesdecke, unter der ich jahrelang geschlafen hatte, auf seinem Bett. Vors Fenster hängten wir unsere alten Esszimmergardinen, meine Stereoanlage stellten wir auf ein Wandbord, und Olmo sah den auf und ab hüpfenden roten Kontrolllämpchen für die Bässe zu, als wären sie ein Kaminfeuer. Am Ende des Tages gingen wir immer zur Tür, drehten uns um und verschafften uns einen Gesamteindruck von dem, was mit jedem Tag ein bisschen weniger sein, aber auch ein bisschen weniger unser beider Zuhause war, und wir sahen beide konsterniert in diese Wohnung, die vor unseren Augen lag wie ein entstelltes Gesicht nach einer schiefgegangenen Operation.

Eines Nachmittags hat Olmo mir erklärt, er wolle meiner Mutter ein Briefchen schreiben und sich bedanken für alles, was sie für ihn tat. Ich habe gesagt, dass sie sich darüber freuen würde, dass das eine nette Idee sei. Also hat er eine Seite aus einem alten braunen Kalender gerissen, den hatte er aus der Tischschublade geholt, das Leder war mit der Zeit rissig geworden. Er hat erzählt, dass seine Bank ihm früher immer solche Kalender geschickt und er nie gewusst habe, was er eintragen solle, inzwischen schickten sie auch keine mehr. Diesen hatte er aber aufgehoben, konnte man ja immer mal brauchen, und in der Tat, jetzt endlich konnte man. Eine ganze Weile hat er den Stift nur in die Luft gehalten, und der Schatten auf dem Papier hat gezittert. Er hat mich gefragt: Was schreibe ich ihr denn? Ich habe gesagt: Was dir einfällt, du kannst sie auch ruhig duzen. Ich bin dann aufgestanden, damit er sich nicht bedrängt fühlt. Er hat plötzlich aufgehört zu schreiben, laut das Blatt in der Faust zerknüllt und gesagt: Ich kann so was nicht, ohne sich zu mir umzudrehen, und ich habe ihn beruhigt, er solle sich keine Sorgen machen, es sei wirklich nicht wichtig. Ich habe das Thema gewechselt, er hat mitgewechselt, kurz danach hat er schon wieder gelacht. Ich bin abends noch bei meinen Eltern vorbeigegangen, nur mal schnell Guten Tag sagen. Beim Abschied an der Tür habe ich meiner Mutter das Briefchen zugesteckt, das Olmo ihr geschrieben hatte. Ich habe gesagt: Mach mal die Hand auf, ich habe ihr das Papierbällchen hineingelegt und die Hand wieder zugedrückt. Dann habe ich ihr einen Kuss gegeben, die Tür hinter mir zugezogen und beim

Warten auf den Fahrstuhl gehört, dass sie weiter dahinterstand. Olmo hatte geschrieben: Liebe Giovanna, danke, die Lasagne ist immer gut, das andere Essen auch, und Pietro auch, manchmal kommt etwas, wenn du es gar nicht erwartest, aber wenn du es erwartest. An der Stelle hatte er vorhin abgebrochen und nicht mehr weitergeschrieben, das Datum war das aus dem Kalender, 3. März 1987, Dienstag, Hl. Kaiserin Kunigunde.

Mein Vater stand die ganze Zeit im Abseits. Gegen Mario hatte er noch kämpfen können, bei Olmo konnte er nur dabeistehen und zugucken. Und so fühlte er sich jedes Mal, wenn wir im Gespräch auf Olmo kamen, befugt zu gehen, er zog vom Stuhl in den Sessel um, setzte die Brille auf und hielt sich die Zeitung vors Gesicht. Wir hörten ihn nur, wenn er sich räusperte oder die Zeitung umblätterte, sie war eine Art diskreter Sichtschutz. Ab und zu ließ er sie in den Schoß sinken und sah uns über die Brille hinweg sekundenlang an. Dann schob er sie wieder hoch, hustete noch einmal, und meine Mutter und ich setzten unser Gespräch fort. Manchmal kam hinter dem Sichtschutz hervor eine Antwort auf etwas, das ich meine Mutter gefragt hatte, nur ein paar kommentierende Worte, wir sahen sie hinter der Zeitung hervorsprudeln. Störend war das nie, er redete aus seinem Versteck heraus, damit wir so tun konnten, als hätten wir ihn nicht gehört, damit wir weiter unserer Gesprächswege gehen konnten, reden über Mario, nur eben mit Olmos Namen. Manchmal verließ er auch die Wohnung, um einen kleinen Spaziergang durchs Viertel zu machen. Wir hörten ihn im Treppenhaus pfeifen, und mit jedem Treppenabsatz lockerte sich sein

Ton. Wenn er wiederkam, saßen meine Mutter und ich oft noch genau da, wo er uns zuletzt gesehen hatte, der Tisch war noch nicht abgedeckt, unsere drei Servietten vernachlässigte Überbleibsel, das Brot trocknete auf der Tischdecke vor sich hin, das Besteck lag versammelt auf einem Teller.

Niemand hat je wieder über das Geschehen an jenem Tag vor so vielen Jahren gesprochen, über meine Mutter, die auf dem Bürgersteig sitzt, meinen Vater, der sich auf Mario stürzt, und die Sirene dann. Aber ich fand in seinem Gesicht noch immer ab und zu diesen Ausdruck, diesen Blick, den ich gesehen hatte, als er mit Fäusten auf Mario losgegangen war. Vielleicht ging ihm gerade ein hässlicher Gedanke durch den Kopf, war eine Diskussion hitziger als üblich, und schon nahm dieser Blick meinen Vater wieder in Besitz. Wenn er diesen Ausdruck bekam, senkte ich den Kopf, starrte auf meine Hände und wartete ab, bis er vorbei war. Mit den Jahren ging es allerdings immer schneller, dass der Ausdruck verschwand, dass der Tod ihm seine Augen zurückgab und wieder mit Blick füllte. Eines Tages hatte ich sogar gesehen, wie er eins von Marios Fotos in die Hand nahm, einen der in der Wohnung verteilten Silberrahmen. Er hatte es eine ganze Weile reglos angesehen, zwei Gesichter Aug in Aug. Ich war dazugekommen, hatte ihm von hinten eine Hand auf die Schulter gelegt und gespürt, wie er zusammenzuckte. Als er merkte, dass ich es war, hatte er wieder das Foto des jungen Mannes betrachtet, dann hatte er den Rahmen höher und neben mein Gesicht gehalten, direkt an mein Ohr, er fühlte sich eiskalt an. Er hatte uns beide betrachtet, sein Blick war ein paarmal zwischen uns hin- und hergewandert, schließlich hatte er den Rahmen sinken lassen und gesagt: Wie unheimlich. Er hatte die Vitrine aufgemacht, das Foto wieder hinter Glas gestellt und die Tür abgeschlossen. Du weißt doch bestimmt, hatte er mich gefragt und dabei Mario fixiert, dass dieser Mann etliche Leute umgebracht hat? Mehr hatte er nicht gesagt und auch keine Antwort erwartet, sondern mich untergehakt, gesagt: Hm, wie gut es duftet, und mich ins Esszimmer gezogen. Trotzdem fuhr er am Totensonntag meine Mutter zum Friedhof, aber er blieb draußen am Auto stehen und wartete, bis sie an Marios Grab frische Blumen ins Wasser gestellt hatte.

Eines Abends sind wir zusammen essen gegangen, zu zweit. Ich habe ihn von zu Hause abgeholt, ich habe nur kurz geklingelt, bei laufendem Motor, und mich gleich wieder ins Auto gesetzt. Mein Vater ist auf der Beifahrerseite eingestiegen und hat mir einen Klaps aufs Bein gegeben. Wenn er auf dem Beifahrersitz saß, fehlte ihm immer das Lenkrad, also klammerte er sich mit beiden Händen an den Haltegriff. Es war das erste Mal, dass wir zu zweit essen gingen, wir saßen uns ein bisschen befangen gegenüber, er wirkte plötzlich zerbrechlicher hinter seinem Glas, als ich ihm Wein einschenkte. Der Abend ging herum, ohne dass wir über irgendetwas sprachen, was uns bewegte, Sara wurde nicht mal erwähnt, sie kam und ging, blieb aber unsichtbar, nur in Form seiner Frage: Geht's dir wirklich gut?, und meiner Antwort: Das wird schon, bestimmt.

Ansonsten haben wir alles ausgekramt, was wir an Gemeinsamkeiten hatten, er hat von der Zeit erzählt, als er ein junger Mann war, lauter Sachen, die er mir früher nie erzählt hätte, die er mir jetzt aber sagen konnte, denn ich war nicht mehr ich und meine Mutter gerade nicht da. Allmählich wurde seine Stimme lauter, der Kellner trug auf und später wieder ab, es wurde zehn, dann elf, und wir hatten inzwischen beide Barolonasen. Das Restaurant wurde immer leerer, der Wirt hat jedem Gast am Ausgang die Hand geschüttelt und gesagt: Auf Wiedersehen, bis zum nächsten Mal. Dann schlug die Kirchturmuhr Mitternacht, und schlagartig war mein Vater wieder mein Vater, er hat nach der Rechnung gewinkt und gesagt: Mama grübelt bestimmt schon, ob ich entführt worden bin. Ich habe ihn bis vors Haus gefahren, er hat gesagt: Na ja dann, er hat sich an der Tür hochgehievt und ist ausgestiegen. Draußen hat er mit der Hand auf die Motorhaube geklopft, und ich habe mit dem Losfahren gewartet, bis die Haustür zugefallen war.

Ohne ein Wort darüber, wo oder wie sie sie gefunden hatte, hat meine Mutter mir eines Tages gesagt, sie habe noch mehr Fotos. In Wirklichkeit waren es keine Fotos, sondern unentwickelte Filmrollen, sie lagen in eine alte Zeitung eingepackt wie rohe Eier auf dem Küchentisch. Sie selbst saß auf dem Stuhl, auf den sie sich immer setzte, wenn ihr etwas zugestoßen war, es war der vierte, der eine zu viel für unsere Dreierfamilie. Der Stuhl sah genauso aus wie die anderen, aber auf seinem Sitz lag ein Kissen, das Korbgeflecht war eingerissen, seit mein Vater sich vor Jahren mal draufgestellt hatte. Seitdem war der Sitz kaputt, niemand hatte die Geduld, ihn richtig zu reparieren, der einzige Beleg dafür, dass er anders war, war eben dieses Kissen. Manchmal setzte sich allerdings jemand aus Versehen drauf, irgendeine Freundin meiner Mutter, die von dem Geheimnis unterm Kissen noch nichts wusste. Meine Mutter passte einen Moment lang nicht auf, und schon klemmte die Freundin mit dem Hintern in dem Loch, denn alle setzten sich sofort auf diesen Stuhl, des Kissens wegen. Meine Mutter hörte einen unterdrückten Schrei, fuhr herum, sah die Freundin mit schreckgeweiteten Augen im Korbgeflecht klemmen und konnte sich das Lachen nicht verkneifen, sie sagte: Entschuldige, das ist nicht zum Lachen. Dann half sie ihr wieder heraus aus dem Loch, und manche ihrer Freundinnen schmollten dann, also gab meine Mutter dem Kissen ein paar Klapse, als ginge es nicht um einen Stuhl, sondern um einen Hund, der jemanden gebissen hatte. Sie selbst saß immer auf diesem Stuhl, wenn sie Kummer hatte, Streit mit meinem Vater oder irgendeine Sorge, dahin hatte sie sich auch gesetzt, als Mario gestorben war. Auf diesen Stuhl, schweigend, die Ellbogen zum Abstützen auf der Tischplatte, um nicht ins Loch zu rutschen, im Gesicht die ganze Anstrengung, als ob sie etwas ausbrüte, als sei der einzige Ort in der Wohnung, an dem meine Mutter ihren Schmerz ausbrüten kann, dieser Stuhl.

Als meine Mutter mir die Filme mit Bildern von Mario gab, saß sie auch auf diesem Stuhl. Normalerweise erwartete sie mich auf dem Treppenabsatz und sah zu, wie ich nach oben kam, eine Gewohnheit seit meinen Kindertagen, sie selbst als Belohnung dafür, dass ich die ganze Treppe zu Fuß hochgelaufen war. An jenem Tag stand niemand auf dem Absatz, aber die Tür halb offen und im Schatten dahinter der Garderobenständer wie ein lauernder Mann, auf dem Kopf einen Hut, den er meinem Vater geklaut hatte. Meine Mutter saß wartend in der Küche, vor ihr auf dem Tisch das Päckchen, ihr Gesicht zerfurcht von Melancholie, als wäre in dem vergilbten Papier ein totes Schwälbchen, das sie auf dem Balkon gefunden hatte. Sie stand auch nicht auf, als ich in die Küche kam, sie sagte nur: Ciao, Pietro. Ich brauchte nur den Stuhl, auf dem sie saß, und das verdrehte Lächeln zu sehen, das sie immer auflegte, wenn sie eigentlich das Gegenteil meinte. Dann hat sie mir das Päckchen in die Hand gedrückt: Sind Fotos von Mario. Ich habe es ihr abgenommen, mit beiden Händen, so wie man jemandem ein totes Schwälbchen abnimmt, ich habe Gummiband und Zeitung abgemacht, sie gefragt: Wo hast du die denn her?, und ihr mit jeder Hand eine Filmrolle entgegengehalten. Sie hat die Frage mit einer Hand weggewischt und stattdessen zurückgefragt: Und was machen wir jetzt damit? Ich habe sie angesehen, die beiden Rollen auf den Tisch gelegt und ihr die Hand gereicht, als ob ich sie zum Tanz bitten wolle. Sie hat sich mit einem Seufzer von diesem Stuhl locken lassen, ihr Gesicht hat sich entspannt, und dann hat sie mir einen Kuss gegeben und gesagt: Ciao, mein Pietro. Das Possessivpronomen sollte sagen, wie schön das Leben doch noch war, jetzt, wieder in Sicherheit.

Die Filme haben wir selbst entwickelt, nachdem mein Vater eine Stunde später wieder da war und wir die Kiste mit dem Vergrößerungsgerät, der Lampe und den Flüssigkeiten aus dem Keller geholt hatten. Als er hörte, dass es um Fotos von Mario ging, hatte mein Vater Nein gesagt, aber meine Mutter hatte gebettelt: Ich bitte dich, tu mir den Gefallen. Und plötzlich war die Dunkelheit in diesen Sommernachmittag eingezogen, wir zu dritt im Badezimmer, die Rollläden fest geschlossen, und rotes Licht, das unsere Mienen noch erschrockener wirken ließ. Niemand wagte zu reden, mein Vater zeigte uns schweigend, was wir zu tun hatten, und wir taten es schweigend, als könnten Worte die ganze Prozedur beeinträchtigen, als wären sie Licht und könnten die Fotos versengen. So entstieg Mario dem Säurebad, zwölf Mal pro Film, vierundzwanzig Mal Papier in Entwickler tauchen. Zu dritt hingen wir stumm über dem Badewannenrand, in einer rötlichen Finsternis, auf Knien und mit starrem Blick, mein Vater hatte extra einen Kittel angezogen, weil er sich nicht auch noch bekleckern wollte.

Vierundzwanzig Mal, bei jedem Blatt, das mein Vater eintauchte, knieten wir davor und warteten darauf, dass etwas aus dem Weiß hervorkam, er bewegte das Papier mit einer Plastikzange hin und her, meiner Mutter rollte bei jedem Körper, der ans Licht kam, eine dicke Träne herunter. Und vierundzwanzig Mal hintereinander stieg Mario aus dem Wasser, das Papier zuerst nur weiß und er nach und nach sichtbar, bevor er zu dunkel wurde, zog mein Vater ihn heraus. Auf allen Fotos saß Mario auf einer Holzbank, um ihn herum eine Wiese, hinter ihm ein Baum. Meine Mutter hat leise gesagt: Die Klinik, und sich die Hand vor den Mund geschlagen, dann hat sie die Augen zugemacht, tief Luft geholt und sie wieder aufgemacht und Mario weiter zugeguckt. Er erschien nur ganz allmählich, ein aus dem Dunkel tretendes Gespenst, sein Körper und sein Gesicht waren zuerst nur zu erahnen, dann kamen sie an die Oberfläche. Er saß auf jedem Bild neben jemand anderem. Nach dem letzten Foto hat mein Vater nur gesagt: Das war's, er hat den Kopf meiner Mutter in die Hände genommen, an seine Brust gezogen und sie umarmt. Bald darauf hingen die Fotos an einer Leine über dem Küchentisch wie schwebende Geister, jedes mit einer Wäscheklammer, vierundzwanzig Leute auf der Bank mit Mario. Es waren Männer und Frauen, alle guckten direkt in die Kamera, fein gemacht fürs Foto, Hausschuhe an den Füßen.

Eines Tages vor vielen, vielen Jahren, als meine Mutter und er mich wieder mal von der Schule abgeholt hatten, fragte Mario hinterher: Versprichst du mir, dass du mich besuchen kommst? Wir standen schon vor unserer Haustür. Das machte er öfter, er sagte den ganzen Nachmittag lang kein Wort, erst im letzten Moment stellte er plötzlich eine Frage, um die Zeit zu verlängern, die ihm zugestanden war. Meine Mutter nahm mich bei der Hand, der Schlüssel steckte schon in der Tür, sie drückte sie mit dem Rücken auf und sagte vorm Umdrehen und Hineingehen ihr übliches Schlusswort: Ciao, ciao. Genau in diesem Augenblick setzte Mario zum Reden an, ein Sprechimpuls, bevor ihm das passende Wort einfiel, einfach schon mal langsam den Mund aufmachen. So standen wir beide noch vor der Tür, während meine Mutter längst im Hausflur war, Mario auf dem Bürgersteig und ich irgendwo dazwischen, nicht mehr ganz bei Mario und noch nicht ganz wieder bei meinem Vater abgeliefert, der oben in der Wohnung auf uns wartete. Manchmal sagte Mario aber auch nichts, ihm fiel einfach das Wort, das uns hätte aufhalten können, nicht ein. Dann machte er den Mund wieder zu, ich sah, wie die Zunge verschwand und sich die Zahnreihen schlossen, und Mario drehte sich um und nahm alle Worte mit.

Das Versprechen, ihn besuchen zu kommen, hatte er mir an einem verregneten Tag abgenommen. Ich hatte nicht gewusst, was ich auf die Frage antworten soll, ich hatte meine Mutter angeguckt, die mir gerade ins Gesicht sah, und sie hatte mich am Kinn gefasst und gesagt: Großvater hat dich etwas gefragt. Also hatte ich Ja gesagt und auf den Boden gestarrt, eine kurze Frage lang war Mario wieder Großvater. Aber mein Ja war für niemanden zu hören gewesen, der Regen hatte es fortgeschwemmt, er war inzwischen stärker geworden, peitschte auf die Straße. Also kam Mario einen Schritt näher zur Tür, ging vor mir in die Hocke, um sich das Ja persönlich abzuholen, hielt mir sein Ohr vor den Mund, und ich sagte hinein: Versprochen, sah ihn aber wieder nicht an. Er richtete sich wieder auf und nickte zufrieden, dann ging er zurück auf den Bürgersteig in den Regen und sagte: Danke, sah dabei aber nur meine Mutter an. Auch ich sah sie an, sie räusperte sich, dann sagte sie erst: Gern, und danach: Entschuldige, zu ihm. Das Gern und das Entschuldige hatten sich eindeutig auf zwei verschiedene Dinge bezogen. Meine Mutter hatte noch gesagt: Jedenfalls ist das seine Entscheidung, deshalb zählt es mehr, und mich dabei an sich gezogen. Mario hatte gelächelt und gesagt: Wir werden ja sehen, das war seine Art, sich gegen Illusionen zu wappnen und niemandem die Schuld geben zu müssen. Dann hatte er sich umgedreht und davongemacht, durch den Regen, er hielt noch eine ganze Weile den Arm hoch, es sah aus wie eine Bitte um Vergebung.

Eingelöst habe ich das Versprechen mit über zwanzig Jahren Verspätung, als er längst nicht mehr in der Anstalt war. Meine Mutter und ich sind eines Nachmittags hingefahren, sie hat mir beim Einsteigen gesagt: Ich zeig's dir nur von außen. Dann hat sie die ganze Autofahrt lang nichts mehr gesagt, sondern nach draußen geguckt, in der Handtasche gekramt. Sie saß schweigend neben mir, es kam höchstens mal ein: Da lang, und ein Fingerzeig nach links oder rechts. Ich habe ein paar Anläufe zu einem Gespräch unternommen, aber sie reagierte nicht, auf dem Schoß die offene Tasche, in die meine Worte hineinfielen und zwischen Portemonnaie, Schlüssel und Taschentüchern verschwanden. Dann fragte sie: Hast du was gesagt, mein Pietro? Und ich antwortete: War nicht wichtig. Irgendwann sagte sie plötzlich: Oh Gott, schlug die Hand vor den Mund, legte mir die andere Hand aufs Bein und krallte die Finger in meinen Schenkel. Sie gab mir Zeichen, ich solle anhalten, also habe ich das Auto halb auf dem Bürgersteig geparkt, und wir sind ausgestiegen. Auf der anderen Straßenseite stand eine Reihe Hochhäuser, alle fast identisch, nur Stockwerke und Fenster, aber mitten in dieser Kette aus Glas und Beton klaffte eine Lücke, kam Himmel durch. Es sah aus wie ein ausgefallener Zahn, meine Mutter zeigte auf die Lücke und sagte: Das verstehe ich nicht, die war doch vor einem Monat noch da. Wir standen eine Weile davor, hielten uns am Drahtgitter fest und betrachten den Krater, Berge von

Schutt, zwei Bagger bei der Arbeit, überall herumliegende Eisenträger. Meine Mutter hat auf eine Wiese weiter hinten gezeigt und gesagt: Da sind die Fotos gemacht worden. Aber da waren jetzt nur noch Haufen und Stapel und ein Arbeiter mit Brötchen in der Hand und Helm auf dem Kopf. Sie sah lange hin und sagte immer wieder: Das verstehe ich nicht. Als sie wieder ins Auto stieg, lag ein seltsames Lächeln auf ihrem Gesicht, beim Blick aus dem Fenster hat sie mit einem Seufzer gesagt: Das war Schicksal. Dann sind wir losgefahren, sie hat weiter nach draußen geguckt, und ich habe sie singen hören, ganz leise, ein zartes Lied, das ihr aus dem Mund kam, etwas, das nur ihr galt: Sag mir, um wen du weinst, um was du morgen bittest, wenn du mich verlässt, um Gnade, um Barmherzigkeit, wenn dein Herz nur noch schweigt.

Nach Marios Tod hat meine Mutter seinen Kalender benutzt, um sich Notizen zu machen, Dinge einzutragen, die sie festhalten wollte. Anfangs hatte sie ihn sogar zwischen den Kochbüchern in der Küche versteckt wie einen Liebhaber im Schrank. Als ich einmal wissen wollte, was drinsteht, und ihn herausziehen wollte, hatte sie sich zwischen mich und den Küchenschrank geworfen und ihn mit dem ganzen Körper verteidigt, das sei nur ein Heft, in das sie Rezepte schreibe, hatte sie behauptet. Beim Reden hatte sie sich die Haare nach hinten gestrichen und zum Pferdeschwanz gebündelt, sie hatte ein Gummiband im Mund und den Kopf genau so weit nach vorn gebeugt, dass sie mir nicht in die Augen sehen musste. Aber eines Tages lag er unbewacht auf dem Küchentisch, sie war im Badezimmer und hatte meinen Vater Brot kaufen geschickt, weil ich gesagt hatte, ich bleibe zum Abendessen. Ich hörte die Dusche rauschen und dazwischen ihre Stimme, ob ich schon mal Wasser auf den Herd stellen könne. So fand ich den Kalender, er lag aufgeschlagen auf dem Tisch, dem Blick preisgegeben, darauf ein Bleistift mit den Abdrücken ihrer Schneidezähne im Holz. Auf den Seiten waren diese sich überschneidenden Linien, Marios Druckbuchstabenwörter mit lauter verschiedenen Stiften und ihr leicht übers Papier huschender Bleistift. Die Wörter meiner Mutter hatten etwas Verschämtes, bereit, sofort zu verschwinden, sich entfernen zu lassen von einem resolut geführten Radiergummi, ein paar Krümel und einmal über das Blatt pusten.

Mario hatte nur sehr wenig aufgeschrieben, der erste Eintrag am Abend eines jeden Tages, säuberlich neben dem Datum, war immer sein Gewicht. Zwei Zahlen Seite an Seite, die des Tages, die immer größer wurde, und die des Körpers, die immer kleiner wurde, von 81 auf 72, als hätte sich plötzlich ein kleines Leck aufgetan, durch das er sich allmählich davonmachte. Unter seinem Gewicht notierte Mario, ob er zu einem Spaziergang nach draußen gedurft oder ihn jemand besucht hatte, und alles, was er mittags und abends zu essen bekommen hatte. Zuerst hatte er nur Ausgang und Kein Ausgang geschrieben. Anfangs stand Kein Ausgang auch nur selten da und daneben immer der Grund. Fieber, die Beine, Kälte, Ameisen im Kopf, Regen, die Füße, keine Lust. Mit der Zeit stand immer öfter Kein Ausgang da, bald mehrmals in der Woche, und plötzlich bedeckte es die Seiten wie über Nacht gefallener Schnee. Kein Ausgang, Kein Ausgang, Kein Ausgang, Kein Ausgang, Kein Ausgang, und ein Grund stand auch nicht mehr daneben. Nur noch der Nachweis seines Verfalls, skandiert von den unterdessen verlorenen Kilos, der von Woche zu Woche schrumpfenden Zahl. Meine Mutter tauchte nur selten auf und nur mit ihrem Anfangsbuchstaben und einer kurzen Notiz in Klammern, G da (Haare ab), G da (Artischocken), G da (kurz), G da (Halsschmerzen), G da (Blumen). An manchen Tagen stand nur ein G ohne irgendetwas auf der Seite, das einsame G sah aus wie ein Ohr, als wäre dieser Buchstabe die Stelle, von der aus das Papier zuhörte. Schließlich stand gar nichts mehr auf den Seiten und an den letzten Tagen davor nicht einmal mehr seine Schrift, sondern vielleicht die vom Arzt oder einer Pflegerin, in ordentlichen Buchstaben und zuverlässigen Zahlen war nur das Gewicht weiter eingetragen worden, und dahinter Kein Ausgang oder Die Tochter. Dann nur noch ganz weiße Seiten. Während ich ihn durchblätterte, ist erst der Duschstrahl verstummt, dann hat meine Mutter angefangen zu singen, und der Fön hat losgeröhrt. Ich habe zum Anfang zurückgeblättert, meine Mutter benutzte ihn jetzt für ihre Notizen, Einkaufslisten für den Supermarkt, Ausgabenaufstellungen und Rezepte, manche abgeschrieben, andere aus der Zeitung ausgeschnitten und eingeklebt. So bewohnte sie tagtäglich Marios Raum, als ob sie ihm ihren Arm für einen gemeinsamen Spaziergang anbot.

Dann kam meine Mutter aus dem Bad, extra laut redend, damit ich ja merke, dass sie im Anmarsch ist. Ich habe den Kalender zugeklappt, sie hat ihn an sich genommen und zurück in den Küchenschrank zwischen die Kochbücher gestellt, sie wollte auch nichts dazu sagen oder fragen. Sie hat sich neben mich gesetzt, mir die Wange gestreichelt und gefragt: Hast du dich mit Sara getroffen?, als hätte ich noch Spuren davon im Gesicht. Also habe ich ihr von unserem Spaziergang am

Ufer erzählt und von dem Kind, das sie erwartet. Meine Mutter hat lange geschwiegen, dann hat sie gesagt: Sie war neulich abends hier. Sie hat mich angesehen und nachgesetzt: Was hättest du denn an meiner Stelle getan? Und die Frage war eine Bitte um Entschuldigung und ein Vorwurf zugleich. Mein Vater wollte gerade in die Küche kommen, er hat meine Mutter gehört, uns beide da sitzen und die Köpfe zusammenstecken sehen und ist in der Tür stehengeblieben. Meine Mutter hat gesagt: Sie ist immer noch völlig durcheinander, sie hat geweint. Und weiter: Der Papa von dem Kind ist irgendein Jüngling, den hat sie im Fitnessstudio kennengelernt. Sie hat meinen Vater angeguckt, der noch immer in der Küchentür stand, und dann in meinem Gesicht nach einer Reaktion geforscht. Ich habe aber nur gesagt: Ja, klar, und sie hat das Thema beendet mit einem: Jedenfalls, so kam das, und einem Seufzer als Schlusspunkt. Aber als mein Vater weg war, hat meine Mutter mich ganz leise gefragt: Hast du schon mal ein Ultraschallbild gesehen?

Ab da suchte ich, wenn wir uns sahen, im Gesicht meiner Mutter immer nach Saras Spuren. Sara rief auch nach ihrem Auszug ab und zu abends bei ihr an, und meine Mutter hatte zuerst fast barsch reagiert, mit einem hastigen: Ja, was ist? Aber dann war sie übergegangen zu: Ciao, wie geht's dir?, und setzte sich zum Telefonieren hin. Von den ersten Gesprächen hatte sie mir auch erzählt, es klang immer wie ein Geständnis: Sara hat angerufen, sie sagte es in einem Atemzug, bot sich meinem Blick geradezu dar. Ich sagte nur: Aha, nichts weiter, aber meine Augen bohrten sich in ihre Augen wie Hände, ich kramte darin herum, suchte zwischen ihren Sachen nach Saras Sachen, nach Worten, die sie dagelassen hatte. Meine Mutter stand stumm vor mir, die Lider bis an die Brauen offen wie aufgerissene Arme. Sie wehrte sich nicht, sie fühlte, wie meine Hände hineingriffen, fühlte, wie ich darin herumwühlte, knirschender Sand und klimpernde Schlüssel, und wartete ab, bis ich fertig war. Aber ich fand nie etwas, was ich hervorkramte, waren nie Dinge von Sara, sondern nur meine eigenen Ängste, dann warf ich meiner Mutter vor, mir nicht die Wahrheit zu sagen, und sie sagte: Wie könnte ich denn? Danach hat sie es mir nicht mehr erzählt, wenn sie sich getroffen hatten, aber ich fand Saras Spuren trotzdem, ich sammelte sie ein und nahm sie mit. Bei meinen Eltern standen manchmal zwei Espressotassen umgedreht auf der Spüle, das war Saras Art, meine Mutter dagegen trocknete sie nach dem Spülen immer ab und stellte sie in den Schrank. Auf dem Balkon lehnten eines Tages die Plastikstühle zusammengeklappt an der Wand, einmal stand sogar ein Liegestuhl noch aufgeklappt mit abstehenden Beinen da, und im Bücherschrank im Esszimmer klaffte eine Lücke, wo die Mutterschaftsratgeber gestanden hatten, alles, was man wissen muss, wenn man ein Kind kriegt.

Sara und meine Mutter sprachen und trafen sich auch weiter, nicht oft, aber regelmäßig. Meine Mutter hatte mich sogar einmal gefragt, ob mich das stört, dabei konnte sie doch sowieso nie Nein sagen, wenn jemand um Hilfe bat. Ich hatte gesagt, das sei kein Problem, ich wolle nur nichts mehr über Sara hören, auch nicht über das Kind, ob Junge oder Mädchen, und schon gar nichts über den Vater. Aber all die versprengten Spuren waren weiter da, wie Saras Parfum an meiner Mutter, immer wenn ich sie umarmte, fing ich es mir ein und mit ihm Jähzorn, Niederlage und Melancholie. Da waren auch ihre Sprachspuren, Wörter, die meine Mutter nie benutzte, aber plötzlich in den Mund nahm, ich wusste sofort, woher sie kamen, und meine Mutter wurde nichtsahnend Tag für Tag mehr zum schwarzen Brett, an das Sara Nachrichten für mich pinnte. Einmal hatte ich sie sogar zusammen aus dem Supermarkt kommen sehen, Sara schob den Einkaufswagen, meine Mutter ging neben ihr, dann stellten sie die Tüten in den Kofferraum. Ich fuhr gerade auf der Gegenfahrbahn, dazwischen waren Bäume, und ich versuchte, Saras Bauch zu erahnen. Dann kam eine Ampel, ich saß in der Schlange fest, aber sie sahen mich nicht. Sara redete lebhaft, aber immer mit Blick zu meiner Mutter, auch als sie die Einkaufstüten ins Auto stellte und die Heckklappe schloss. Meine Mutter lächelte freundlich zurück und gab nur kurze Antworten. Aber sie streichelte ihr die Wange, und Sara hielt die Hand meiner Mutter einen Moment lang fest. Ihre eigene Mutter hatte sie zum letzten Mal liebkost, als sie acht gewesen war, dann war sie gestorben und hatte sie ihrem Vater überlassen. Endlich sprang die Ampel wieder auf Grün, ich fuhr weiter, die Tüten sah ich später in der Küche meiner Eltern wieder. Sie standen neben dem Herd, noch unausgepackt, mit dem Namen des Supermarkts, prall gefüllt. Ich fragte meine Mutter, wieso ausgerechnet dieser Supermarkt, meines Wissens sei der doch gar nicht in der Nachbarschaft. Sie sah mich nicht an, sondern fing an auszupacken, mit dem Rücken zu mir. Sie legte das Gemüse in den Kühlschrank, dann den Käse und die Eier, nahm heraus, was schlecht geworden war, und warf es seufzend in den Mülleimer: Das gibt's doch nicht, immer dasselbe. Als ich sie noch einmal fragte, wieso ausgerechnet dieser Supermarkt, sagte sie nur: Nein, der ist nicht in der Nachbarschaft, und verschwand mit dem Kopf wieder im Kühlschrank.

Eines Tages wären Sara und ich uns beinah begegnet, aber es blieb bei einem flüchtigen Blickwechsel. Ich hatte meiner Mutter nicht angekündigt, dass ich abends zum Essen kommen wollte, ich stand einfach um kurz vor acht vor dem Fahrstuhl, aber der war besetzt, und ich nahm die Treppe, mit einem Eis in der Hand. Beim Hochgehen hörte ich den Fahrstuhl losfahren, er legte von der Etage ab, die Seile glitten im Treppenrund nach oben und gleichzeitig der Korb nach unten. Er kam von oben auf mich zu, ein verrottetes dunkelbraunes Viereck, das mit dem Rest des Fahrstuhls nichts zu tun hatte, wie eine Schuhsohle von unten. Dann fuhr der Korb an mir vorbei, und ich sah, dass die Person darin Sara war. Sie stand mit dem Gesicht zur anderen Seite, aber plötzlich hatte sie sich umgedreht, fast zufällig, wie einem Instinkt gehorchend. So hatten sich unsere Blicke gekreuzt, ihrer von oben herab, kurz auf einer Höhe mit meinem, dann hatte sie zu mir aufblicken müssen, kurz darauf war sie unter der Decke des Fahrstuhlkorbs verschwunden. Wir hatten beide kurz innegehalten, sie hatte den Arm gehoben, winken wollen, dagestanden mit einer Hand in der Luft wie zum Schwur oder bei einem Versprechen. Ich war auf der Treppe stehengeblieben, bis ich den Fahrstuhl unten ankommen und die Tür auf- und wieder zuschnappen hörte, und schließlich Saras Stöckelschuhe, es hatte eine Zeit lang gedauert, bis sie an der Haustür angekommen war.

Mein Vater hat mich eines Abends angerufen und gesagt: Ich mache mir Sorgen um deine Mutter. Er war aus der Wohnung gegangen und stieg mit dem Handy die Treppe hinunter, ich hörte seinen Atem beim Reden, ein leichtes Keuchen, und das Geräusch seiner Schuhe, die den Takt vorgaben. Er hat gesagt: Sie steht jede Nacht auf und geht durch die Wohnung, ich weiß überhaupt nicht mehr, wie ich sie zum Schlafen kriegen soll. Der Stimme nach klang er wie jemand, der Beistand braucht, nicht so sehr Trost, er war inzwischen unten, der Hallraum verschwand, und um ihn herum tat sich ein Luftraum auf. Jetzt hat mein Vater lauter gesprochen, mit klarerer Stimme, im Hintergrund waren Autos zu hören, ab und zu sagte er: Guten Abend, zu irgendjemandem, ein Hund bellte wütend, ich hörte, wie er mit den Krallen sinnlos auf dem Asphalt herumscharrte und sein Frauchen rief: Du lernst aber auch gar nichts. Nach einer Weile war der Hund ruhig, und die Frau sagte: Siehst du, du kannst doch, wenn du willst. Irgendwo oben kreiste ein Hubschrauber, das Geräusch entfernte sich, war fast weg, dann kam es wieder näher. Mein Vater hat den Kopf gehoben, ich konnte hören, wie sich die Worte mitsamt seinem himmelwärts gespannten Hals reckten, er hat gesagt: Deine Mutter kann sich nicht damit abfinden, dass die Toten tot sind.

Deshalb konnte meine Mutter nachts nicht schlafen. Sie wachte um kurz nach vier auf, schob die Decke weg, stand auf und ging auf bloßen Füßen in die Küche. Die ersten Male stand auch mein Vater auf, wenn er Licht sah, und fand sie am Herd, sie kochte. Er versuchte sie zu überreden, wieder schlafen zu gehen, aber sie behauptete, sie sei nicht müde, sie grübele, und Kochen sei das Einzige, was ihr dann guttue. Also ging er wieder ins Bett, drehte sich auf die andere Seite, kontrollierte aber ständig, ob sie auch da war. Sie kam erst nach Sonnenaufgang wieder ins Bett, hob den Arm meines Vaters auf ihrer Seite hoch und legte ihren Kopf auf seine Brust, mein Vater hat mir am Telefon erzählt, er habe immer das Gefühl, jetzt komme der Ober schon bis ins Bett. Morgens war das gesamte Geschirr gespült und abgetrocknet, und auf der Arbeitsplatte stand, in Plastikdosen aufgeteilt, die Arbeit einer Nacht. Ein paar Dosen für sie und ihn, eine für mich, eine war für Olmo gedacht. Meine Mutter stand erst am späten Vormittag auf und ging zu ihm in die Küche, sie hatte die Augen noch nicht ganz offen und sagte jedes Mal: Du hast mich nicht geweckt. Dann stellte sie die Dosen in die Kühltruhe, und wenn sie gewaschen und angezogen aus dem Badezimmer kam, wurde über die nächtlichen Geschehnisse nicht mehr gesprochen. Anfangs war es nur hin und wieder mal vorgekommen, mein Vater war besorgt gewesen, hatte sich aber in der Nacht darauf wieder beruhigt, als er mit dem Arm nach ihr getastet und sie neben sich gespürt hatte, mit den Atemzügen einer Schlafenden. Aber dann hatte die Schlaflosigkeit sie in Geiselhaft genommen, ihr keine Feuerpause mehr gelassen, war zur allnächtlichen Verdammnis geworden, und mein Vater war nicht mehr aufgestanden. Jetzt, am anderen Ende der Leitung, hat er mir gesagt, er wisse nicht mehr, was er machen solle, Marios Tod sei ihr zu Kopf gestiegen. Dann habe ich ihn plötzlich lachen hören, vor der Haustür, neben den Mülltonnen, er konnte fast nicht reden vor lauter Lachen, er hat gesagt: Aber jedenfalls habe ich noch nie so gut gegessen. Er hat das mit einem Hauch Melancholie gesagt, und sie hatten tatsächlich beide in letzter Zeit ein bisschen zugenommen, der Schmerz meiner Mutter machte dick.

Eines Nachmittags habe ich sie darauf angesprochen, mein Vater war nicht da. Wir waren spazieren gegangen, sie zeigte sich immer gern mit mir, hängte sich in meinen Arm, schmiegte manchmal den Kopf an meine Schulter. Wir drehten immer dieselbe Runde, erst über die Straße, dann ein Stück am Park entlang und wieder zurück auf unsere Straßenseite, vorbei an Olmos Wohnung und nach Hause, höchstens zwanzig Minuten. Sie hat zweimal gegähnt und sich die Hand vor den Mund gehalten, deshalb habe ich sie gefragt, ob sie etwa nachts nicht schläft, und sie hat geantwortet: Mein Pietro, ich habe nachts nur schlimme Gedanken, ich koche bis frühmorgens. Sie ist abrupt stehengeblieben, hat sich zu mir gedreht und meine Hände an sich gezogen, damit ich sie in den Arm nehme. Dann hat sie gesagt: Das ist Marios Fluch, nachts immer wach zu werden. Sie hat sich wieder bei mir eingehakt, und wir sind weitergegangen, ab und zu kam aus dem Park ein Aufschrei, ein Fußballspiel und hinter dem Ball herrennende Jungs. Es hatte einmal eine Zeit gegeben, da hatte Mario wieder zu Hause gelebt, bei ihr und ihrer Mutter, sie war neun, zehn Jahre alt, und ihre Mutter hatte gesagt, sie müsse das verstehen. Der Anblick dieses Mannes mit diesen wahnsinnigen Augen hatte ihr Angst gemacht, er war von draußen gekommen und zu ihrer Mutter ins Bett geschlüpft, und sie war aufs Sofa ausquartiert worden. Spät abends quietschte dann auch noch das Bett, sie hörte es gegen die Wand knallen, erst leise, dann immer heftiger, schließlich war wieder Ruhe, und sie hatte weinen müssen. Nachts stand Mario auch immer auf, einmal hatte sie ihn auf dem Balkon sitzen sehen, nackt, die Beine vor die Brust gezogen, nur Haut und Knochen. Manchmal stand ihre Mutter mit auf, mitten in der Nacht, strich ihm über den Kopf und hauchte ihm ihren warmen Atem in den Nacken. Danach schlief er fast bis mittags, und man durfte keinen Krach machen, ihre Mutter erklärte ihr, was ihn wach halte, seien die Toten, sei der Krieg, der war zwar draußen längst vorbei, aber in seinem Inneren wurde noch immer geschossen.

Wir sind an Olmos Haus vorbeigekommen, fast am Ende unserer Runde, sie wollte kurz verschnaufen, aber ich habe versucht, sie da wegzuziehen, obwohl ich wusste, dass Olmo um diese Zeit schlief, wir wären kaum mit ihm zusammengetroffen. Wir waren schon so oft hier vorbeigekommen, und nie hatte sie stehenbleiben wollen. An diesem Tag hat sie genau hier den Kopf in Richtung Klingelbrett gereckt und gesagt: Wer wohl jetzt bei uns wohnt. Dann ist sie hingegangen, hat auf das Schild gezeigt, auf dem O. C. stand, und gesagt: Sollen wir mal klingeln? Ich habe Nein gesagt, wohl etwas zu heftig. Meine Mutter ist erstarrt und hat mich gefragt: Hast du was? Und wir sind weitergegangen, drei Häuserblocks, dann standen wir vor unserer Haustür. Im Fahrstuhl hat sie nach draußen geguckt und gesagt: Hoffentlich kriegst du das nicht auch, du kannst ja nicht mal kochen.

Die Jahre, in denen Mario wieder zu Hause wohnte, hatten an einem Sonntag begonnen. Morgens um zehn war dieser Mann gekommen, den sie noch nicht kannte. Sie hatte die Tür aufgemacht und direkt vor ihr hatte er gestanden mit seinem zerfetzten Gesicht und gesagt: Ciao, Giovanna. Sie war wieder hineingerannt und mit meiner Großmutter wiedergekommen, sie war ihr dicht auf den Fersen geblieben, und meine Großmutter hatte nur gesagt: Mario, und ihn hereingebeten. Mario hatte sich an den Küchentisch gesetzt, zu meiner Großmutter, die nur wenig mit ihm redete, sie sah ihn vor allem an, er hatte den Blick niedergeschlagen und sie unterm Tisch die Hände auf den Knien gefaltet. Mario war aus Russland heimgekehrt, als der Krieg schon seit zwei Jahren zu Ende war, nach Gefangenschaft und anschließendem Rückmarsch, mit einem Sprung im Hirn, es gab eine Einrichtung, in der solche Versehrten aufgefangen wurden. Meine Großmutter war da hingefahren, um ihn in Empfang zu nehmen, gemeinsam mit Marios Mutter, die meine schlafende Mutter auf dem Arm hatte. Und dann hatten sie vor ihm gestanden, Marios Bart, die eingesunkenen Augen, die hohle Kleidung, zwischen Schultern und Kopf nur ein aus dem

Kragen ragender Adamsapfel. Er hatte sich umarmen lassen, mit einem Blick, der weit über Frau und Mutter hinausging, ihre Arme drückten ihm das Jackett auf die Knochen. Dann hatten sie ihm geholfen, sich in dem Zimmer, das man ihm zugewiesen hatte, einzurichten, drei Betten und drei Metallspinde, Schwiegermutter und Schwiegertochter hatten konkurriert um die intime Geste, ihm den Schlafanzug anzuziehen, meine Mutter als kleines Mädchen hatte so lange auf dem Bett gelegen, mit geschlossenen Augen, das hatte sie aus allem herausgehalten.

Jetzt hockte sie auf dem Sofa und beobachtete die beiden, und ihre Mutter hatte eine völlig andere Stimme, während sie mit diesem Mann redete. Es war kaum mehr als ein Hauchen, eine Stimme, die von einem Ort kam, an dem sie nie gewesen war, die ganze Fremdheit dieses Mannes kam aus dem Mund ihrer Mutter, sie sprach mit der Stimme eines anderen Menschen. Solange Mario in der Küche saß, hatte meine Großmutter meine Mutter nicht angesehen. Sie hatte auch Mario kaum angesehen, ihre Hände hatten sich nicht ein Mal bewegt, auch sie schienen zu einem anderen Menschen zu gehören. Und sie hatte ihn nicht ein Mal berührt, meine Mutter hatte die Beine unterm Tisch beobachtet, seine und ihre Knie waren nur ein paar Zentimeter voneinander entfernt, und als ihre einmal seine gestreift hatten, hatte sie ihre sofort zurückgezogen, aber dann langsam wieder genähert. Mario hatte meine Mutter nur von hinten sehen können, sie saß zusammengekauert in der Sofaecke, und er schien so nahe, dass sie nur den Arm hätte ausstrecken müssen, um ihn anzufassen. Sie hatte seinen Hinterkopf betrachtet und diese Lücke, wo die Haare fehlten, und darunter kam die Wirbelsäule aus dem Hals und zog sich abwärts wie eine lange Narbe über etwas, das sie noch nicht kennen konnte, den Rücken eines Vaters.

Erst als Mario in die Dusche gegangen war, hatte meine Großmutter ihre Stimme wiedergefunden, aber sie brauchte meiner Mutter nicht zu sagen, wer dieser Mann war. Meine Mutter konnte ihn vom Sofa aus sehen, hinter dem Mattglas, wie er mit jedem Kleidungsstück, das er ablegte, schmaler wurde, zuerst das Jackett, dann das Hemd, und wie schließlich nur noch etwas übrig war, das wie ein zwischen Boden und Decke gespanntes Seil aussah. Dann hatte meine Großmutter die Badezimmertür aufgemacht, war hineingeschlüpft und wieder herausgekommen, Marios Sachen wie einen Säugling auf dem Arm. Sie hatte sie auf dem Stuhl drapiert, auf dem Mario gesessen hatte, über Lehne und Sitz, wie über ein Pferd. Eine Socke war aus dem Knäuel gerutscht und heruntergefallen, zuerst ein langsamer Flug, dann war sie ermattet auf dem Boden liegengeblieben. Meine Mutter hatte auf den Sockenleichnam auf dem Fußboden und diese Kleidung gestarrt, Marios Überreste, die Versuchung, sie zu befühlen, daran zu schnuppern. Vor allem die Hose hätte sie am liebsten angefasst, sie lag da, wo vorher sein Körper gesessen hatte, mit dem Reißverschluss und diesem Ledergürtel mit Extralöchern, die hatte er selbst gebohrt, sie sahen aus wie Wunden.

Währenddessen war die Dusche gelaufen, mindestens eine halbe Stunde lang kräftig rauschendes Wasser. Sie hatte ein paar Mal den Blick meiner Großmutter gesucht, hätte sie gern gefragt, warum sie nicht ins Bad ging und mit ihm schimpfte, bei ihr brüllte sie immer schon nach zehn Minuten und kam das Wasser abstellen. Diesmal hatte ihre Mutter kein Wort gesagt, sie hatte getan, als wäre nichts, hatte sich zum Sofa hinuntergebeugt und ihr einen Kuss gegeben und danach die Socke aufgehoben. Dann hatte sie einen hellblauen Zuber genommen und die ganze Wäsche eingeweicht, Marios Sachen, aber zusammen mit ihrer beider Unterhemden, Socken und Röcke, meine Mutter hatte das als Akt der Gewalt empfunden, Menschen, die zum ersten Mal zusammen sind, und meine Großmutter, die einfach die Hände hineinsteckt und sie zu einem einzigen Knäuel aus Ärmeln und Hosenbeinen vermengt. Drei Stunden später war alles aufgehängt, eine Wäscheklammer gemeinsam für Marios Unterhemd und das Nachthemd meiner Mutter, noch eine Klammer für das Unterhemd meiner Großmutter. So hingen sie da, an die Leine fixiert, im Wind, der sie in Bewegung versetzte.

Mario war manchmal plötzlich weg, meine Mutter und meine Großmutter konnten ihn nirgends in der Wohnung finden und bekamen es nach einer Weile mit der Angst, einmal hatten sie sogar die Polizei gerufen. Es geschah fast immer nachts, manchmal auch am späten Nachmittag. Mario sagte nie Bescheid oder Auf Wiedersehen, wenn er aus dem Haus ging, man hörte nur die Tür zuklappen, das Schloss zuschnappen und manchmal nicht einmal das. Er war dann einfach nicht mehr in der Wohnung, meine Großmutter redete noch mit ihm, aber wenn sie ihn ansehen wollte, stand nur noch sein Stuhl da, ein Stück weg vom Tisch. Meine Mutter merkte es immer als Letzte, sie war nie da, wo er gerade war, wenn Mario sich hinlegte, machte sie ihre Hausaufgaben, wenn Mario sich an den Tisch setzte, legte sie sich aufs Bett und las. Deshalb gab meine Mutter nie einen Kommentar ab, wenn er aus dem Haus ging, sie fragte nichts und sagte auch nichts, sie ging einfach kurz in jedes Zimmer, ängstlich, nur mit einem Fuß, in der Hoffnung, ihn nirgends zu sehen, und um sich zu vergewissern. Dann hörte meine Großmutter sie singen, oft auf dem Bett, manchmal pfiff sie auch schon bei ihrer Runde durch die Wohnung.

Es war eine Melodie aus ganz wenigen Tönen, die sie immer wiederholte, eine kleine piepsige Passage mit schiefen Lippen, so als wollte sie mit diesem Ton den Raum putzen. Manchmal kam Mario zurück, bevor überhaupt jemand gemerkt hatte, dass er weg gewesen war, meine Mutter und meine Großmutter vermuteten ihn beim Mittagsschlaf auf dem Bett. Und dann klingelte es plötzlich, meine Mutter lief immer sofort zur Gegensprechanlage und fragte, wer da ist. Von unten kam seine müde Stimme, seine Heiserkeit, er sagte nur: Hier ist Mario, und meine Mutter drückte verdutzt die Tür auf. Kurz danach kam der lange knochige Körper nach Hause, der eigentlich auf dem Bett im anderen Zimmer Mittagsschlaf halten sollte.

Manchmal allerdings war er abends noch nicht wieder zu Hause, wenn meine Großmutter den Tisch deckte, das Licht über dem Tisch anging und alles drumherum und draußen im Dunkeln lag. Der Tisch blieb stundenlang unbenutzt, drei Gedecke und drei Gläser und dieser Lichtkegel über allem. Meine Mutter fing an zu quengeln, lief immer wieder in die Küche und fragte, wann es endlich Essen gebe, setzte sich auf den Boden, mit dem Rücken an der Wand. Aber sie fragte nie, wo Mario sei, sie nannte seinen Namen nicht. Meine Großmutter behauptete, sie müsse noch etwas warten, das Essen sei noch nicht fertig, müsse erst gar werden. Sie versuchte, meine Mutter abzulenken, suchte Wolle aus mit ihr und die Farben für eine große Winterdecke und einen dicken Pullover für Giovanna, mit dem sie vor ihren Freundinnen glänzen konnte. Meine Mutter hörte tatsächlich eine Weile auf zu quengeln und probierte die Farben an sich aus, sie wickelte die Knäuel ab und verwandelte die Zimmer in bunte Spinnennetze. Aber irgendwann wurde es ihr langweilig, immer noch nur das Licht über dem Tisch und drumherum tiefe Finsternis. Also setzte sie sich wieder aufs Sofa, saß still da und fixierte die drei Gedecke und die drei Gläser. Meine Großmutter lief unterdessen andauernd auf den Balkon, lehnte sich über die Brüstung, starrte nach unten und kam jedes Mal noch unruhiger wieder herein. Irgendwo da, an einem nahen oder fernen Ort, war Mario jetzt, tagelang hockte er eingesperrt in der Wohnung, und plötzlich diese Fluchten. Irgendwann blieb sie ganz auf dem Balkon, kam gar nicht mehr herein, das Küchenfenster leuchtete von innen, auf dem Tisch lag der Lichtkegel, und meine Mutter als kleines Mädchen schlief auf dem Sofa ein, mit vor der Brust verschränkten Armen.

Manchmal waren sie auch zu zweit in der Stadt herumgelaufen und hatten ihn gesucht, weil meine Großmutter nicht wusste, was sie so lange mit ihrer Tochter machen sollte, sie hatte Angst, sie allein zu lassen. Sie zog sie hastig an, ruppig, meine Mutter war ja schon im Tiefschlaf, ihr Kopf hing schlaff herunter, und meine Großmutter packte ihn und steckte ihn durch das Halsloch im Pullover. Kurz danach liefen sie die kaum beleuchteten Straßen des Viertels entlang, traten in den Lichtfleck einer Laterne und wieder hinaus, meine Großmutter keuchend vorneweg und meine Mutter am langen Arm hinterher. Manchmal durchstreiften sie das Viertel die ganze Nacht lang, liefen Straßen hinauf und hinunter, spähten in Hauseingänge, gingen durch den Park, suchten auf Bänken und unter Denkmälern nach Mario. Meine Großmutter sagte ab und zu meiner Mutter, sie solle ganz laut: Papa, rufen, sie tat es auch, aber lustlos und mit einem Stimmchen, das ihr schon dünn aus dem Mund kam und gleich danach versiegte. Gefunden haben sie ihn fast nie, einmal hatte schon der Morgen gedämmert, meine Großmutter war umgekehrt und hatte vor der Haustür einen Mann getroffen, auf dem Weg zur Arbeit. Sie hatten sich begrüßt, für ihn fing gerade ein neuer Tag an, für meine Großmutter dagegen war der letzte noch immer nicht zu Ende. Als sie oben an der Wohnung angekommen waren, hatte Mario mit dem Rücken an der Tür auf dem Boden gesessen, er hatte nur gesagt: Entschuldige. Ein anderes Mal hatten sie ihn an einer Straßenbahnhaltestelle entdeckt, als längst keine Bahn mehr fuhr. Er hatte sie kommen sehen, er hatte sie begrüßt, und sie hatten sich zu ihm gesetzt. Meine Großmutter hatte einen Weinkrampf bekommen, der nicht mehr aufhören wollte. Meine Mutter war aufgestanden, hatte sie umarmt und gefragt: Warum weinst du denn? Dann hatte sie Mario angeguckt und gesagt: Wegen dir muss sie weinen.

Dann war ein neues Bett ins Haus gekommen, Mario hatte es eines Morgens zusammengebaut, als es sehr warm war. Es war in zwei Kisten verpackt, er hatte sie einzeln die Treppen hochgeschleppt. Danach war meine Großmutter aus dem Haus gegangen und hatte ihn mit meiner Mutter allein gelassen. Mario hatte sich das Hemd ausgezogen und stand im Unterhemd da, die weiße Haut schlackerte ihm über den Knochen. Er hatte die beiden Kisten auf den Fußboden gestellt, sich darübergebeugt und meine Mutter gebeten, ein Messer oder eine Schere zu holen, um den Karton vom Klebestreifen zu befreien. Sie war aus dem Zimmer gegangen, kurz danach mit einem riesigen Küchenmesser wiedergekommen und hatte damit eine Zeit lang vor ihm gestanden, das Messer war so lang wie sein Unterarm. Sie hatte nur dagestanden und sich nicht gerührt, sie hatte ihn nur angeguckt, das Messer mit der Spitze auf ihn gerichtet, bis er die Hand ausgestreckt hatte. Er hatte gesagt: Danke, Giovanna, und ihr das Messer abgenommen, sie hatte es sich abnehmen lassen, ihr Arm war wieder nach unten gesunken. Dann hatte Mario die Kisten aufgeschlitzt und den Inhalt verteilt, die langen und kurzen Seitenteile auf dem Fußboden,

den Rahmen und die Matratze hochkant an der Wand. Ab und zu sah er hoch zu seiner Tochter, sie stand immer noch in der Ecke, den Mund verächtlich verzogen, voller Groll auf ihn wie auf ihre Mutter, weil die weggegangen war. Sie war trotzdem dageblieben und hatte zugesehen, Mario bei der Arbeit, seine Knie auf dem Boden, ein Schweißtropfen, der ihm zwischen den Schulterblättern entlanggelaufen und ins Unterhemd geschlüpft war. Eine Stunde lang hatte er kein Wort mehr gesagt, nur Schraubendrehen bis zum Anschlag, Seitenteilezusammenfügen, Schraubenzieher auf den Fußboden, Hammer daneben, lautes Klopfen, immer wieder. Der Boden hatte gebebt, meine Mutter hatte ihn unter ihren Füßen vibrieren gefühlt, während Mario ihr Kreuz zimmerte.

Auf diesem Bett saß meine Mutter tagsüber nie, es kam auch sonst nichts drauf, nicht einmal eine Puppe. Abends blieb sie immer bis zum letzten Augenblick auf, bis meine Großmutter laut und energisch sagte: Zähneputzen und ins Bett. Mario ging immer als Erster schlafen, manchmal schon vor dem Essen, ihm tat oft der Kopf weh. Meine Großmutter sagte, wenn es Nacht werde, gehen in seinem Kopf wieder die Schießereien in Russland los, dann packte sie ihm Eis in einen geblümten Kissenbezug, und er schloss die Augen und spürte der Kälte nach, die ihm in den Schädel kroch. Es hatte aber auch Phasen gegeben, in denen Mario arbeitete oder es zumindest versuchte. Dann ging er ein paar Monate lang regelmäßig morgens aus dem Haus, mit einer prallen Tasche mit Essen und seinem Arbeitsanzug, meine Großmutter packte sie ihm immer, bevor sie sich zu ihm ins Bett legte. Abends kam er wieder und hatte Sachen an, die er vorher nicht getragen hatte, dann redete er viel und mit Händen und Füßen bis in den späten Abend, und manchmal lachte er sogar. Sein Lachen nahm immer ganz sachte Anlauf, als müsse es erst aus dem Inneren einer Höhle hochsteigen, meine Mutter sah, wie es aus seinem Mund trat und die Küche füllte, und er war selbst ganz verblüfft, dass so etwas in ihm aufstieg. Er schilderte die Kollegen und den Tageslauf, die Fabrik und die Kantine, und an solchen Tagen wurde die Wohnung langsam größer, machte ihm nach und nach Platz. Meine Großmutter saß mit angehaltenem Atem am Tisch und sah Mario an, meine Mutter als kleines Mädchen fixierte ihn und brach plötzlich in Gelächter aus, Augen mit einem ganz neuen Strahlen, sie hätte am liebsten gebetet, dass das alles nie aufhöre.

Einfach dass er sie öfter mal zum Lachen brachte, hatte meine Mutter dazu bewogen, zu Mario Vertrauen zu fassen. Anfangs wollte ihr Mund immer noch ein bisschen Widerstand leisten, aber dann ergaben sich die Lippen und überließen den Zähnen das Feld, und wenn Mario erst mal gesehen hatte, dass sie lachte, konnte sie es nicht mehr verbergen. Und so war, bald nachdem Mario angefangen hatte zu arbeiten, der schweigsame Mann verschwunden und ein amüsanter Herr in die Wohnung gekommen. Manchmal sang er abends Liebeslieder mit meiner Großmutter, er gab ihr mit dem Kopf den Takt vor und reckte einen Arm gen Himmel, damit das Lied in die Höhe fliegen konnte, und meine Mutter sah den beiden lächelnd zu. Nach dem Abendessen rief er sie manchmal zu sich, sie hüpfte ihm auf den Schoß, er drückte sie an sich, holte tief Luft und pumpte den Brustkorb auf, und meine Mutter sauste auf und ab. Eine Zeit lang waren sie sogar zusammen spazieren gegangen, sonntagmorgens, beide feingemacht, Mario sogar mit Schlips, meine Großmutter sah immer erst in sein Gesicht, bevor sie sich bückte und meiner Mutter die Bluse zurechtzupfte. Sie fragte sie, ob alles in Ordnung sei, ob sie auch wirklich Lust habe, mit ihm allein loszuziehen. Sie schaute ihnen vom Balkon aus noch eine Zeit lang nach, und die ersten Male drehte meine Mutter sich immer wieder um und winkte und suchte die Hausfassade nach ihr ab. Aber bald tat sie das nicht mehr, sondern ging einfach los, mit dem Rücken zu ihrer Mutter, fest an der Hand ihres Vaters. Meine Großmutter blieb zu Hause, kochte das Mittagessen, probierte, ob es richtig gesalzen war, der Tisch für drei war längst gedeckt, und sie wartete, nur nicht grübeln, nicht dauernd auf die Uhr gucken. Sobald es unten klingelte, lief sie zum Türöffner und fragte: Wer ist da?, nur um den Klang der Stimmen zu hören, Fröhlichkeit darin zu finden, danach horchte sie ins Treppenhaus, hoffte, meine Mutter und Mario zusammen lachen zu hören, dieses Lachen kam mit in die Wohnung, und meine Großmutter sagte: Händewaschen, alle beide.

Aber dann war dieses Zerrissene in seinem Gesicht aufgetaucht, hatte ihm der Kopf wehgetan, hatte er sich bald abends wieder sehr früh hingelegt. So saßen meine Mutter und meine Großmutter immer öfter allein beim Essen, lag seine Serviette zusammengefaltet neben seinem Teller und er im anderen Zimmer mit ausgeschaltetem Licht, und zum ersten Mal hieß Essen zu zweit, dass einer fehlt. Mario blieb immer öfter zu Hause, anfangs ging er nur hin und wieder morgens nicht zur Arbeit, aber irgendwann ging er überhaupt nicht mehr hin, allein die Mühe, aus dem Schlafanzug zu kommen, und der Bart, der täglich dichter wurde und ihm ein anderes Gesicht gab, das Gesicht, mit dem er aus Russland heimgekehrt war. Und meine Mutter als kleines Mädchen hatte es langsam wieder mit der Angst bekommen, sie erkannte ihn nicht wieder, ihren Vater, der urplötzlich nichts mehr sagte. Eines Abends nach dem Essen hatte sie noch einmal versucht, ihm auf den Schoß zu hüpfen, und er hatte sie mit dem Arm weggeschubst. Es war einfach eine tolpatschige Bewegung gewesen, die linke Hand hochgeschnellt, das kleine Mädchen hingefallen und gegen die Tischkante geknallt. Riesengebrüll, Blut, alle drei hatten geschrien, jeder über seinen ganz eigenen Schmerz, eine Narbe neben der Augenbraue, die meine Mutter bis heute hat.

Eines Tages hat Sara meine Mutter gebeten, ihr von Mario zu erzählen. Zum ersten und auch letzten Mal hatte meine Mutter seinen Namen ihr gegenüber am Telefon erwähnt, da saß Sara schon auf gepackten Koffern, sie hatte seinen Tod auf einen Zettel notiert und mir auf dem Küchentisch hinterlassen. Dann eines Tages, als sie meine Mutter nach Hause brachte, hat sie plötzlich gesagt: Erzählst du mir von Mario?, und meine Mutter hat den Schlüssel in der Haustür losgelassen, hat ihr Spiegelbild in der Scheibe gesucht und in der Scheibe auch Sara gesehen, die ihr auf den Hals starrte. Dann hat sie den Schlüssel wieder abgezogen, sich umgedreht und gesagt: Lass uns ein Stück laufen. Sie sind über die Straße und in den Park gegangen, meine Mutter hat zwei Stunden lang erzählt, und Sara hat zugehört. Meine Mutter hat beim Reden nur nach vorn geschaut, als ob sie allein wäre. Die beiden sind die ganze Zeit dieselbe Strecke gegangen, hinunter zum Fluss und wieder zurück, Sara schweigend, nur neben ihr herlaufend, einen Zentimeter hinter ihr. Sie haben auch eine Freundin von Sara getroffen und sind kurz stehengeblieben, Sara hat gesagt: Was machst du denn hier?, und meine Mutter vorgestellt: Pietros

Mama. Die Freundin hat leicht maliziös auf Saras weiten Pullover geguckt und lächelnd gefragt: Verheimlichst du mir etwa was? Sara ist rot geworden, meine Mutter hat den Kopf gesenkt, und die Freundin hat zu Sara gesagt: Wie schön, und zu meiner Mutter: Machen Sie sich auf was gefasst.

Dann haben sie sich auf eine Bank am Ufer gesetzt, die Sonne stand schon tief. Fahrräder zogen vorüber und Kinderwagen mit Müttern dahinter und keuchende Jogger, und vor ihnen auf dem Fluss hat ein Mann seinem Sohn das Rudern beigebracht. Hier hat meine Mutter den Faden wieder aufgenommen und Sara erzählt, wie Mario zur Geheimsache geworden war, unter der Erde verborgen, und wie sie, als er gestorben war, allein mit der Straßenbahn hingefahren war, um ihn noch einmal zu sehen, nach dem Anruf bei Sara. In der Aufbahrungshalle war sonst niemand gewesen, und sie hatte beim Anblick des Leichnams ihres Vaters gedacht, es sei der falsche. Und so hatte sie sich neben die Bahre gesetzt und geweint, und ihr war eingefallen, dass sie sowieso alles falsch machte, und das war der traurigste Gedanke gewesen. Irgendjemand hatte Mario sogar rasiert und ihm die Haare zurückgekämmt, und dann war eine Kerze ausgegangen, eine junge Frau war hereingekommen und hatte Ersatz gebracht, sie hatte eine neue angezündet, die würde eine Weile vorhalten. Jetzt erzählte meine Mutter auf einer Bank vor dem Fluss von Mario, sie saß da, reglos, und der Schmerz war fast eine Form von Konzentration. Sie sah nach vorn, nicht zu Sara neben sich, die Hände gefaltet im Schoß und die Füße über Kreuz auf dem Boden. Im Café hatten sie mittlerweile die Musik lauter gestellt, an den Tischen saßen etliche Personen, vier, fünf junge Leute lehnten an der Brüstung und sahen hinunter. Auf dem Fluss brachte noch immer der Mann seinem Sohn das Rudern bei, in einem kleinen Boot, auf dem in Weiß der Name des Parks und die Nummer 4 stand. Und ab und zu brüllte der Mann: Verdammter Schweinemist, und sein Sohn, ein kleiner Junge im durchgeschwitzten T-Shirt, schluchzte immer wieder: Ich kann das nicht.

Sara hat die ganze Zeit still vor sich hingeweint, nicht mal hochgezogen. Sie ist nur mit der Hand über die Wangen gefahren und hat die herabrollenden Tränen aufgefangen. Meine Mutter hat erst, als sie zu Ende erzählt hatte, Sara angeguckt und gesehen, dass ihre Augen noch immer feucht waren, und Sara hat versucht, die Tränen hinter einem Lächeln zu verbergen. Und so hat meine Mutter, da auf der Bank am Fluss, zu Sara gesagt: Tut mir leid, ich wollte dich nicht traurig machen. Dann hat sie sie umarmt, und Sara hat ihr Gesicht auch erst mal in der Umarmung versteckt, aber kurz danach den Kopf herausgezogen und gesagt: Lass uns gehen, es ist schon spät. Im Park waren kaum noch Kinderwagen, aber immer mehr Jogger, die in Grüppchen vorbeiliefen, redend und zwischendurch japsend, und die Sonne war inzwischen untergegangen. Beim Abschied hat meine Mutter gesagt: Entschuldige, ich rede eigentlich nie über meinen Vater, und Sara hat geantwortet: Ich fand es sehr schön. Als meine Mutter und mein Vater kurz danach auf den Balkon kamen, stand Saras Auto noch immer vor der Haustür. Sie haben sich hingesetzt, meine Mutter hatte inzwischen die Schuhe ausgezogen. Weiter unten, unter dem schwarzen Autoverdeck, saß Sara, Kopf im Nacken, Augen halb zu, und es waren die Augen einer Tochter, die über einen Vater weint, der sich verlaufen hat. Unten im Auto dachte Sara an Mario und dachte auch an ihren Vater, der nach dem Tod ihrer Mutter nicht mehr ein noch aus gewusst hatte, der nur hilfesuchend zugesehen hatte, wie Sara herangewachsen war, und der ihr eines Tages gesagt hatte: Ich konnte das nicht. Als meine Eltern wieder vom Balkon geguckt haben, war Sara weg, da war nur noch ein leeres Viereck zwischen zwei anderen Autos.

Inzwischen ging der Dialog zwischen meiner Mutter und Olmo so weiter, wie er angefangen hatte, mit mir als Dauerbrücke dazwischen. Sie kochte ihm weiter Essen, und er wärmte es weiter in der Mikrowelle auf, mittlerweile hatte er auch gelernt, allein damit umzugehen. Im Gegenzug erzählte er mir von Russland und zeigte mir Fotos, und ich erstattete meiner Mutter Bericht. Die Bilder, die ich bei ihm sah, waren allerdings alle in Büchern, die blätterten wir abends zusammen durch, er zeigte mir Karawanen von marschierenden Menschen im Schnee, und das Weiß lief über die Steppe hinaus bis auf die Seite. Er erzählte von Schuhen, die sie bekommen hatten, von Uniformen, die für solche Temperaturen nicht taugten, und davon, wie die Soldaten am Straßenrand Rast machten und vom Schlaf übermannt wurden, und wie, sobald der Schlaf seine Pforten öffnete, eine Eiseskälte mit hereinkam und mit der Eiseskälte der Tod. Er erzählte immer nur vom Rückmarsch, als wären sie da eigentlich nie einmarschiert, sondern immer nur im Schnee zurückmarschiert. Wenn ich ihn fragte, was denn so los war, während sie in Russland waren, sagte er immer: Erzähl ich dir später, und erzählte weiter von dem langen Weg, den sie zurückgelegt hatten, und dass der etwas Furchtbares gewesen war, dass deshalb sogar Bücher darüber geschrieben worden waren. Die Bücher las ich dann zu Hause, Zeile für Zeile, sah mir die Dutzende von Fotos an, das endlose Weiß mit dem Ameisengewimmel, ausgemergelte Gesichter, Augen, die nicht mehr da waren, überall nur noch Löcher über der Nase, Krieg, der aussah wie ein Krieg gegen nichts als Kälte. Die Geschichten in diesen Büchern waren dieselben wie die, die Olmo mir erzählte, manchmal sogar in denselben Worten, über dieselben Erlebnisse, die eigentlich gar nicht seine waren, aber durch ständiges Erzählen seine geworden waren, eine Frau, die ihn gerettet und ihm zu trinken gegeben hatte, ein armer Hund, den sie gegessen hatten, weil sie ausgehungert waren, schmeckte übrigens gar nicht mal schlecht. Sogar die Brücke von Nikolajewka, von der hatte er Dutzende Male erzählt, die bedeutendste aller Schlachten mit Toten und Verwundeten, Tapferkeit, Angst und fast immer Kälte, in Nikolajewka war Olmo nie gewesen. Aber er wollte nicht außerhalb der Geschichte stehen, und so hatte er anderer Menschen Geschichte für sich übernommen.

Aus einem der Bücher, die Olmo mir geliehen hatte, fielen eines Abends ein Foto und eine Postkarte. Die Karte hatte einen Aufdruck: Wir werden siegen, solche Karten gab die Heeresleitung aus, die schickte man nach Hause, unterschrieben und mit Datum. Auf dem Foto war etwas, das aussah wie ein Fußballtor, und an der Latte war ein junger Soldat aufgeknüpft. Davor standen drei andere lachende Soldaten, in anderen Uniformen, zwei guckten in die Kamera, der dritte guckte woandershin. Es war ein ganz normales Tor auf einem Platz, der aussah wie ein Marktplatz. Dahinter dräute ein großes Wohnhaus, ein paar Fenster standen offen, Leute guckten heraus, einer hielt die Hand hoch, als wollte er entweder winken oder die Hinrichtung aufhalten. Der Leichnam des russischen Soldaten baumelte fast genau im Winkel von Latte und Pfosten, das Genick gebrochen, der Kopf abgeknickt und nach vorn gesackt, das Kinn auf der Brust. Auf dem Kopf des Soldaten saß noch ein Hut, der aussah wie ein Ausgehhut. Die anderen Soldaten davor hatten kaum Bartwuchs. Es war Winter, es lag Schnee, und ihre Gesichter waren ganz normale Gesichter, einer trug sogar eine Brille, und der zeigte auf den Mann, der schräg hinter ihm hing.

Beim Anblick des Fotos bin ich auf den Stuhl gesunken, als hätte mir jemand auf die Schultern gehauen. Ich habe auf den Strick um den Hals gestarrt, auf die geschlossenen Augen des jungen Mannes und dann auf den großen Abstand zwischen seinen Füßen und dem Boden. Ich habe gefühlt, wie sich mein Magen zusammenzog, ich bin ins Bad gerannt und habe den Mund aufgerissen, zweimal Trockenwürgen und ein einziger Spuckefaden, der ins Klo getropft ist. Als ich mit weißem Gesicht aus dem Bad kam, hatte ich diesen Leichnam in Händen, denn für mich war dieser Leichnam viel mehr als bloß ein russischer Soldat im Halseisen. Der gehenkte Körper bedeutete auch ein Geheimnis zwischen mir und Sara, und dabei ging es um einen anderen Krieg. Das Geheimnis war so gut versteckt, dass wir es schließlich vergessen hatten. Es zu verbergen, es zu verbannen in eine Vergangenheit, die es zu begraben galt, das war lange Zeit die einzige Möglichkeit gewesen, weiter an eine gemeinsam gelebte Zukunft zu denken. Aber jetzt war es wieder da, mit der ganzen Gewalttätigkeit einer unverhofften Erscheinung, besiegt von der Schwerkraft, auf einem Schwarzweißfoto von 1943, ein hingerichteter junger Mann auf einem Marktplatz.

Olmo hat mir noch tagelang weiter Fotos von Erfrorenen gezeigt, und ich hatte dieses andere Foto in der Tasche und traute mich nicht, ihn darauf anzusprechen. Olmo hatte auch sein kleines Privatkino im Schlafzimmer, das baute er manchmal auf, wenn ich zu ihm kam. Es bestand aus einem Diaprojektor und drei vollen Schachteln Dias, die er nacheinander hineinschob, das Zimmer wurde verdunkelt, und als Leinwand diente eine umgedrehte Russlandkarte. Ein paarmal bat er auch das Paar aus der Wohnung nebenan dazu, sie kam aber immer allein, sie sagte: Sandro hat Schicht, was nichts anderes bedeutete, als dass er nebenan vor dem Fernseher hing, halb schlafend, halb wartend, bis er wieder zur Arbeit musste. Also saßen sie und ich allein auf Olmos Bett und guckten uns zum x-ten Mal erfrorene Soldaten an. Zwischen uns ein Matratzengraben, unter uns Bettdeckenfalten, vor uns zusammengekniffene Knie. Olmo schaltete das Licht aus, dann stellte er sich neben den Projektor, um uns herum nur Finsternis und dieser Lichtkreis auf der Wand. Er schob Schachtel nach Schachtel in den Projektor, ließ die Bilder an uns vorbeidefilieren, und zwischen einem Dia und dem nächsten riss jedes Mal ein weißes Fenster auf. Ich sah ihn an, er hatte ein halbes Lächeln um den Mund und vor Hitze glühende Wangen, ein Teil seines Gesichts war im Schein des Projektors verschwunden. Er stand stramm und sah aus wie ein Kapitän am Steuerruder, und wir rückten schweigend zusammen, unsere Beine berührten sich, ich spürte ihre Wärme, starrte auf ihre lackierten Nägel. Und neben uns nahm Olmo Kurs auf den Schnee im Januar 1943, ein Schiff inmitten der Steppe, er sagte: Guckt mal, und zeigte mit ausgestrecktem Arm auf all die Leichen im Meer.

Also guckten wir uns die Bilder an, es waren immer dieselben, dasselbe Meer aus Maultieren und Soldaten, die mit Rucksäcken und Männern beladenen Schlitten, ein Soldat lag bäuchlings in diesem Weiß, vornübergefallen wie ein umgekipptes Kreuz, beide Arme seitwärts weggestreckt, das Gesicht im Schnee versunken. Eins nach dem anderen zogen die Dias vorbei, plötzlich Licht, und dann sofort das nächste und unsere Gesichter wieder im Dunkeln, die Nachbarin stand zwischendurch auf, ging weg und kam zurück, ihr Lebensgefährte rief dauernd an, und ich spürte jedes Mal, wie die Matratze schlaff wurde, sobald sie aufstand. Die Bilder, die wir uns anguckten, waren dieselben wie in den Büchern, Olmo hatte sie einfach abfotografiert, auf einigen Dias war noch die Bildunterschrift zu sehen. Manche kamen mehrmals, die endlose Schlange aus dunklen Körpern, die über das ganze Bild durch das Weiß zieht, der Soldat, der einem anderen Soldaten eine Decke hinhält, dazu Olmo, der immer wieder sagte: Wir waren richtige Märtyrer, uns hat nur der Herr gerettet. Auf einem Bild scharte sich ein Trupp Soldaten um einen anderen Uniformierten, der beide Hände über sie hielt. Es war der Feldkaplan, er las mitten im Schnee die Messe, und die Soldaten starrten ihn an, Olmo sagte: Gott sei Dank gab's die Kaplane, die uns die Kraft zum Kriegführen geben konnten, sie haben eigentlich die Armee auf den Beinen gehalten. Beten, kämpfen, marschieren und auf Barmherzigkeit hoffen.

Und dann war die Vorführung zu Ende, Olmo machte wieder Licht, der Projektor keuchte noch nach, und wir rieben uns die Augen und guckten uns an.

Eines Tages habe ich dieses eine Foto doch hervorgeholt. Ich habe nichts dazu gesagt, es Olmo nur hingehalten, er hat das Foto genommen, in der Tasche nach seiner Weitsichtbrille gekramt und sie statt der anderen aufgesetzt. Ich fuhr manchmal mit ihm spazieren, ich wartete vor dem Haus, mit laufendem Motor, ich musste ihn immer angurten und dazu auf seine Seite kriechen, aber nur mit dem Oberkörper, ich hielt jedes Mal die Luft an, spürte seinen Atem. Dann fuhren wir auf die Stadtautobahn, manchmal kurvten wir stundenlang herum, unterhielten uns, sahen aus dem Fenster, hörten Musik. Manchmal hielten wir auch kurz an, liefen ein paar Meter zu Fuß und setzten uns auf eine Bank, und dann auf zur nächsten Runde und zur nächsten Bank. Häufig suchten wir den Park auf, zu dem Mario mit mir im Bus gefahren war, ein Spaziergang bis zum Springbrunnen, drumherum die Bänke, Leute im Gespräch, beim Lesen, beim Sonnen. Im Becken schwamm immer noch die Gans herum, wenn auch nicht mehr dieselbe, sondern eine andere, die fast genauso aussah. Die Kinder riefen noch immer nach ihr und warfen ihr Zwiebäcke zu, ich hatte ein Foto, auf dem ich zwischen diesen Kindern stand, die Jeans über den Schuhen hochgekrempelt, einen Arm nach vorn, den Mund aufgesperrt zum Lockruf. Olmo und ich saßen da immer, solange die Sonne schien, ich hatte ihm extra eine Sonnenbrille gekauft, vielleicht etwas groß für sein Gesicht. Und eines Tages, als wir da auf einer Bank saßen, habe ich das Foto von dem gehenkten russischen Soldaten aus der Tasche geholt und ihm einfach nur hingehalten. Er hat die Hand in die Hemdtasche gesteckt, die Brille aufgesetzt, das Foto angeguckt und die Brille wieder abgesetzt. Dann ist er aufgestanden und hat eine Runde um den Springbrunnen gedreht, danach hat er sich wieder hingesetzt, auf das Wasser gestarrt, den Kopf gesenkt. Ich habe gefragt: Wer von denen bist du?, und ihm den Galgen mit den drei lachenden Soldaten darunter noch einmal vorgehalten. Er hat geantwortet: Der, der das Foto gemacht hat.

Olmo wollte über dieses Foto nicht reden, mir dagegen kroch es jede Nacht in den Schlaf, in jedem Traum erschien Sara und zeigte es mir, sie sprach auch mit mir, aber ich konnte sie nicht hören. Olmo hatte mir zwar gestanden, dass er das Foto gemacht hatte, aber als ich mehr darüber wissen wollte, hatte er nur gesagt, siebzig Jahre seien eine zu lange Zeit, um sich noch zu erinnern. Ich versuchte es trotzdem weiter, ich zog einfach manchmal den Körper des jungen Mannes aus der Tasche und legte ihn auf den Tisch. Bei jedem Mal wurden Olmos Augen riesengroß, er riss sie auf, um das ganze Foto erfassen zu können, erst den jungen Russen und danach die drei italienischen Soldaten. Dann kniff er sie zusammen, als wollte er sie verschlucken. Wenn er sich alle einverleibt hatte, traten meistens auch seine Augen wieder zurück, in seinem Gesicht erschienen wieder die dunklen Krater. Aber er sagte nie ein Wort, und das Foto blieb auf dem Tisch liegen, lachende Soldaten und dahinter ein junger Mann mit hoch über dem Boden baumelnden Füßen. Die Soldaten hatten die Hände in den Taschen, als hätte der Fotograf sie beim Flanieren verewigt. Der Körper des jungen Mannes hing über ihnen, als gehörte er zum Panorama, wie der Platz, der

Hund an einer Ecke, das Haus im Hintergrund und die Menschen am Fenster, das Ganze arrangiert als Souvenir aus Russland. Sie standen vor ihm, als wäre er gar nicht da, mit dem üblichen Lächeln, in Positur, zum Heimwärtsschicken und Heimwehlindern. Olmo war derjenige, der alles, was es zu sehen gab, aufgegriffen und in den viereckigen Ausschnitt gezogen hatte, den Hund, den jungen Mann und den Baum daneben. Dann hatte er sich hinter die Kamera verzogen und auf den Auslöser gedrückt, so stand er für immer außerhalb dieses Erinnerungsfotos. Deshalb erzählte er nichts weiter darüber, und wenn ich nachbohrte, hustete er, lief rot an und sagte ganz leise, es gebe Dinge, die man mit der Zeit auslösche. Und das hier sei nun mal weg, verschluckt vom Kameraverschluss.

Ganz plötzlich wollte er mich nicht mehr sehen. Wenn ich ihn anrief, war entweder besetzt oder er nahm nicht ab. Ich hatte schon die Nachbarn angerufen, sie behaupteten, es gehe ihm gut, und versicherten mir, er werde zurückrufen, was er aber nie tat. Nur einmal war er noch für mich zu sprechen, aber nur kurz, er kam herunter, und wir unterhielten uns auf dem Bürgersteig. Er hat gesagt, es gehe ihm zur Zeit nicht so gut, er müsse mal allein sein. Ich habe ihn gefragt, ob das mit dem Foto zu tun habe, und er hat sich weggedreht und woandershin geguckt, schließlich hat er gesagt: Ja. Und: Tote soll man ruhen lassen, aber es klang, als wäre der Tote er und nicht der Mann auf dem Foto. Dann hat er mir die Hand geschüttelt und ist gegangen. Ich bin auf dem Bürgersteig stehengeblieben, Olmo hat erst mit dem Rücken zu mir vor dem Fahrstuhl gestanden, dann im Fahrstuhl, die Tür ist zugegangen, und die Leuchtziffern sind Stock für Stock mit ihm hochgefahren. Ich bin gegangen, ohne mich noch einmal umzudrehen, rein ins Auto, Straße um Straße, ankommen, einparken, Scheinwerfer ausmachen, Diebstahlsicherung blinken lassen, ins Haus gehen. Vor der Wohnungstür lag ein Zettel mit einer Frage: Wo bist du? Darüber war etwas gezeichnet, eine riesige Sonne, die gelb anfing und schwarz endete, es sah aus wie eine Sonnenfinsternis. Ganz unten hatte der kleine Junge von oben unterschrieben, mit Vor- und Nachnamen, denn ich hatte ihm beigebracht, dass ein Kunstwerk erst dann ein Kunstwerk ist, wenn der Künstler es mit Vor- und Nachnamen signiert. Ich habe den Zettel aufgehoben und in die Mappe gelegt, in der ich alle seine Sachen aufbewahrte, er war Spezialist für Sonnen, ich besaß eine Zeichnung von ihm, da waren gleich vier drauf.

Ich habe selbst ein Blatt Papier genommen, die Abmachung zwischen uns besagte, dass auf eine Zeichnung mit einer Zeichnung geantwortet werden musste. Ich hatte mich schon seit einiger Zeit nicht mehr blicken lassen, hörte ihn aber oft über mir herumrennen. Jetzt, im späteren Sommer, kam er nicht mehr so oft auf den Balkon, die Hausaufgaben hielten ihn am Tisch in der Wohnung fest. Wir hatten uns allerdings ein paar Mal kurz zugewinkt, er vom Fenster aus und ich von unten auf der Straße. Ich rief dann immer: Ciao, und er patschte gegen die Scheibe. Schließlich hatte er beschlossen, mich zu suchen, in Form einer Sonnenfinsternis vor meiner Wohnungstür und einer Frage. Also habe ich auch eine Sonne gezeichnet und darunter geschrieben: Hier. Dann bin ich hochgelaufen, zwei Stufen auf einmal, und habe sie unter seiner Tür durchgeschoben. Ich habe geklopft und bin schnell wieder nach unten gerannt, damit mich niemand sieht. Ich habe gehört, wie die Tür aufging, seine Großmutter nach ihm rief und leise lachend sagte: Du hast Post. Ein paar Minuten später habe ich die Tür wieder aufgehen hören, dann Schritte auf der Treppe und Rascheln von Papier, und schließlich ihn selbst wieder hochgehen, vor sich hin kichernd. Ich habe das Blatt aufgehoben und auseinandergefaltet, da stand: Ein Glück.

Nach einer Woche hat Olmo sich wieder gemeldet, in Gestalt eines Umschlags mit Briefmarke im Briefkasten. Meine Mutter hatte sich die erste Zeit besorgt bei mir erkundigt, wie er allein klarkam. Irgendwann ließ sie es und erwähnte ihn nicht mehr, aber in der Abstellkammer stand ein Karton, in dem sie Fundstücke und Schnäppchen sammelte, bis zu dem Zeitpunkt, an dem sie sie ihm wieder zustellen durfte. Ich kontrollierte ihn bei jedem Besuch bei meinen Eltern, er wurde immer voller. Der Karton stand im Dunkeln, so wie ein Gefangener in der Zelle sitzt und nur etwas sieht, wenn jemand die Tür aufmacht und Licht hereinfällt, und danach alles wieder ins Dunkel gesperrt ist. Meine Mutter verlor kein Wort über diesen Karton, er war ein normaler Behälter, nur eben für eine besondere Sammlung. Zu Olmo sagte und fragte sie auch wegen des Fotos nichts mehr, das ich ihr mitgebracht hatte, der gehenkte Soldat, der Strick, das gebrochene Genick und darunter die jungen Männer, für ein Erinnerungsfoto posierend. Sie hatte es sich angesehen und sofort die Hände vors Gesicht geschlagen, die Augen versteckt hinter nicht ganz blickdichten Fingern. Sie hatte es umgedreht, die Hand draufgelegt und den ermordeten jungen Mann und die Soldaten ins Holz des Tisches gedrückt. Und dann war ihr dieser Schrei entfahren, ein Klagelaut, der von ganz weit herkam, so als wäre er durch die ganze Zeit gestiegen und irgendwann oben in meiner Mutter angekommen, und jetzt kam er aus ihrem Mund und stieg noch weiter hoch. Als ihre Hände das Gesicht wieder freigegeben hatten, sahen ihre Augen aus wie die Augen von jemand anderem. Mit diesen Augen hatte sie eins von Marios überall herumstehenden Fotos betrachtet, und dann hatte sie sie ganz fest zugekniffen.

Aufgemacht habe ich Olmos Brief überhaupt erst ein paar Tage, nachdem er angekommen war, ich hatte gar nicht mitgekriegt, dass er von ihm war. Er hatte so lange zusammen mit der anderen Post auf dem Fußboden gelegen, da, wo früher Saras Sofa gestanden hatte. Seit sie ausgezogen war, landete alles, was keinen richtigen Platz hatte, in dieser Lücke, so wie sich Speisereste im Mund auch immer in den Zwischenräumen festsetzen, da, wo ein Zahn fehlt. Dahin kamen bei mir Kartons, die weg sollten, ausgelesene Zeitungen, Wasserkisten, und da lagerte ich auch all die Post, die aufzumachen ich keine Lust hatte. Da lag alles einfach herum und machte mir Angst, Strafzettel, Rechnungen, ich sah den Stapel wachsen wie einen Tumor, raumgreifend, ich wachte nachts auf, schweißgebadet beim Gedanken an all die Sachen, die ich noch bezahlen musste. Deshalb stand ich nachts auf, setzte mich an den Tisch und schlitzte einen Umschlag nach dem anderen auf, ein Seufzer bei jedem nicht scheußlichen Inhalt, dann die Schreiben säuberlich aufeinanderschichten und die Umschläge zerknüllen und auf den Fußboden damit. Auf dem Umschlag von Olmo stand kein Absender, nur mein Vor- und Nachname und die Adresse. Ich habe ihn ganz früh morgens aufgemacht, noch vor der Dämmerung, die Straßenbahnen fuhren schon wieder, jedes Mal vibrierte der Boden davon, und es kitzelte an den Füßen. Im Garten stand noch immer das Gerüst für die Fenster der Herrschaften nebenan. Stand einfach im Dunkel, das sich allmählich lichtete, wie das Skelett eines Tieres, das vor ein paar Jahrtausenden ausgestorben und genau hier ausgegraben worden war, im Hof eines Mietshauses mitten in der Stadt. Eines Tages war ich nach Hause gekommen und hatte zwei Arbeiter auf das Skelett klettern sehen, die Wirbel als trittfester Halt. Sie hatten gewinkt, mein Garten war übersät mit Kippen. Ich war einen Augenblick stehengeblieben und hatte zugeguckt, wie sie die Riesenfenster in die Löcher drückten, die sie aus der Wand gebrochen hatten. Als das erste Fenster fest drinsaß, hatte einer der beiden Arbeiter es von innen aufgemacht, herausgeguckt und mich gefragt: Was sagen Sie dazu?

In Olmos Umschlag lag ein Zettel mit nur einem Satz: Ich muss mit dir reden. In einer wackeligen Handschrift, voller holpriger Stellen, jeder Buchstabe in einer anderen Größe. Ich habe ihn sofort angerufen, und er nahm fast schon ab, bevor er es klingeln hörte. Er sagte: Wir müssen uns sehen, ohne Begrüßung oder die Frage, wie's mir gehe. Er hat mir den Satz einfach vor den Latz geknallt, in einem einzigen Atemzug, als hätte er ihn sich schon vor Tagen im Mund zurechtgelegt. Ich habe gesagt, dass ich mir seinetwegen Sorgen gemacht habe, einfach so zu verschwinden, sich nicht zu melden. Dass ich aber jedenfalls froh sei und ihn morgen Nachmittag abholen würde. Kurz vorm Auflegen hat er gefragt: Noch eine letzte Sache. Na los, habe ich geantwortet. Warst du schon mal in Russland? Nein. Gut, gut, hat er gesagt und dann noch: Wirst sehen, es gefällt dir.

Sara machte sich inzwischen wieder etwas rar, sie rief zwar ab und zu meine Mutter an, erkundigte sich, ob sie etwas brauche. Aber es waren sporadische Anrufe, ein paar Minuten, ohne dass mein Name fiel, er wurde weiträumig umgangen, und dann legten sie wieder auf. Eines Morgens hat sie angerufen, als ich gerade bei meinen Eltern war. Meine Mutter hat abgenommen und ist auf den Balkon gegangen, ich konnte hören, wie sie sagte: Das kann passieren, mach dir keine Sorgen, und bevor sie auflegte: Ich rufe dich später zurück, du weißt ja. Als sie wieder hereinkam, hat sie das Handy auf den Tisch gelegt und den Gesprächsfaden da wieder aufgenommen, wo er abgerissen war. Aber ich hatte Saras Stimme gehört, als meine Mutter abgenommen hatte, danach hat sie die Hand fest über das Handy gehalten. Sara hatte gesagt: Ciao, Gió, vertrauliche Kürzel, und meine Mutter hatte unwillkürlich zu mir geguckt, nur knapp: Guten Tag, gesagt und war nach draußen gegangen. Als sie wieder hereinkam, wussten wir beide Bescheid, verschwiegen dieses Detail jedoch während unserer Unterhaltung. Eine Viertelstunde lang liefen zwei Gespräche nebeneinander her, die aber zusammengehörten, unsere Münder sprachen über Einkaufen und

Bei-der-Post-Vorbeigehen, aber unsere Augen gleich darüber sagten ständig Sara. Ich bin dann gegangen, um ihr Zeit für den Rückruf zu lassen, ich habe behauptet, ich müsse ein paar Sachen erledigen und käme später wieder. Meine Mutter hat mich zur Tür gebracht und noch eine Weile im Treppenhaus auf mich eingeredet, sie wollte mich nicht gehen lassen. Sie stand in der offenen Tür, und ihr Mund fragte: Sollen wir lieber gleich zusammen zur Post?, die Augen dagegen fragten: Bist du mir sehr böse, wenn ich Sara anrufe?

Sara hatte an dem Tag angerufen, weil sie beim Aufwachen einen Blutfleck auf dem Laken entdeckt und Angst bekommen hatte. Deshalb hatte meine Mutter, als ich weg war, zurückgerufen und sie beruhigt. Und Sara hatte zwei Tage später wieder angerufen und erklärt, zum Glück sei alles in Ordnung da drin, und meine Mutter hatte geantwortet, sie müsse keine Angst haben. Sie hatte ihr den Tipp gegeben, sich abends vor dem Einschlafen den Bauch zu streicheln, sanft, mit leichten Fingern. Das hatte sie so bei mir gemacht, sie hatte mit den Fingerkuppen Wörter geschrieben, und ihr Bauch hatte sie eingesogen, sie waren ihr ins Fleisch eingezogen, die ersten Wörter, die ich lernte. Sie hatte ihr auch den Tipp mit dem Singen gegeben, hatte ihr erklärt: Das klingt, wie wenn in der Kirche gesungen wird. Dann blieb Sara wieder eine Woche lang verschwunden, meldete sich höchstens durch solche Kurzanrufe, wegen eines Befundes, den sie gerade aus dem Krankenhaus mitgebracht hatte und den sie ihr im Gehen vorlas, oder wegen ihrer Fußgelenke, die sie geschwollen fand, dafür sei es doch noch zu früh. Sara eröffnete und beendete die Gespräche immer mit Entschuldigungsfloskeln: Entschuldige, dass ich dich das frage, und meine Mutter sagte schnell: Ach komm, das ist doch kein Problem. Dann gab sie ihr Tipps und Erklärungen, setzte hinzu: Egal, was ist, ruf ruhig wieder an, und Sara sagte wieder: Entschuldige, ich lerne jetzt ganz schnell, allein klarzukommen, versprochen.

Einmal hat sie angerufen, und mein Vater hat abgenommen und ihr erklärt, meine Mutter sei beim Friseur, aber sie solle es doch auf dem Handy versuchen. Sara hat meine Mutter dann zwischen Haarewaschen und -aufdrehen erwischt, sie haben sich kurz unterhalten, aber mein Vater erzählte meiner Mutter abends, ihm sei unbehaglich zumute gewesen. Sie war gerade nach Hause gekommen, hatte die Schuhe ausgezogen und ihm einen Gruß zugerufen, aber keine Antwort bekommen. Sie fand meinen Vater im Badezimmer, er stand mit Schaum im Gesicht vor dem Spiegel, hielt seinen Kopf mit einer Hand fest und zog mit der anderen die Klinge über die Haut. Er guckte beim Reden weiter nur sich im Spiegel an, während die Klinge Schaum samt Bart entfernte, und sagte: Es war mir ein bisschen peinlich. Am Telefon waren sie beide befangen gewesen, Sara hatte sich tausendmal entschuldigt, mein Vater hatte sich in Konversation versucht, aber jeden Satz verstolpert und das Gefühl gehabt, Sara sei aufgebracht. Meine Mutter musste lachen, sie hat ihm eine Hand auf den Rücken gelegt. Dann hat sie sich auf den Badewannenrand gesetzt, seitlich vom Waschbecken, sie war jetzt nicht mehr im Spiegel, da war nur noch mein Vater. Sie hat sich sachte über die Frisur gestrichen und ihn gefragt: Und, wie hat sie mich diesmal hingekriegt?

Olmo musste mich zweimal fragen, ob ich nach Russland fahre. Beim ersten Mal hat ein Flugzeug im Landeanflug die Frage verschluckt, beim zweiten Mal hat er aufs Flugfeld geguckt und gebrüllt. Ich habe geantwortet: Das besprechen wir mal in Ruhe. Er zeigte mir immer alle ankommenden Flugzeuge, als könnte man die übersehen, den Schatten auf der Landebahn, der immer länger wurde, die Flügelklappen beim Ausfahren, die Räder beim Auftreffen auf dem Beton und schließlich das Bremsen. Wir waren nicht zum ersten Mal zum Flughafen gefahren, aber zum ersten Mal nach Olmos Abtauchen. Die Fahrt dahin führte ein gutes Stück an der Startbahn entlang, die Flugzeuge nahmen direkt neben uns Anlauf. Sie überragten uns, riesengroß und kurz vorm Abheben, und wir waren plötzlich so klein und langsam, ihr Schatten schluckte unseren und musste dafür fast nicht mal den Mund aufmachen. Olmo zeigte jedes Mal auf den Schatten des so viel größeren Flugzeugs auf dem Rasen und sagte: Es frisst uns, es frisst uns, es frisst uns, weg sind wir. Aber das Flugzeug raste einfach weiter, und wir glitten immer ein Stück weiter aus ihm heraus und lösten uns schließlich ganz, wurden auf die Straße entbunden und unserer Fahrt der langsamen Fahrzeuge überlassen.

An dem Tag sind wir ins Restaurant gegangen, da huschte nur kurz mal Fluglärm herein, wenn die Tür aufging, und wenn sie wieder zu war, blieb er draußen. Das Restaurant lag zum Flugfeld hin, ein Herr, den wir nach einem etwas weniger windigen Plätzchen gefragt hatten, hatte es uns empfohlen. Wir aßen da wie fast alle anderen, an Paralleltischen mit Blick auf Starts und Landungen, die Kinder verkündeten jede Ankunft und jeden Abflug, und die Eltern nickten, ohne vom Teller hochzusehen. Die Kellner hatten alle ein kleines gesticktes Flugzeug auf der Brust, und auf der Speisekarte gab es kein Gericht, das nicht nach einer Boeing, einem Airbus oder der Crew benannt war. Neben dem Eingang stand eine Vitrine mit Modellflugzeugen in allen Größen und Farben samt Fotos von der Köchin und ihrem Mann, Arm in Arm mit irgendwelchen Piloten, die hier mal einen Happen gegessen hatten. Als Olmo seinen Espresso ausgetrunken hatte, schob er die Tasse beiseite und stellte eine Tasche der Sorte Versicherungsvertreter im Ruhestand auf den Tisch. Er nahm ein Heft heraus, faltete eine von den Karten, die er mir schon oft gezeigt hatte, auseinander und legte das Foto darauf, den hängenden jungen Mann. In dem Heft sind noch mehr, sagte er, aber die guckst du dir erst zu Hause an. Dann fuhr er mit dem Zeigefinger über die Karte, ganz langsam, nur mit der Kuppe, seine Fingernägel waren frisch geschnitten. Er strich umsichtig mit dem Finger umher, als hätte der Augen, und suchte nach etwas, das zwischen den Städtenamen in Großbuchstaben, den kleineren Orten und den geschwungenen dünnen Flusslinien verborgen lag. Bei Rossosch machte er Halt, das tat er immer. Er war so oft mit dem Finger über den Namen gefahren, dass er kaum noch zu lesen war, er hatte ihn verschlissen, eine Mulde in das papierne Weiß geschabt. Dann hat er von der Karte hochgesehen und gesagt: Ich würde da gern selbst hinfahren. Und die Arme ausgebreitet, aufgelacht und mir eine Hand auf die Schulter gelegt: Aber was soll man machen? Ich habe nur geseufzt, in der Zwischenzeit hatten zwei Flugzeuge abgehoben, ein kleiner Junge schlug auf die Scheibe ein, rief mit patschenden Händen nach ihnen. Da habe ich gesagt: Ich fahr ja schon. Olmo hat nach dem Kellner gewunken, und der Kellner ist erschienen, wie Stewards erscheinen. Olmo hat gesagt: Einen Wodka für den jungen Mann, und danach: Für mich auch einen, die Hand auf der Karte.

Beim Gehen hat Olmo den Kellner gefragt, ob von diesem Flughafen aus auch Maschinen nach Moskau fliegen, und der hat gesagt: Na aber! Es klang, als ob sie die persönlich in der Küche backten, Flieger nach Russland, eine Spezialität unseres Hauses. Dann hat er ein Buch zur Hand genommen und geblättert: Wir haben hier täglich zwei Flüge, den einen morgens um elf und den anderen abends um 22 Uhr 25. Möchten Sie noch einen Magenbitter? Olmo hat abgewinkt: Um Himmels willen. Der Kellner hat den Flugplan wieder unter die Kasse gelegt und ist durch eine Tür verschwunden, so als müsse er jetzt in die Kabine: Flugbegleiter bitte anschnallen zum Start. Ein paar Stunden später, allein im Auto auf dem Heimweg, ich hatte Olmo schon abgesetzt, zog über mir ein Flugzeug vorbei, und ich habe eine ganze Weile lang zugesehen, wie es durch den Himmel blinkte. Dann habe ich auf die Uhr geguckt, es war halb elf, vielleicht war das ja der Flug nach Moskau. Da oben hatte sich bestimmt jemand gerade die Schuhe ausgezogen und die Füße unter den Vordersitz gestreckt, jetzt versuchte er zu schlafen. Und dieser Jemand, habe ich später überlegt, als ich in den Schlaf hinüberglitt, war vielleicht Mario, oder vielleicht ich selbst, auf der Suche nach ihm, und meine Mutter war auch da, sie fuhr zehntausend Meter weiter unten im Auto und hielt uns irrtümlich für eine Sternschnuppe.

Als ich meiner Mutter erzählte, dass ich wegfahre, war sie erschrocken. Ich hörte langes Schweigen am anderen Ende der Leitung, ihre Stimme hatte sich weggeduckt in den Brustkorb. Jenseits des Telefons lief der Fernseher, ich hörte meinen Vater, ich wusste, er saß davor, sein Gelächter kam immer eine Sekunde nach dem im Fernsehen. Je lauter meine Mutter schwieg, desto fester drückte ich mir den Hörer ans Ohr. Irgendwann fragte sie: Warum?, bat mich zu warten, sie müsse mal eben ins Bad, und fragte meinen Vater, ob er mich sprechen wolle. Also kam er ans Telefon, ich hörte ihn weiterlachen auf dem Weg vom Fernseher zum Hörer, die letzte Gelächterwelle verebbte in meinem Ohr. Er unterhielt sich mit mir, war aber spürbar mit den Augen beim Fernseher, meine Worte sackten ins Leere und waren schon verklungen, bevor sie bei ihm ankamen. Ich habe ihm von Russland erzählt, und er hat das nicht kommentiert. Dann kam eine neue Lachsalve, und von ihm: Entschuldige, warte mal eine Sekunde. Er hat den Hörer hingelegt, kurz danach war der Fernseher aus, er hat mit einem Stuhl gerückt, dann war er wieder bei mir. Ich habe ihm also noch mal von meinem Entschluss erzählt, und auch seine Frage war:

Warum?, aber sein Warum klang ganz anders, wie etwas, mit dem er nichts zu tun hatte. Dann habe ich meine Mutter zurückkommen hören, sie hat ihn gebeten, den Tisch zu decken, und selbst wieder den Hörer genommen: Da bin ich. Sie hat nur gefragt, ob ich sicher sei, so eine Riesenreise, so weit weg. Ich habe Ja gesagt, und dass ich wegen Mario fahre und wegen Olmo und wegen dieses Fotos, das mich so erschreckt hatte. Nicht erwähnt habe ich das andere Motiv, das noch dahintersteckte, dieses Gespenst, das Sara und mich am Anfang vereint und später getrennt hatte und das dieses Foto wieder wachgerufen hatte. Meine Mutter hat erzählt, dass Mario damals da hingefahren war, als sie gerade vier Tage auf der Welt war. Man hatte ihr erzählt, er habe sie zwar nur ein einziges Mal auf den Arm genommen, aber genau gewusst, wie das geht, instinktiv, er habe ihr ganz kundig die Hand unter den Hals geschoben, ihren Kopf in der Handfläche geborgen, die Finger aufgespannt. Aber als er zurückkam, wusste er von nichts mehr, wie es geht, hatte vor allem Angst. Ich habe meine Mutter schlucken hören, eine Tochter mit einem Vater, der nur noch Angst hatte, dann hat sie mich gefragt: Was machst du dir denn zu essen?

Seitdem war meine Mutter den ganzen Tag lang mit meiner Reise beschäftigt. Sie rief ständig an, wollte Einzelheiten wissen, wie viele Tage ich weg sein werde, wo ich hinfahre, das Wetter. Letzten Endes hat sie sich um alles gekümmert, auch den Pass, das Prozedere für das Visum, sie ist nur wegen eines Stempels sogar nach Mailand gefahren, obwohl sie eigentlich selten mit dem Zug fuhr. Aus dem russischen Konsulat dort hat sie mich angerufen, sie brauchte eine Information und sprach ganz leise. Sie hat auch gekichert und gesagt: Ich bin hier auf russischem Territorium, ich habe gefragt: Wie spät ist es da?, und ihre Antwort war: Sind zwei Stunden Zeitunterschied, merkt man aber nicht. Hinter ihr waren Schritte von anderen Leuten zu hören, jeder einzelne hallte nach, immer wenn Schritte näher kamen, senkte meine Mutter ihre Stimme und sprach erst wieder lauter, wenn sie sich entfernten. Als sie wieder draußen war, hat sie mich sofort noch mal angerufen und ganz laut geredet, aufgeregt, mit einer Stimme, die regelrecht aus ihr herausbrach. Sie hat erzählt, dass die da zum Glück gar nicht so viel wissen wollten und dass ein Herr da ganz freundlich gewesen war und Gute Reise gewünscht hatte, als er den Stempel auf das Formular gehauen hatte. Während unseres Gesprächs fragte sie ein paarmal nach dem Weg, sie hatte Angst, sich zu verlaufen. Zu mir hat sie gesagt: Ich habe deinen Pass in der Tasche, das Foto ist richtig schön. Ich konnte mir genau vorstellen, wie sie durch Mailand läuft, die Tasche fest unterm Arm und darin, zwischen Taschentüchern und Schirm, der Reisepass, den sie hütet, als sei es nicht meiner, sondern der von Mario vor langen, langen Jahren. Ich habe sie vom Zug abgeholt, und als sie vor dem Bahnhof ins Auto gestiegen ist, hat sie gesagt: Kommt mir vor wie zwei Jahre, dabei bin ich erst seit heute Morgen unterwegs.

In dem Heft, das mir Olmo am Flughafen gegeben hatte, habe ich eine Telefonnummer in Russland gefunden, und daneben einen unleserlichen Namen. Olmo konnte sich nicht mehr erinnern, wer das gewesen sein könnte. Es war eine Nummer wie andere auch, nur eben mit russischer Vorwahl, er gab sich auch alle Mühe, sich zu erinnern, aber er wurde schnell hektisch und erinnerte sich dann an gar nichts mehr. Eines Abends wollten wir da mal anrufen, nach dem Essen bei mir. Mittendrin kam der kleine Junge von oben, er klingelte und stürmte in die Wohnung, aber kaum hatte er Olmo gesehen, sagte er keinen Ton mehr und stand nur da. Dann setzte er sich an den Tisch, neben mich, und hielt den Kopf gesenkt. Er sah nur hoch, um mir etwas zu sagen oder mich nach etwas zu fragen, Olmo hielt er sich stets aus dem Blickfeld. Als ich ihm dann erzählt habe, dass wir gleich in Russland anrufen wollen, hat er ihn kurz angeguckt und mich gefragt: Wegen ihm? Also haben wir ihm erst mal gezeigt, wo Russland liegt, dann sind wir alle zum Telefon gegangen, und er durfte mit den Fingern die Nummer in die Tasten drücken. Ich habe sie ihm langsam diktiert: 007 47342 12438, und wir konnten alle über den Raumton den Ruf rausgehen hören. Der kleine Junge ging auf der Karte mit, den ganzen weiten Weg, der bis dahin zurückzulegen war. Olmo schien das Atmen eingestellt zu haben, und dann kam eine Stimme, die Stimme eines Mannes, und Olmo hat einen Schreck gekriegt und aufgelegt.

Olmo fing an, Erinnerungen beiseitezulegen, so wie man Sachen für einen Sohn beiseitelegt, der nur ab und zu mal kommt. Er sammelte sie, wann immer sie ihm in den Sinn kamen, und später kramte er sie zusammen und versuchte, sie zu einer Gesamterinnerung zusammenzufassen. Er wollte ein auch für mich brauchbares Russland zusammenbauen, aber irgendetwas kam immer dazwischen, etwas wie ein Windstoß, der einem die Karten jäh durcheinanderwirbelt. Je näher mein Abflug rückte, desto größer wurde seine Verwirrung, so als würde er irgendwo ein Grummeln hören, aber nicht begreifen, woher es kam. An manchen Abenden war sein Gesicht wie wund vor lauter Anstrengung, er kniff die Augen zusammen und sagte: Ich verstehe überhaupt nichts mehr. Er brachte alle Ortsnamen durcheinander, Leute ebenso, und weil der Sommer, der in jenen Tagen herrschte, nicht zusammenging mit dem russischen Winter, der ihm das Hirn vereiste, fand er gar nicht mehr durch. Er hatte angefangen, eine Karte zu zeichnen, er versuchte es jeden Tag aufs Neue und warf dann alles wieder weg. Auf jedem Blatt, das er sich auf dem Tisch zurechtlegte, waren aufgereihte Panzer und in die Wiesen geklotzte Flugfelder für die Kriegsflugzeuge, zum Landen zwischen Geschossen und Schnee. Auch das Hauptquartier war darauf, das Lazarett, der Kramladen für die Soldaten, die Straße, die zum Fluss hinunterführte, und der lange Fluss selbst, er nahm die halbe Seite ein, war größer als das ganze Dorf, strömte bis an den äußersten Damm des Blattes, schien über die Ufer auf den Tisch zu treten. Aber plötzlich riss Olmo alles kaputt, er schlug mit der Faust drauf, und ihm kamen die Tränen vor Zorn und Frustration. Einmal wurde er wütend, weil er den Marktplatz von Rossosch gleich zweimal eingezeichnet und die Schule aus seiner Erinnerung in Wirklichkeit gar nicht da gestanden hatte, sondern ganz woanders, nämlich in Italien. Es war eine irrtümlich nach Rossosch verlegte Erinnerung, ein über Tausende Kilometer transferiertes, durch halb Europa geschlittertes und schließlich auf ein Blatt Papier gefallenes Gebäude.

Am Abend vor meinem Abflug hat er mir seine Karte gegeben und gesagt: Die kannst du bestimmt brauchen. Um nicht so viel Papier wegwerfen zu müssen, hatte er jetzt mit Bleistift gezeichnet, da konnte man ruhig einen Strich falsch machen und korrigieren, radieren und noch mal neu anfangen. Jetzt war das Ganze ein einziges Straßengewirr, außerdem ein paar Häuser, der Fluss, der Marktplatz und diese allgegenwärtigen Panzerreihen. Auch ein Kreuz war dabei, hinten auf dem Platz, damit wollte er mich auf den Galgen hinweisen, den gehenkten jungen Mann. Vor allem waren auf dem Blatt aber auch all die Linien, die er getilgt hatte, bevor er die endgültige Fassung fertig hatte, die er mir mitgab. Sie waren deutlich zu sehen, als Furchen im Papier, der Radiergummi hatte sie zwar wegschaffen wollen, aber nicht können. Er hatte nur die Dinge auf einen Schlag entfernt, ihre Zeichen waren geblieben. Deshalb waren auf der Karte, die Olmo mir gezeichnet hatte, auch all jene Dinge, die nur vorübergehend dagewesen waren, die kurz im Ort verweilt hatten und dann davongezogen waren und die Störung mitgenommen hatten. Und da, wo jetzt ein Fußballplatz war, war vorher die Schule gewesen, und im Fluss schien ein Panzer untergegangen zu sein, auch die Kirche hatte er zweimal gezeichnet und wegradiert, und zum Schluss hatte er auch das Kreuz obendrauf entfernt. Am Anfang hatte er das Dorf noch mit Menschen versehen, hatte die Straßen bevölkert mit krakelig skizzierten, mal größeren, mal kleineren Figuren. Sogar an Bäumen am Straßenrand lehnende Fahrräder hatte er eingezeichnet, zwei Kreise als Reifen und ein Strich als Verbindung, und der Marktplatz war voller Leute, ein paar Zivilisten, ein paar Soldaten, die Soldaten mit geschulterten Gewehren, aus den Schulfenstern guckten Sternchen, und auf der Fassade stand SCHULE. Aber dann hatte Olmo sie weggeschafft, allesamt, mit einem einzigen Wisch, die Menschen waren unter seinen Radiergummi geraten, und der hatte in seiner Hand einen Wutanfall bekommen und war über Männer, Frauen und Kinder hergefallen. Trotzdem waren sie weiterhin da, sie leisteten Widerstand, ins Papier eingegraben, aber erkennbar. Manches hatte auch stückweise überlebt, denn Olmo hatte ungeschickt radiert, und so war von der Schule das C übriggeblieben, am Platz stand noch ein Fahrradteil, und das ganze Blatt war übersät von Gummikrümeln, so wie nach einer Schießerei Patronenhülsen auf dem Boden herumliegen.

Vor dem Abflug habe ich Olmo noch ein Handy gekauft, ich habe ihm erklärt, das sei wichtig, damit ich ihn von Russland aus anrufen könne, und ihm gezeigt, wie man es benutzt und wie man es zum Aufladen an den Strom anschließt. Er hat es in die Hand genommen, und sein Gesicht hellte sich auf, er hat gelächelt, als sei das Handy nicht dazu da, zu Hause zu sitzen und auf Nachricht zu warten, sondern dazu, selbst zu verreisen. Ich habe meine Handynummer in den Kurzwahlspeicher eingegeben, auch die von meiner Mutter, Giovanna. Ich habe gesagt: Egal, was passiert, du brauchst bloß hier draufzudrücken, dann hast du sie, und sie weiß über alles Bescheid. Er hat gesagt: In Ordnung, sein Gesicht war hochkonzentriert wegen der Anstrengung, sich alles zu merken und überhaupt durchzufinden. Zwei Stunden später habe ich ihn angerufen, damit er alles testen kann. Dreimal klingeln, und er war dran: Ja. Er klang, als wäre ich womöglich schon in Russland, und er läge auf der Lauer, bereit, mir zu Hilfe zu eilen.

Der Kellner ist gleich auf mich zugekommen, er hat mir die Hand gegeben und gesagt: Wie schön, dass Sie wieder da sind, auf seiner Jacke schwebte wie gehabt das Flugzeug. Dann hat er auch meine Mutter begrüßt, auf einen Tisch weiter hinten gezeigt und ist vorgegangen: Ich zeige Ihnen, wo. Er hat uns die Speisekarte vor der Nase aufgeklappt, schwungvoll wie ein Zauberkünstler, als wäre sie ein eigentlich nicht vorhandenes Kartenspiel, das aber auf einmal da ist. Draußen war es schon fast dunkel, die Lichter entlang den Rollbahnen wiesen den abflugbereiten Flugzeugen den Weg. Manche standen mit blinkenden Lichtern an den Flügeln da und warteten auf die Startgenehmigung. Meine Mutter sah kaum nach draußen, sondern redete auf mich ein, ließ die Gabel über dem Teller hängen und zählte noch einmal alles auf, was ich ja nicht vergessen dürfe und wozu sie mir raten würde. Jahrelang hatte sie auf ihre Stellung als fürsorgliche Mutter verzichten müssen, durch Saras Anwesenheit an meiner Seite war sie ihr entzogen worden, jetzt zog sie sie wieder an sich. Sie saß fast auf der Stuhlkante und sah mir in die Augen. Dann legte sie mir eine Hand auf den Arm und sagte leise: Ich habe Sara erzählt, dass du wegfährst. Unterdessen kam und ging der Kellner mit der lässigen Würde eines Stewards, die Teller schwebten hinter seinem Rücken hervor wie Flugzeuge, die hinter einem Berg auftauchen und auf der Tischdecke aufsetzen. Als er die Rechnung brachte, blieb er neben dem Tisch stehen, fragte mich, ob ich zufrieden sei, und verkündete: Das zweite Mal ist das, was zählt. Dann hat er meine Mutter angeguckt, gefragt, ob sie sich wohlgefühlt habe, und sie hat gesagt: Wunderbar. Daraufhin hat er gelächelt, sich mit einem kleinen Nicken bedankt und gesagt: Ihr Vater, Madame, ist ein Phänomen, in seinem Alter noch Wodka zu trinken. Und hinterhergesetzt: Grüßen Sie ihn bitte von mir? Und meine Mutter hat geantwortet: Sehr gern, danke, aber mit einem unbehaglichen Gefühl.

Im Flughafen habe ich ihr zum Abschied gewinkt, noch mit den Schuhen in der Hand von der Kontrolle. Sie stand hinter der Scheibe zwischen lauter Angehörigen, und alle sahen uns von hinten zu, während wir die Taschen leerten, Uhren und Gürtel ablegten und auf Strümpfen durch den Metalldetektor gingen, die Arme hoben und feuchte Fußschweißabdrücke auf dem Boden hinterließen. Ich habe sie noch kehrtmachen und Richtung Ausgang gehen sehen, sie aber kurz aus den Augen verloren und dann wiedergefunden in dem Schwarm von Leuten mit Koffern, die um sie herumschwirrten. Ich habe ihr nachgesehen, bis sie jenseits der Tür auf dem Weg zum Parkplatz verschwunden war. Sie war seit Jahren nicht mehr selbst gefahren, aber jetzt wild dazu entschlossen. Mein Vater hatte uns partout nicht fahren dürfen, er sollte nicht mitkommen, sie hatte einfach gesagt: Wir fahren jetzt, und: Ich habe dir was zum Essen gemacht, steht da im Topf auf dem Herd. Ich war dabei gewesen, als sie ihm das erklärt hatte, er hatte nichts dazu gesagt, nur etwas Melancholisches um die Augen bekommen und gefragt: Weißt du denn noch, wie ein Auto funktioniert? Auf dem Hinweg wollte sie dann allerdings doch nicht selbst fahren, sie genierte sich vor mir, sie drehte stattdessen am Radio herum, suchte nach Liedern, die sie mitsingen konnte. Am Flughafen hatte ich einen Parkplatz gesucht, von dem sie leicht wieder wegkommen würde, nur ein paar Meter im Rückwärtsgang und dann die Rampe runter.

Jetzt stieg sie bestimmt gerade ein, zog sich den Sitz bis fast unter das Lenkrad und legte sich jede Aktion vorher im Kopf zurecht: Kupplung treten, Rückwärtsgang einlegen, Kupplung kommen lassen, aufs Gas treten, in den Rückspiegel gucken, den ersten Gang einlegen, losfahren. Während ich auf das Boarding wartete und vielleicht noch einen Espresso in der Wartezone trank, ohne die mit mir abfliegenden Passagiere aus den Augen zu lassen. Dann würde sie sich auf die Stadtautobahn einfädeln, verschämt und ängstlich, fest ans Lenkrad geklammert, die einzige Langsamfahrerin in einem Strom selbstsicherer Raser. Und irgendwann würde der Flug nach Moskau aufgerufen werden, und wir würden eine Schlange bilden, die Bordkarte im Reisepass, alle Stempel auf dem Visum, in meinem Pass das Foto, das meiner Mutter so gut gefiel, und kyrillische Buchstaben. Wir würden ins Flugzeug steigen, uns auf unserem jeweiligen Platz einrichten, uns den Stauraum in den Gepäckablagen teilen, noch mal aufstehen, um die Nachzügler durchzulassen. Unterdessen würde meine Mutter wieder Geschmack am Autofahren finden, den vierten und dann sogar den fünften Gang einlegen, sich entspannt zurücklehnen, schließlich sogar singen und sich fragen, wieso sie eigentlich so viele Jahre nicht mehr Auto gefahren war. Zu Hause würde sie meinen Vater um Entschuldigung und eine Fußmassage bitten, und er würde sie erst ansehen und dann ihre Füße in die Hände nehmen, einen nach dem anderen. Und im Flugzeug würden die Lichter ausgehen, und im Restaurant würde uns vielleicht jemand beim Abfliegen zuschauen.

Die Fahrt vom Moskauer Flughafen zum Hotel habe ich mit dem Lesen und Beantworten sämtlicher SMS hinter mich gebracht, die ich während des Fluges bekommen hatte, die russische Nacht neigte sich schon der Morgendämmerung entgegen. Dem Taxifahrer hatte ich den Zettel mit dem Namen und der Adresse des Hotels gegeben, und er hatte zum Zeichen des Einverständnisses den Daumen gehoben. Dann wollte er wissen: Italien? Ich hatte auch den Daumen gehoben und instinktiv anders gelächelt, das Lächeln, das von einem Italiener erwartet wird, viel Gebiss und kaum Gedanken. Eine der Nachrichten war von meinem Vater: Heil und gesund gelandet. Das stand einfach so da, ohne Fragezeichen, als wäre es keine Frage, sondern eine Feststellung, als hätte er das Zittern der Fenster und danach den Ruck beim Aufsetzen persönlich auf dem Wohnzimmerboden gespürt. SMS schrieben mein Vater und meine Mutter immer zusammen, beide mit Lesebrille, die Köpfe zusammengesteckt, nebeneinander auf dem Sofa. Da saßen sie, mein Vater, der mit den Fingerkuppen auf Tasten herumdrückte, und meine Mutter, die ihm mit spitzem Finger von oben zeigte, wo die Buchstaben sitzen, manchmal aufstöhnend, am

Ende ihrer Geduld. Wenn die SMS abgeschickt war, nahmen beide die Brillen ab und sanken entkräftet in die Kissen, das Handy blieb irgendwo daneben liegen. Deshalb bekam ich diese ausgelaugten, ab und zu sogar leeren Nachrichten, wortlos gestartet wie ein Flugzeug, das ohne Passagiere abgehoben hat und dem die Passagiere von unten beim Abflug zusehen. Die SMS, die sie mir geschickt hatten, kamen wieder und wieder, wer weiß, wie oft sie sie abgesandt hatten, jedes Mal um sicherzugehen, dass sie wirklich abgegangen war, und dann noch mal, zur Sicherheit. Heil und gesund gelandet, Heil und gesund gelandet, Heil und gesund gelandet, ich hatte das Gefühl, jede einzelne SMS explodiert mir in der Tasche wie Popcorn. Und von Sara gab es auch noch eine: Gut angekommen.

Es war viel Verkehr trotz der späten Stunde, auf einer vierspurigen Straße, aber ich starrte weiter nur aufs Display, ging auch uralte Nachrichten wieder durch, las sie noch einmal. Ich flüchtete mich ins Italienische, wie man sich in einen Hauseingang flüchtet, man stellt fest, dass die Tür nicht ganz zu ist, tritt ein, drückt sie ins Schloss und lehnt sich dagegen. Seit der Ankunft in Moskau hatte ich keine Sprache mehr, die Schrift auf den Schildern kam aus einem anderen Alphabet, und die Menschen führten so eine schroffe Sprache im Mund, ohne einen Anhaltspunkt, an den man sich klammern konnte. Im Flughafen hatte ich mich umgeguckt, auf der Suche nach dem Weg, meine Füße wollten nicht weiter, waren gelähmt auf dem Fleck stehengeblieben, an dem ich gerade stand, das Gepäckband hatte sich leer vor mir gedreht, alle anderen hatten längst ihre Koffer genommen und waren weg. Es war, als hätte mir jemand plötzlich alle Worte entzogen, auf einen Schlag entrissen, in die Nacht verschleppt. Und es war, als bliebe nach dem Entzug aller Worte nichts mehr übrig, als verschwänden schlagartig auch Menschen und Dinge, jedes Wort ein Stück sich auflösende Welt, ein Ausatmen und dann ein Luftgemisch, ein Hauch und dann nichts mehr. Ich stand reglos inmitten dieser plötzlichen Einöde, um mich herum nichts und niemand, bis ich das Wort Taxi und einen Pfeil entdeckte und ein paar weitere Schilder mit englischen Übersetzungen. Dem Taxifahrer hatte ich dann den Zettel in die Hand gedrückt, den ich im Reisebüro bekommen hatte, meine einzige Chance war, Vertrauen zu haben, mich ihm blind anzuvertrauen. Und so hatte ich mich in Handynachrichten geflüchtet, in meine Sprache und in die Dinge, die da herauskamen, ein Klick, und schon erschienen mein Vater und meine Mutter, noch ein Klick, und schon erschien auch Sara, wie wenn man an der Wunderlampe reibt und alle erscheinen, setzen sich zu mir ins Taxi, machen sich dünn, damit wir alle hineinpassen. Ich habe laut meinen Namen gesagt, völlig in Gedanken, Pietro, ein paarmal, die Augen des Taxifahrers im Rückspiegel, nach mir suchend, und ich lächelnd, das Lächeln, das von einem Italiener erwartet wird, der Selbstgespräche führt.

Wir mussten nicht durch die Innenstadt, um zum Hotel zu kommen, dreizehn Stockwerke Fensterreihen und eine Leuchtschrift, Novotel, ein Novotel wie alle anderen Novotels auf der Welt. Ansonsten ein betonierter Vorplatz, die blinkenden Lichter der Kasinos rundherum und die Morgendämmerung, die allmählich zwischen den Wohnhäusern hervorbrach. Da war auch ein ekelerregender Geruch von einem Lieferwagen, der Brötchen verkaufte, eine Frau schrubbte den Tresen, ein Mann zog den Rollladen davor herunter, und aus dem kleinen Transporter wurde in kurzer Zeit eine bunte Box, aus der der Mann und die Frau schließlich herauskletterten. Ich habe sie noch in ein langes, lädiertes Auto steigen sehen, die Frau auf den Fahrersitz, Licht an, Motor an, dann hinter dem Hotel verschwinden, die Box stand jetzt verwaist auf dem Vorplatz. Ich bin in mein Zimmer hinaufgefahren, elfter Stock, zusammen mit einer sehr großen jungen Frau, die im Fahrstuhl auf den Knopf gedrückt und mich nach oben gebracht hat, in englischer Sprache, sie ist auf ihren Absätzen ins Schwanken geraten, als der Fahrstuhl hielt. Sie hat mir das Zimmer gezeigt, das Bad, ob's mir so recht sei, und das Bett und das Fenster mit Blick auf Moskau in weiter Ferne, es gab auch einen Balkon und einen Stuhl, zum Hinsetzen und Hinausschauen bei schönem Wetter. Direkt gegenüber stand ein Riesengebäude in allen Farben, ein Gitterzaun rundum, die Fassade grell angestrahlt, es sah aus wie ein Schloss auf dem Rummelplatz. Ich habe die junge Frau gefragt, was für ein Palast das sein solle, und sie hat gesagt, das sei der Kreml. Dann hat sie angefangen zu lachen und erklärt, es sei bloß ein Schwindel-Kreml, eine Imitation für die Touristen. Sie hat mir erzählt, die sei extra für Durchreisende gebaut worden, Zwischenstopp in

Moskau und gleich weiter, aber wenigstens ein paar Fotos machen zum Vorzeigen zu Hause. Dann hat sie sich verabschiedet und mir eine Gute Nacht gewünscht, dabei war es mittlerweile fast Tag. Das Licht senkte sich langsam auf die Moskauer Paläste wie eine Ladung Schnee und ließ sie leuchten, dann auf die Gärten, auf parkende Autos und an Laternen gekettete Mopeds und diesen bunten Kreml, der aussah wie eine Geburtstagstorte. Und ich hätte am liebsten nach gegenüber gepustet und alles ausgeblasen, um die Nacht zurückzuholen, die die junge Frau mir gewünscht hatte, um zu schlafen, mir taten die Augen weh.

Mit einem Ruck saß ich senkrecht im Bett, als die Frau die Vorhänge aufriss, das Licht knallte mir ins Gesicht, die Frau hatte die Pforte zum Schlaf einfach eingetreten und stand jetzt am Fuß des Bettes, die Hände in die Hüften gestemmt. Sie war klein und nervös, auf dem Kopf eine weiße Haube, um die Taille eine Schürze und zwei Augen, die fast nicht zu erkennen waren. Ein paar Sekunden lang haben wir uns schweigend angestarrt, ich mit dem Rücken an der Wand und vor die Brust gezogenen Beinen und sie mit unverhohlenem Groll. Sie hat erst mich angeguckt und dann die Wanduhr, als wäre das Problem weniger meine Anwesenheit als vielmehr die Tatsache, dass ich um diese Zeit noch schlafe. Gesagt hat sie nichts, sie ist nur kurz verschwunden, hinter einem Staubsauger wieder aufgekreuzt und hat um das ganze Bett herum gesaugt. Ich habe sie nicht aus den Augen gelassen, wie peinlich, so nackt unter der Bettdecke, aber sie war nach der anfänglichen Verachtung inzwischen dazu übergegangen, mich einfach zu ignorieren, sie kam und ging nach Belieben, ich hörte sie draußen auf dem Flur herumbrüllen, den Fernseher hat sie abgestaubt, als würde sie jemandem die Haare waschen. Ich saß noch immer da und überlegte, wie ich aus dem Bett komme, da riss die Frau das Fenster auf, ein Windstoß fauchte herein, fiel über mich her, Moskau beging Einbruch. Ab und zu erschien eine andere Frau im Zimmer, selbe Schürze, selbe Größe, auch sie ignorierte mich, als wäre ich das Bett und nicht ein darin sitzender Körper. Sie brüllten sich erregte Sätze zu, die Wörter darin waren noch etwas lauter als der Staubsauger, wenn die Frau ihn ausschaltete, fielen die Stimmen in sich zusammen wie ein Soufflé, wenn man den Backofen zu früh aufmacht. Dann hat die erste Frau einen Stapel frische Wäsche aufs Bett gelegt und den Blick kurz auf mich gerichtet, danach hat sie sich umgedreht, damit ich aufstehen kann, und mir ihren Rücken als Paravent angeboten. So bin ich verstohlen aus dem Bett geschlüpft, um mich die Moskauer Luft, die mich am Hintern gekitzelt hat, unter den Füßen den kalten Fußboden, und ins Bad gehuscht.

Die junge Frau, die mich zu meinem Zimmer gebracht hatte, habe ich an der Rezeption wiedergesehen. Sie hat mir einen Gruß zugelächelt, während sie mit jemandem redete, auf ihrer Brust ein Schildchen mit der Aufschrift Tatjana S., und hinter ihr an der Wand vier Uhren, Moskauer, Tokioter, New Yorker und Pariser Zeit. Sie stand hinter dem Tresen, mit dem Kopf in Höhe der Zifferblätter, ihr rundes Gesicht zwischen der Tokioter und der New Yorker Zeit. Ich sah zu, wie sie mit den anderen redete, und wartete, bis ich an der Reihe war, legte mir zurecht, was ich fragen wollte. Ich betrachtete dieses Gesicht zwischen den Uhren, als hätte sie selbst noch eine andere Zeit, nicht die Tokioter, die

New Yorker oder die Pariser, nicht mal die Moskauer Zeit, sondern eine, die nur ihr gehörte, die langsamer oder schneller lief als die der anderen, die vorauseilte oder hinterherhinkte. Als ich dann an der Reihe war, fragte sie, ob ich hatte schlafen können, ob mich die Notarztsirenen gestört hatten. Ich habe sie angeguckt wie jemand, der glaubt, etwas nicht verstanden zu haben. Sie hat mir erklärt, dass Ausländer sich oft über die Sirenen beschweren, dabei ist das doch ganz normal in einer Metropole, da geht es vielen schlecht, die müssen ja gerettet werden. Und tatsächlich, auch jetzt, während sie hinter ihrem Tresen hervor und aus ihrer anderen Zeit heraus mit mir redete, waren Sirenen zu hören, sie gellten durch die Straßen, überlagerten sich, kamen näher und zerstoben erst in weiter Ferne. Die Sirenen hier klangen sehr anders als die italienischen, als wären Krankheit und Angst vor dem Tod hier auch sehr anders. Ich habe der jungen Frau geantwortet, dass sie mich nicht gestört hatten, dass ich sie nicht mal gehört hatte. Ich hatte mich nur wegen der Putzfrau erschrocken, die war hereingekommen, ohne anzuklopfen, hatte die Gardinen aufgerissen, und ich hatte noch gar nicht gewusst, wo ich war.

Ich habe ihr dann erzählt, dass ich nach Rossosch wolle, ob sie mir dabei helfen könne. Sie wollte wissen, wann ich fahren wolle, hat mir signalisiert, ich solle kurz warten, und war für ein paar Minuten weg. Unterdessen sprang ein paar Schritte entfernt der Fahrstuhl auf, und die Frau, die mich geweckt hatte, schob einen Wagen mit Stapeln gemangelter Bettwäsche heraus. Sie ist zur

Rezeption gegangen und hat mit einer der anderen jungen Frauen mit Namensschildchen geredet, ein Arm auf dem Tresen, Pantinen, aus denen ein Fuß geschlüpft ist, kurz die Wade gekratzt hat und in die Pantine zurückgekehrt ist. Als sie mich sah, hat sie, ohne ihr Gespräch zu unterbrechen, den Kopf zu mir gewandt und mich von oben bis unten angeguckt. Dann hat sie etwas zu der jungen Frau hinter dem Tresen gesagt, und beide haben mich angeguckt und zu lachen angefangen, ich habe auch gelacht, ich habe einen Gruß gewinkt und bin rot geworden. Inzwischen war Tatjana wieder da, sie hatte Zettel in der Hand mit Zahlenkolonnen von sämtlichen Zugverbindungen, Abfahrt und Ankunft, mindestens zehn Stunden Fahrt, Umsteigen in Woronesch. Die Alternative war ein Bus, das sei vielleicht einfacher, vom Bus aus gesehen sei Russland auch schöner. Sie hat einen Stadtplan unter dem Tresen hervorgeholt, aufgeklappt und mir zugedreht, ihr Kugelschreiber stand in der Luft wie ein Hubschrauber über Moskau. Dann ist er runtergegangen und hat ein Kreuz gemalt, da seien wir jetzt, an der Schnittstelle der beiden blauen Striche. Von da aus haben wir uns in Bewegung gesetzt, mit der Kulispitze als Wegweiser, hier lang, geradeaus. Es gab einen Park, der überhaupt nicht aufhörte, mit einem Teich in der Mitte. Den haben wir links liegen lassen und eine große Prachtstraße genommen, dann eine Abkürzung durch eine Nebenstraße, und plötzlich war da ein Platz, und hier ist der Kuli langsamer geworden und schließlich stehengeblieben. Jetzt ist der Bus gekommen, ein blaues Quadrat, das an der Ecke gehalten hat, kurz die Mitfahrenden aufsammeln, und weiter geht's.

Meine Mutter als kleines Mädchen war eines Tages aus der Schule gekommen, und Mario war nicht mehr da. Sie hatte unten geklingelt, aus der Gegensprechanlage war eine Frauenstimme gekommen, und sie hatte sich auf die Zehenspitzen gestellt und gesagt: Ich bin's, dann war die Haustür aufgesprungen. Als der Fahrstuhl oben angekommen war, hatte die Wohnungstür weit offen gestanden, die Fußmatte war zusammengeklappt, und aus der Wohnung kamen Frauenstimmen. Meine Mutter war zur Tür gegangen und hatte meine Großmutter und eine ältere Frau gesehen, beide hatten rote Gummihandschuhe an und meine Großmutter die Haare im Nacken zusammengebunden. Sie war eine Weile auf der Schwelle stehengeblieben, bis die beiden sie bemerkten, die andere Frau nahm gerade den Wischlappen aus einer Schüssel, wrang ihn aus, klatschte ihn auf den Boden und schlang ihn um den Schrubber. Meine Mutter hatte wortlos in die Wohnung geguckt, in der Küche war alles drunter und drüber, die drei Stühle umgedreht auf dem Tisch, das Fenster offen, es roch nach Salmiakgeist. Dann hatte meine Großmutter sie endlich bemerkt, sie hatte ihr zugelächelt, sich aufgerichtet, das Staubtuch auf dem Möbel liegen lassen, auf dem sie gerade wischte, und gesagt: Was stehst du denn da wie angenagelt in der Tür, komm rein, geh da lang, wo's trocken aussieht. Meine Mutter war durch die Küche gegangen, wie man durch einen steinigen Wasserlauf geht, und meine Großmutter hatte zu der anderen Frau gesagt: Das ist meine Tochter. Deren Kommentar lautete: Die ist aber groß, die Antwort meiner Mutter darauf war nur: Ciao.

Auf dem Balkon lag der Teppich umgedreht über dem Geländer, ein Bogen über dem Nichts, und überall in der Wohnung hing beißender Salmiakgeistgeruch, er stach in der Nase, meine Mutter nieste ohne Pause, dann kamen ihr die Tränen, und sie begann zu husten. Die andere Frau hatte ihr etwas zu trinken gegeben, gesagt: Ach, Kleine, und ihr leichte Klapse auf den Rücken versetzt, und meine Mutter hatte sich beruhigt, die Tränen tropften weiter ins Glas. Von Mario war nichts mehr in der Wohnung, der Stuhl, auf den er immer seine Kleider legte, stand zum Lüften auf dem Balkon, der Schrankflügel, in dem er seine Sachen hatte, war offen, die andere Frau hängte die Wintersachen meiner Großmutter hinein, sie hielt ihr die Bügel immer erst zur Bestätigung vor, bevor sie sie weghängte. Verschwunden waren auch Marios Schuhe im Flur, die einzige Spur von ihm war der Morgenmantel im Badezimmer, hinter der Tür, neben dem Morgenmantel meiner Mutter. Solange die andere Frau auch da war, hatte meine Großmutter fast nichts gesagt, nur Anweisungen gegeben, in knappen Worten, vor allem mit Handzeichen, und sich den ständig auseinanderrutschenden

Pferdeschwanz zurechtgezurrt. Meine Mutter hatte sich aufs Bett gesetzt und sie durch die Tür beobachtet, die beiden Frauen hatten gemeinsam das Sofa verrückt und die Kissen abgezogen, die andere Frau hatte dann die Glastür des Schranks geputzt, ihre Gesichtszüge waren in der Scheibe immer schärfer geworden. Dazu, dass Mario nicht mehr da war, hatte jedoch weder meine Großmutter etwas gesagt, noch hatte meine Mutter danach gefragt, sie hatte nur immer wieder ihren Blick gesucht, aber meine Großmutter hatte ihn nie erwidert. Aber dann war ihr ein Nagel abgebrochen, und sie hatte aufgeschrien: Verflucht!, viel zu laut, und war in Tränen ausgebrochen, und die andere Frau hatte gesagt: Liebe Frau, ist doch bloß ein Nagel, kommen Sie. Sie hatte ihr ein Pflaster drübergeklebt, meine Mutter war sofort hingerannt, als sie sie schluchzen hören hatte, aber meine Großmutter hatte gesagt: Ach, ist doch nichts. Dann war sie ins Schlafzimmer mitgegangen, meine Großmutter hatte gefragt, ob sie ihr helfen könne. Auf dem Ehebett war nur noch die Matratze, die Bettwäsche lag als Haufen unterm Fenster. Die andere Frau hatte auch meiner Mutter einen Teppichklopfer gegeben, so dass alle drei einen hatten, und gesagt: Jetzt ganz doll klopfen. Und alle drei hatten die Arme hochgerissen und angefangen, auf das Bett einzuprügeln, Schlag für Schlag ausholen und draufhauen, alle Wut an der Matratze auslassen, meiner Mutter lief der Schweiß den Rücken hinunter.

So verschwand Mario Knall auf Fall, seine Sachen, sein Geruch und seine Anwesenheit im Mund meiner

Großmutter. Meine Mutter fragte zwar ein paar Mal nach Erklärungen, aber meine Großmutter ließ die Frage jedes Mal einfach in der Luft hängen, ohne Antwort. An manchen Abenden allerdings gab sich meine Mutter nicht damit zufrieden, sondern stampfte, wenn sie müde war, mit den Füßen auf, fing erst an leise zu weinen und dann zu brüllen. Einmal hatte sie sie angeschrien: Du hast ihn weggejagt, meine Großmutter hatte das zuerst noch einmal hören wollen, und als meine Mutter noch einmal gesagt hatte: Du hast ihn weggejagt, hatte sie ausgeholt und ihr eine Ohrfeige verpasst. Es war eine schallende Ohrfeige mit der flachen Hand, aber meine Mutter hatte nicht einmal geweint, sie hatte ihr nur direkt in die Augen geguckt. Dann hatte sie gefragt: Warum? Meine Großmutter hatte kein Wort gesagt, sie hatte sich nur umgedreht und war ins Badezimmer gegangen, eine halbe Stunde war sie dageblieben, dann hatte die Spülung gerauscht. Spätabends war meine Mutter zu ihr ans Bett gekommen, sie habe Bauchweh, und unter ihre Decke gekrochen. Meine Großmutter hatte ihr die Hand auf die eine Wange gelegt und gefragt, ob es noch weh tue. Dann hatte sie sie an sich gezogen und ihr ins Ohr geflüstert: Papa ist es sehr schlecht gegangen, und meine Mutter hatte nur gesagt: Ja. Sie war in ihren Armen eingeschlafen, meine Großmutter hatte sie in ihr eigenes Bett zurückgetragen und zugedeckt bis unters Kinn. In der ersten Zeit, seit Mario weg war, konnte meine Großmutter nicht einschlafen, die Grübelei über ihn, die Angst, seine Gewalttätigkeit in den letzten Monaten, der Fausthieb gegen den Metallschrank auf dem Balkon, seine Knöchelabdrücke waren noch immer darauf zu sehen. Aber im Laufe der Zeit war die Angst gewichen, übrig blieb nur tiefe Melancholie.

Und so ging es weiter, erst Tage, dann Monate, später Jahre. Meine Mutter ging jeden Morgen zur Schule und wieder nach Hause, meine Großmutter sagte ihr Auf Wiedersehen, wenn sie ging, und gab ihr zu essen, wenn sie wiederkam. Von Mario war weiter keine Rede, als wäre er tot. Wenn die beiden fröhlich waren, tauchte er nicht einmal als Gedanke auf, meine Mutter lachte, meine Großmutter auch, wenn sie ihre Tochter lachen sah, hatte sie das Gefühl, es fehle ihr an nichts. Und trotzdem, auf dem Höhepunkt der Fröhlichkeit, gleich unter dem Lachen, lag manchmal plötzlich dieser Gedanke, der alles ruinierte. Und es gab noch die Regentage, an denen saß meine Großmutter am Fenster und starrte hinaus, und meine Mutter als kleines Mädchen beobachtete sie heimlich. Mit der Zeit war auch der dritte Stuhl vom Küchentisch verschwunden. Am Anfang hatte meine Mutter ihre Schulhefte für die Hausaufgaben auf den Stuhl gelegt, aber dann hatte meine Großmutter ihn ihr ins Zimmer gestellt, neben das Bett, sie hatte gesagt: In der Küche wird er ja doch nicht gebraucht. Sie hatte eine Nachttischlampe darauf gestellt, mit einem Arm und einem Schirm und einem Kabel, das nach unten in die Wand lief und Strom holte. Abends las meine Mutter in ihrem Schein, bis meine Großmutter kam, sich aufs Bett setzte und das Licht ausmachte. Und manchmal, wenn meine Mutter nachts wach wurde, drehte sie sich unter der Decke um und konnte im Dunkeln die Lampensilhouette sehen, sie sah aus wie ein Baum, auf einem Feld in der Ferne, ein Stamm und eine Krone, der Baum, unter dem ihr Vater beerdigt worden war.

So waren die Jahre vergangen, einmal in der Woche brachte meine Großmutter meine Mutter nachmittags zu den Nachbarn. Wenn sie abends wiederkam, war sie immer düster gestimmt, und bei Tisch war nur das Besteck auf dem Geschirr zu hören. Aber eines Tages hatte sie meine Mutter feingemacht und nicht bei der Nachbarin abgegeben, sondern mitgenommen, da hatten sie zusammen an der Haltestelle gesessen und auf die Straßenbahn gewartet. Die Fahrt hatte eine knappe halbe Stunde gedauert, meine Mutter mit Haarspange, die Schuhe blankgeputzt, die Beine nackt mit einer Schramme auf einem Knie. Sie hatte die ganze Fahrt lang kein Wort gesagt, nur am Fenster mit dem darauf trommelnden Regen gesessen. Meine Großmutter hatte sich hinter sie gesetzt und mal auf ihren Hals, mal nach draußen geguckt. Die Straßenbahn war immer leerer geworden, an jeder Haltestelle ein Klingeln für den Haltewunsch, und kurz darauf die Stimmen der Aussteigenden und ihr Verklingen auf der Straße. Die Stadt hatte sich ausgedünnt, und dann war sie zu Ende, nur noch Wiesen, kilometerlang, an der Endstation waren sie als Einzige aus der Straßenbahn gestiegen. Sie waren ein Stück zu Fuß gegangen, meine Großmutter hatte meine Mutter an der Hand, und meine Mutter machte Riesenschritte, um Pfützen auszuweichen. Dann war ein Auto vorbeigefahren und hatte sie vollgespritzt, meine Großmutter hatte gebrüllt: Vorsicht, und den sinnlosen Versuch gemacht, ihr den Matsch vom Rock zu wischen. Am Eingang zu der Villa gab es eine Schranke für Fahrzeuge und eine Pförtnerloge, der Arm meiner Großmutter war jetzt angespannter, ihr Händedruck fester, dann hatte sie einem Mann mit Brille hinter der Scheibe Marios Nachnamen genannt. Sie hatte auch noch gesagt: Und seine Tochter, der Mann war aufgestanden, dicht ans Fensterchen getreten und hatte etwas weiter unten meine Mutter als kleines Mädchen gesehen. Danach hatte er sich wieder hingesetzt, kein Wort gesagt, nur einen Stempel auf ein Papier gehauen, und meine Großmutter hatte es genommen, gefaltet und in die Handtasche gesteckt. Sie waren in einer Unterführung verschwunden, im Schlepptau das Echo der Absätze meiner Großmutter.

Als sie eine Stunde später wieder aus der Unterführung kamen, lagen die Wiesen in der Sonne, die Straßenbahn stand nicht weit weg an der Endstation. Sie waren mit schnellen Schritten herausgekommen, zuerst das Echo der Absätze meiner Großmutter, dann die beiden hinterdrein. Sie waren grußlos an der Pförtnerloge vorbeigegangen, die Schranke war jetzt hochgezogen, ein Lieferwagen fuhr gerade herein. Dann waren sie losgelaufen, meine Großmutter hatte dem Straßenbahnfahrer gewinkt, er solle auf sie warten. Und meine Mutter weinte, meine Großmutter griff nach ihrer Hand, aber sie wollte sie ihr nicht geben, zog sie weg. Da war meine Großmutter stehengeblieben und hatte sie in den Arm genommen, und meine Mutter als kleines Mädchen hatte ganz laut geweint. Meine Großmutter hatte gespürt, wie sie bebte in ihren Armen, sie war kurz davor mitzuweinen, sie hatte gesagt: Nicht doch, und ihr sanft auf den Kopf gepustet. Aber meine Mutter bebte weiter, und meine Großmutter hatte hinzugefügt: Wir fahren hier nicht wieder her. Fünfzig Meter weiter hatte die Straßenbahn ihre Türen geschlossen und fuhr davon.

Moskau war auf einen Schlag zu Ende, die hässlichsten Mietskasernen standen alle an der Stadtgrenze. Als wir abfuhren, war gerade die Morgendämmerung vorbei, der Himmel wurde ganz allmählich heller. Gleich außerhalb von Moskau waren nur noch Wiesen und Autoschlangen, die um diese Uhrzeit schon die dreispurige Straße verstopften. Nach kurzer Zeit standen wir im Stau, hinter uns der Stadtrand, der uns beim Wegfahren zusah, tausend Fenster und an jedem Fenster eine Schüssel, als ob sie sich der Sonne entgegenreckte. Neben mir saß eine ausladende Frau, mindestens einen Meter achtzig groß, breite Männerschultern und zwei Augen, die nicht so aussahen, als ob sie je um Entschuldigung gebeten hätten. Sie war kurz nach mir eingestiegen, hatte sich hingesetzt und mich ans Fenster gedrängt, mit der Handtasche auf dem Schoß und Füßen, die so klein waren, dass sie aussahen wie jemand anderem geklaut. Ich fühlte mich eingezwängt, zur einen Seite sie, zur anderen das Fenster, und hinter dem Fenster nur Wiesen. So schlichen wir vorwärts, endlose Kolonnen von Autos auf der Straße, manche fuhren jedes Mal sofort ruckartig an, andere warteten erst, bis der Wagen vor ihnen ein paar Meter weiter war. Und wenn man von oben aus dem Bus auf all die verschiedenen Fahrzeuge sah, große und kleine, zerbeulte und fabrikneue, auch Lkws und Busse, Motorräder, wenn man sah, wie sie sich alle zusammen über die Straße bewegten, ein paar Schritte fuhren, dann wieder standen, kam es einem vor wie eine neue Eiszeit, alle Erdenwesen gemeinsam auf Stadtflucht.

Die Frau neben mir holte ein hart gekochtes Ei aus der Tasche und fing an, es abzupellen, ihre Füße standen zusammen, die Eierschalen kamen in ein Taschentuch auf den Knien. Bevor sie das Ei aß, hat sie sich zu mir gedreht und es mir angeboten, eine Handbewegung, und ich habe abgelehnt, auch per Hand. Daraufhin hat sie gelächelt, sie hatte fast nur Goldzähne, ein unverhofftes Aufblendlicht. Aber sie hat den Mund sofort wieder zugemacht, als wäre es ein Geheimnis, dass sie mit einem verborgenen Licht durch die Weltgeschichte fuhr, es schützte, seine Hüterin war. Nach dem Essen ist sie fast auf mir eingeschlafen, die Autokolonne war inzwischen wieder mobil und Moskau hinter den Mietskasernen verschwunden. Ich sah sie Stück für Stück auf mich sacken, erst nur ein Arm, schließlich ihr ganzes Gewicht. Ich saß immer enger ans Fenster gequetscht, ohne mich zu rühren, um sie nicht zu wecken, und sah auf ihren Kopf hinunter, die Fremdheit ihrer dichten grauen Haare. Sie veränderte im Schlaf ihre Position, suchte mit einem Ohr meine bequemste Körpergegend, so als wollte sie die Stelle finden, an der man am besten hört, meine Herzschläge zählen, den Atemzügen in meinen Lungen lauschen. Mit den

Augen folgte ich der Linie auf ihrem Kopf, am liebsten hätte ich die ganze Ähre aus Haaren mit dem Finger nachgezeichnet. Der Bus hatte inzwischen Fahrt aufgenommen, draußen weiter nur Wiesen und ab und zu ein Baum. Ich bin dann auch eingeschlafen, mit der Stirn an der Fensterscheibe, auf mir die Frau, die mich ununterbrochen weiter abhorchte, mit diesem Geheimnis, das sie verschlossen im Mund trug, diesem Licht, das selbst dann nicht verlosch, wenn sie schlief.

Wir sind alle auf einmal aufgewacht, als der Bus plötzlich auf einem Schotterstreifen am Straßenrand bremste, der Kies knirschte unter den Reifen, der Motor ging aus, ein letztes Beben, wie zum Wachrütteln. Bis eben hatten alle geschlafen, nur aus Moskau herauszukommen, immer weiter weg auf der Straße zu sein, schneller zu fahren, hatte genügt, und schon waren die Stimmen nach und nach dünner geworden, schließlich zerstoben, im Bus verdampft. Dann das jähe Bremsen, Einparken, und alle tauchten langsam wieder auf aus dem Schlaf, so wie man aus einer Grube krabbelt, erst mit einem Arm, dann mit dem zweiten, endlich kommt man ganz heraus, mit Kopf, Schultern, Brustkorb, richtet sich auf, guckt sich um wie gerade eben auf die Welt gekommen. Vor uns stand eine Holzhütte, davor parkten drei Autos, eine ältere Frau hinter einem Tisch verkaufte Kuchen, und um alles herum waren Wiesen, so weit man sehen konnte, dann verschwanden sie im Dunst. Meine Nachbarin ist schlagartig aufgewacht, erschrocken, weil sie auf mir gelegen hatte, verlegen, weil sie nicht wusste, was sie sagen sollte. Aus dieser sprachlosen Betretenheit heraus hat sie mich angeguckt, mir direkt in die Augen gesehen und dann den Mund aufgemacht und mir ihr Licht gezeigt, es gab nur diese Möglichkeit, mir zu zeigen, dass es ihr leidtat.

Ich bin als Einziger in die Hütte gegangen, ich habe mich an ein Fenster mit einer kaputten Scheibe gesetzt, ein diagonaler brauner Klebestreifen hielt sie zusammen. Es gab ein paar Plastiktische und einen metallbeschlagenen Tresen, dahinter eine junge Frau und darauf je ein Muster der wenigen essbaren Dinge, die man bekommen konnte, Brötchen, Schokoriegel, auch eine Suppe. In der Deckenmitte hing ein Propellerventilator, der sich langsam drehte, er quietschte bei jeder Umdrehung und lief unrund, als ob er demnächst auseinanderfallen würde. Außer mir saßen nur noch zwei junge Männer an einem anderen Tisch, beide mit spitzen Schuhen, weit aufgeknöpften Hemden und über den Gürtel hängenden Säuferwampen. Aber sie gingen fast sofort, als sie an mir vorbeikamen, flatterten die Hemden auf wie Flügel, ich sah sie vorbeifliegen bis zur Tür und verschwinden. Während die junge Frau mir das Brötchen und das Bier brachte, die ich ihr auf dem Tresen gezeigt hatte, holte ich das Handy aus der Tasche und wählte Olmos Nummer. Es klingelte, aber er ging nicht dran. Ich sah ihn im Geist vor mir, er ist gerade auf der Straße, erst hört er es nicht, dann merkt er plötzlich, es klingelt, er fängt an, die Taschen nach dem Telefon abzutasten, patscht auf sich herum, als ob er eine Mücke erschlagen wolle. Gleichzeitig sah ich draußen vor dem Fenster meine Reisegenossen, manche saßen auf dem Bürgersteig, andere etwas weiter weg, alle aßen eigene Sachen, die sie sich vor der Abfahrt gemacht hatten. Der Fahrer stand neben dem Bus, rauchend, einen Fuß auf dem Trittbrett, als hätte er Angst, der Bus fahre von allein los. Dann hörte ich Olmos Stimme, er brüllte durchs Telefon: Wer ist da, als stände er an der Gegensprechanlage und ich unten auf der Straße. Als er begriffen hatte, dass ich es war, brüllte er meinen Namen, fragte: Wo bist du?, und ich antwortete: Mitten in der Steppe. Er schwieg eine ganze Weile, plötzlich tat sich seine ganze eigene Steppe vor ihm auf. Und auch ich sagte nichts, ich saß an meinem Plastiktisch, vor mir das Bier und über mir der kreisende Ventilator. Ich war am anderen Ende einer beinah siebzig Jahre langen Leitung, Olmo telefonierte aus dem Jahr 1943, und ich saß auf diesem Schotterplatz, siebzig Jahre später, bloß nicht reden, um nicht alles zu ruinieren. Schließlich fragte er: Kann ich die Steppe mal hören? Draußen winkte der Fahrer, es sei Zeit zum Weiterfahren, ein paar waren schon wieder eingestiegen. Ich bin ein Stück weggegangen, ein paar Schritte durch das Gras, ich fühlte, wie es unter meinen Füßen nachgab. Dann hat Olmo gesagt: Ist ja ziemlich windig, und ich habe den Arm hoch in die Luft gehalten, mitten hinein in den Wind von 1943, und Olmo hören lassen, wie er pfeift.

So waren die Besuche bei Mario zur Sache meiner Großmutter geworden. Die Jahre vergingen, meine Mutter wurde größer und brauchte nicht mehr bei den Nachbarn zu bleiben, bis meine Großmutter zurückkam. Mittlerweile ein Teenager, blieb sie zu Hause. Wenn meine Großmutter die Sachen für Mario gepackt hatte und fragte: Und was machst du heute Nachmittag?, hob meine Mutter immer den Kopf und sah sie mit der Tasche in der Hand in der Tür stehen. Sie antwortete nur: Lernen, und steckte den Bleistift in den Mund, die Geste ein Ausdruck ihrer ganzen Verlegenheit, das Bleistiftende ein Folteropfer ihrer Zähne. Dann ging meine Großmutter, blieb aber einen Moment unwillkürlich auf der Fußmatte stehen, genauso reglos wie meine Mutter am Tisch auf der anderen Seite der Türschwelle. Erst danach hörte meine Mutter sie gehen, ihre Schritte mit jedem Stockwerk leiser werden. Meine Großmutter ging hinunter und grübelte darüber, dass sie nicht mitkam, fragte sich jedes Mal, ob es nicht falsch war, sie nicht zu überreden, denn jedes Mal wartete Mario auf seine Tochter, seit Jahren, für die Tochter dagegen wurde er mit jedem Tag mehr zu einer Pflicht, der sie aus dem Weg ging. Abends fragte meine Großmutter:

Hast du fertig gelernt?, meine Mutter sagte: Ja, und meine Großmutter faltete die Tasche, in der die Sachen für Mario gewesen waren, zusammen und legte sie zurück in eine Schublade.

Seit Mario nicht mehr bei ihnen wohnte, hielt meine Großmutter die unterste Schublade der Kommode für ihn frei, in die kam alles, was sie die Woche über für ihn kaufte und ihm donnerstags brachte. Mitgehen, wenn meine Großmutter ihm etwas zum Anziehen kaufte, war das Einzige, was meine Mutter noch für ihren Vater tat. Manchmal stöberten sie auf dem Markt herum, meistens in Geschäften. Sie kamen in den Laden und sahen sich um, gingen der Reihe nach sämtliche Hosen, Unter- und Oberhemden durch. In Kaufhäusern konnten sie Stunden zubringen, die meiste Zeit in der Damenabteilung, sie tuschelten und lachten, und je älter meine Mutter wurde, desto öfter lachten sie über dasselbe. Dann kam eine Verkäuferin, fragte, ob sie etwas brauchten, meine Großmutter riss sich zusammen und rief ihre Tochter zur Ordnung, meine Mutter lief rot an neben dem Stapel Röcke, die sie durchprobiert hatten. Meine Großmutter räusperte sich und erklärte, eigentlich suchten sie ja Herrensachen. Für ihren Vater, sagte sie. Also wechselten sie in die andere Abteilung, auf dem Weg verkündete die Verkäuferin von ihren Stöckelschuhen herab: Männer sind doch alle gleich, haben nie Lust zum Einkaufen, und: Aber hinterher auch noch meckern. Dann schleppte sie stapelweise Hosen und Unterhemden herbei und legte sie auf einen Tisch. Meine Mutter und meine Großmutter sahen alles in

Ruhe durch. Meine Großmutter faltete jedes Teil auseinander und hielt es hoch, und meine Mutter sagte: Um Himmels willen, oder: Ja, ganz brauchbar, es war ihre Art, sich um ihren Vater zu kümmern, Hemden und Hosen verwerfen oder befürworten. Manchmal fand meine Großmutter auch, sie solle etwas anprobieren, obwohl sie nicht sehr groß war, Mario dagegen lang und schmal, aber meine Großmutter behauptete, es sei wegen der Augen, grün bei beiden, nur mal gucken, wie das Hemd dazu passt, ob die Farben sich nicht beißen. Dann kam meine Mutter auf bloßen Füßen aus der Umkleidekabine, mit dem ersten Nagellack, darüber mehr oder weniger identische Hemden, grau oder blau. Sie ließ sich betrachten, zog etwas an und wieder aus, stand so lange im Büstenhalter da, bis das nächste Stück kam.

So hatte Mario die Jahre in dieser Kommodenschublade verbracht. Er war weggesperrt, sie wurde nur hin und wieder aufgezogen, etwas Neuerworbenes wurde hineingelegt oder herausgenommen, ein bisschen Licht fiel herein, und danach wurde es wieder dunkel. Genau da, vor ihm, zog meine Großmutter sich jeden Abend vor dem Zubettgehen aus, stand nackt vorm Spiegel und musterte sich, der tägliche Kontrollblick auf die vergehende Zeit, dann schlüpfte sie unter die Decke, das Licht ging aus, und Kommode und Bett standen gemeinsam im Dunkeln. Tagsüber blieb das Zimmer fast immer unbenutzt, nur hin und wieder ging meine Großmutter zu der Kommode am Fenster, holte ein Taschentuch aus der obersten Schublade und ging wieder hinaus. Und genau da stand irgendwann auch meine Mutter. Anfangs nur selten, eine Nachmittagsparty mit Schulfreundinnen, mal sehen, wie die rote Kette zu der weißen Bluse passt. Später kam sie immer öfter, betrachtete sich eingehend, schnitt sich selbst Grimassen beim Üben von Lehrstoff. Später gab es Streitereien, wenn sie sich den Spiegel mit meiner Großmutter teilen musste, meine Mutter wollte ihn ganz für sich, meine Großmutter stellte sich einen Schritt hinter sie und betrachtete sich. Mit jedem Tag wuchs meine Mutter höher in den Spiegel hinein, ganz am Anfang war nur ihr Gesicht zu sehen, dann der Hals, dann Brust und Bauch, und dann steckt man sich davor die Ohrringe an fürs Rendezvous mit einem Jungen. Die Zeit flog dahin, sie war jeden Donnerstag allein zu Hause, manchmal auch wirklich allein, manchmal kam ein Junge, den sie kennengelernt hatte, der war anfangs bloß ein Freund, aber eines Nachmittags hatten sie sich vor dem Spiegel ausgezogen. Nach dem einen Jungen im Spiegel waren andere gekommen, manche nur für ein paar Wochen, manche für ein paar Monate, einer war volle zwei Jahre geblieben. Und einmal hatte meine Großmutter meine Mutter von hinten umarmt, zwei Gesichter Wange an Wange, sie hatte sie gefragt: Bist du glücklich?, und meine Mutter hatte gesagt: Ich weiß nicht.

Den letzten Teil der Fahrt hat meine Sitznachbarin pausenlos auf mich eingeredet, zwei Stunden lang. Die kurze Rast hatte sie im Bus verbracht, hinter allen Fenstern war Leere bis auf ihren Umriss. Sie war nur einmal zum Austreten ausgestiegen und hatte sich in die Schlange vor den zwei Chemietoiletten gestellt. Alle gingen brav nacheinander in eins der Plastikhäuschen, die Wartenden standen davor mit gerade wieder wachgewordenen, verknautschten Gesichtern, maulfaul, Blick nach unten, und immer wieder fing jemand an zu gähnen und steckte alle anderen damit an. Die Chemietoiletten standen etwas abseits, zwei Kabinen inmitten der Steppe, endlose grüne Gräser, die sich erst ganz am Ende in Wiesen auflösten. Ich hatte vom Imbiss aus alles beobachtet, den parkenden Bus auf dem Vorplatz und die beiden Plastikboxen im Gras, die Leute, die hineingingen und wie aus einer anderen Dimension wieder herauskamen, einen Moment zufrieden auf der Schwelle stehenblieben und einen Rundblick auf das Panorama warfen. Meine Sitznachbarin hatte ich erst im Bus wiedergesehen, sie war aufgestanden, hatte mich durchgelassen und mich dann wieder ans Fenster gequetscht. Der Fahrer hatte die Türen geschlossen, kurz darauf hatten wir uns wieder in Bewegung gesetzt, hinter uns eine Staubwolke und unter uns knirschender Kies. Die Kuchenfrau hatte während des ganzen Ausparkmanövers gewinkt, dann hatte sie die Hand wieder in den Schoß gelegt. Keiner von uns hatte ihr etwas abgekauft, aber einer hatte sich neben sie aufs Pflaster gesetzt, sein Mitgebrachtes verzehrt, ein paar Worte mit ihr gewechselt, dann war er wieder aufgestanden und gegangen. Vor der Abfahrt hatte ich noch einen Herrn beobachtet, der gerade aus dem Chemieklo trat, er ging ein paar Schritte, machte kehrt, zog die Tür hinter sich zu, weg war er. Er war elegant gekleidet, hineingehen sehen hatte ich ihn nicht. Er war plötzlich herausgekommen und gleich wieder hineingegangen, er guckte wie jemand, dem gerade etwas eingefallen ist.

Meine Sitznachbarin hat das Gespräch damit eingeleitet, dass sie auf das Papier auf meinen Knien zeigte. Es war eine von Olmos selbstgezeichneten Landkarten, mit den deutlich sichtbaren radierten Stellen, den krakeligen Flüssen quer über das ganze Blatt, dem Zittern der Hand, das sie da so hingegossen hatte. Eine Ebene war eingezeichnet, hier und da ein Baum, der Rest waren schwarze Pünktchen auf weißem Untergrund. Über allem stand Tal des Todes, und die Pünktchen, die Olmo eingezeichnet hatte, waren die Toten, die dort gefallen waren, als wären sie aus dem Himmel herabgestürzt. Die Frau hat das Blatt angeguckt, dann hat sie es in die Hand genommen und erst darauf und dann nach draußen gezeigt, in die Ferne jenseits des Fensters, in die Steppe. Sie hat den Kopf zum Fenster gereckt, dicht an mir dran, und die Augen zusammengekniffen, als ob sie in diesem immergleichen Grün genau die Stelle suchte, wo all die schwarzen Pünktchen gefallen waren. Dann hat sie sich wieder in ihren Sitz gelehnt und etwas gesagt, das ich nicht verstanden habe. Ich habe behutsam den Kopf geschüttelt, die Schultern hochgezogen und gelächelt, als Entschuldigung, dass ich nichts verstand. Aber sie hat sich nicht weiter darum geschert, sondern nur einen Moment geschwiegen und dann weitergeredet, als wäre nichts, den Blick halb zu mir, halb nach draußen, und dabei hüpften ihre Pupillen über die Wiesen. Anfangs wollte ich sie bremsen, ich habe mir auf Mund und Ohren getippt, um ihr klarzumachen, dass ich weder verstehen noch sprechen könne, aber sie hat unbekümmert weitererzählt. Sie hat zwei Stunden lang auf mich eingeredet, und irgendwann merkte ich plötzlich, dass ich ihr zuhörte. Sie redete, und da war dieses wunderschöne Licht in ihrem Mund, es schien auf und verschwand wieder, wie bei einer Schiffslaterne in der Nacht, immer wieder verschluckt und ausgespuckt vom wogenden Meer. Und es gelang mir, ihr in diese Weite, die keine Worte mehr brauchte, zu folgen, ich ging einfach gelehrig hinterher. Sie erzählte mir etwas, und ich lachte mit, wenn sie lachte, ich zeigte Erstaunen, animierte sie mit Blicken, ermutigte sie, und sie sagte lauter unverständliche Sachen, aufgeregt, aber ich verstand sie alle, ich erfand sie neu und anders, und es waren dieselben.

Währenddessen glich draußen jeder Kilometer dem vorigen, Wiesen ohne Ende und ab und zu ein Pfad mittendurch. Sie waren wie Geheimnisse, diese Schotterpisten, die die Steppe durchzogen wie Nervenbahnen, sie wurden nur sichtbar, wenn jemand auf ihnen unterwegs war. Dann waren da plötzlich alle möglichen Wege, man konnte einer Frau auf einem Fahrrad folgen, zusehen, wie sie auf einem grünen Blatt eine verborgene Linie entlangfuhr, sie nachziehen, die Linienführung verstärken, sie noch einmal neu zeichnen und sich die ganze schon zurückgelegte Strecke einprägen, die sich bald darauf wieder im Gras verbarg. Und dann die ganze Zeichnung verlieren, die Frau immer kleiner werden, in der Ferne verschwinden und am Ende selbst zu Steppe werden sehen. Ich habe aus dem Fenster geguckt, dann auf Olmos Zeichnung, auf die Schrift Tal des Todes und all die schwarzen Pünktchen, die das Blatt übersäten wie Pfeffer. Ich habe die Kamera aus der Tasche geholt, ich habe sie auf die grüne Fläche gerichtet, aber dann habe ich doch nicht abgedrückt, ich habe sie wieder weggepackt. Hundert Meter später lag plötzlich ein kleiner Teich auf der rechten Seite, ein schwarzer Vogel flog darüber, verdoppelte sich im Spiegel, ein schriller Schrei, dann war er über den Teich hinweg und über den Wiesen, wieder allein.

Wir kamen in Rossosch an, als der Nachmittag schon fast vorbei war. Inzwischen hatte sich der Bus mit dem Geruch unserer hitzegebeutelten Körper angefüllt, Stunde um Stunde in derselben Sitzhaltung, Falten in den Kleidern und all die intimen, die Nase überfallenden Schweißdüfte. Während der Fahrt war auch noch einer alten Frau schlecht geworden. Ihre Nachbarin hatte aufgeschrien, dann noch eine Frau, und der Fahrer hatte sich kurz umgedreht und sofort eine Vollbremsung am Straßenrand hingelegt. Da standen wir fast eine Stunde, der Bus schräg zum Feld, Autos fuhren an uns vorbei, manche hupten, ein paar Fahrer hielten an, drehten die Scheibe hinunter und glotzten, andere fuhren weiter, nur etwas langsamer. Die Dame musste aussteigen, der Fahrer schob sie vor sich her durch den ganzen Bus und nach draußen. Unterm Fenster sah ich alle vier wieder, die beiden Frauen, die den Alarm ausgelöst hatten, gingen neben ihr, eine der beiden hatte ihr die Hand auf die Stirn gelegt und lächelte ihr zu. Sie bekam die Schuhe ausgezogen und musste sich flach und breitbeinig auf die Wiese legen, der Wind fuhr ihr unter den Rock, und sie tastete mit einem Arm nach ihren Schuhen. Der halbe Bus hing am Fenster, ein paar nutzten die Gelegenheit und stiegen auch aus, eine rauchen. Die Frau lag lange tief im Gras, die beiden anderen beugten sich über sie, alle anderen schauten vom Fenster aus zu, als liege sie nur zufällig da, ein Frauenkörper, aus dem All herabgesaust wie ein Meteorit.

Bevor wir in den Ort hineinfuhren, hat mich meine Sitznachbarin auf den Kirchturm aufmerksam gemacht, sie hat den Arm nach vorn gestreckt, über die Köpfe der beiden Männer vor ihr hinweg. Sie hat gesagt: Rossosch, und ein breites zufriedenes Lächeln aufgesetzt, als hätte sie die ganze Stadt persönlich gebaut, dabei ist ihr ein Sonnenstrahl in den Mund gefahren und auf die Goldzähne getroffen. Kaum kam die Stadt in Sicht, standen alle auf einmal auf, die Frauen zupften sich die Frisur wieder zurecht, die Männer stopften sich das Hemd wieder richtig in die Hose. Schlagartig drängelten sich alle im Gang, zerrten Taschen aus der Ablage, schubsten mit dem Hintern den Nächsten weg, ließen alles fallen, Frauen scheuchten ihre Männer aus dem Weg, lass mich mal machen. Meine Nachbarin und ich sind sitzen geblieben, wir haben aus dem Fenster geschaut, sie hat ab und zu nach draußen gezeigt, und ich habe geschaut, wohin immer sie wollte. Die Sonne legte einen schrägen Schnitt durch die Luft, er erleuchtete die Fenster der Mietskasernen. An einer Ampel kamen wir eine Weile nicht weiter, irgendwo vorn sprang ein Auto nicht an, eine junge Frau stand daneben und winkte der ganzen Schlange entschuldigend zu. Seitlich von uns lag ein kleines Fußballfeld, ein viereckiger Sandplatz, zwei Tore ohne Netz und ein Dutzend Jungs, die mit nackten

Oberkörpern herumrannten. Ein paar Mal schoss der Ball über das Spielfeld hinaus auf die Straße, einmal ist er in unsere Flanke geknallt, der Busfahrer hat das Fenster heruntergekurbelt und den Jungen angeguckt, der den Ball holen kam. Dann konnten wir weiter, kurz danach ist der Bus langsamer gefahren, links von uns war ein Platz zu sehen. Und mitten darauf stand eine riesige düstere Lenin-Statue. Sie warf einen sehr langen Schatten, der reichte bis zu einer Reihe Bänke weit hinten, in ihm saßen lauter alte Leute.

Eine halbe Stunde später waren alle weg. Der Fahrer hatte den Gepäckraum aufgeklappt, alle hatten sich hineingezwängt, ihr Gepäck herausgeholt und das Weite gesucht. Ich hatte zugesehen, wie sie sich zerstreuten, die einen liefen zurück zu der Straße, auf der wir gekommen waren, die anderen hinter das pompöse Gebäude, das den Platz beherrschte, jenseits des Lenin-Denkmals, oben drauf ein Mast und die gehisste russische Flagge. Als Letzte war die Frau gegangen, der schlecht geworden war, ein Mann mit Geheimratsecken hatte sie abgeholt, sie hatte ihre Hand an seinen Arm gehängt, wie man einen Schirm an eine Türklinke hängt, und den Blick fest auf ihre Schuhe geheftet, die sie endlich wieder an den Füßen hatte. Irgendwann konnte ich die beiden nicht mehr sehen. Jetzt waren nur noch ich und die Frau mit den Goldzähnen da, ich habe ihr einen Zettel mit dem Namen des Hotels hingehalten, und sie hat nach vorn gezeigt, auf ein flaches Gebäude mit einem bunten Schild auf der anderen Straßenseite. Die Sonne stand inzwischen etwas tiefer, auf dem Platz radelte eine Gruppe von Jungen Schnittmuster in den Sand. Und Lenins Schatten war umgezogen, die Bänke lagen bloß, als hätte ihnen jemand ruckartig die Decke weggerissen, ein alter Mann hob die Hand gegen die Sonne hoch.

Meine Mutter hat eine Stunde lang mit mir telefoniert, ohne es zu merken, ich lag nur in Unterhose auf dem Bett, das Zimmer schon fast völlig im Dunkeln, das Handy leuchtete ohne Klingelton auf. Ich sagte: Ja bitte, aber sie antwortete nicht, ich rief ein paar Mal laut ihren Namen in verschiedenen Tonfällen, verlor die Geduld, legte auf. Kurz danach ging es wieder los, ich blieb einfach liegen und wartete, dass es aufhört. Das Licht pulsierte, an und aus, als wäre es kein Handy, sondern ein Herz, das auf dem Nachttisch lag, jede Dunkelphase eine Kontraktion und gleich danach die Dilatation, das ganze Zimmer jäh durchblutet vom Licht, das plötzlich aufschien und dann wieder unterging. Meine Mutter machte oft so unfreiwillige Anrufe, vom Handy in der Jacke oder der Tasche, der Ruf ging von allein raus, ein Telefon auf der Suche nach einem fernen anderen Telefon. Ich ging jedes Mal dran, und wenn ich nichts hörte, fing ich an, sie zu rufen: Mama. Zuerst noch ganz sanft, als müsste ich sie frühmorgens wecken, nur leise ihren Namen wispern, das Schlüsselwort finden, das funktioniert, das ins Loch passt, es aussprechen und einen Körper sehen, der sich langsam aufrichtet, sich aus dem Schlaf reißt. Aber ich fand nie das richtige Wort. Also fing ich an zu brüllen: Mama, das Telefon direkt vor dem Mund, ich rief: Hörst du mich?, danach versuchte ich es mit ihrem Namen: Giovanna, hörst du mich? Es war sinnlos, aber ich machte weiter, meine Stimme gellte in ihrer Tasche, als wäre ich da hineingefallen und riefe von innen um Hilfe. Jedes Mal hoffte ich, wenn ich die Stimme höbe, könnte ich mich im Innern nach oben hangeln, bis hoch zum Taschengipfel klettern und von da nach draußen gelangen. Aber es brachte gar nichts, und mein stimmliches Gefuchtel klang wie Hilfeschreie im Niemandsland.

Rossosch draußen bestand nur aus Autos, die wie eine Sturmflut an mein Fenster wogten, und dem Grün und Rot der Ampel, das sie zum Fahren oder Halten brachte. Hin und wieder ging jemand auf den Hotelparkplatz und fuhr gleich danach auf die Straße, kurzes Wendemanöver, dann in die andere Richtung und weg, eine Reifenattacke auf den Asphalt. Ich sah ihre Scheinwerfer mein Zimmer durchsieben, die Decke, die Tür, den Schrank, mein Gesicht, und sich dann davonmachen, durchs Fenster steigen und hinunterklettern. Ab und zu hielt ein Auto, Licht und Motor auf einen Schlag aus, Türaufklicken und -zuknallen, dann Schritte und Stimmen und Absätze, jemand lachte, die Hoteltür quietschte. Manchmal hörte ich die Leute kurz danach auf dem Flur an meiner Tür vorbeigehen, dieselben Schuhe wie vorher, die Stimmen näher, das Lachen unterdrückt. Dann ein Schlüssel, Umdrehungen, und die Stimmen verschwanden hinter der geschlossenen Tür. Meine Mutter rief unterdessen weiter ahnungslos bei mir an, seit einer Stunde blinkte es, als stände ein Rettungswagen in meinem Zimmer. Irgendwann bin ich doch drangegangen, habe aber nichts gesagt, weder: Ja bitte, noch irgendetwas anderes, ich habe nur den Knopf mit dem kleinen grünen Hörer gedrückt. Am anderen Ende war meine Mutter, Tausende von Kilometern weit weg. Ich hörte sie nur von ganz fern, schwach, und die tiefe vibrierende Stimme meines Vaters, noch weiter weg, nur einzelne Wörter ab und zu, ein Signal des Zuhörens, eine Einladung zum Weiterreden. Mir war bald klar, dass sie im Kino gewesen waren, sie sagte: Hab ich gut geschlafen, und fragte ihn, wie der Film ausgegangen war. Aber die Stimme meines Vaters war zu weit weg, um bis zu mir zu reichen, ich hörte nur sein Vibrato und meine Mutter, die sich beschwerte: Das gibt's doch nicht, und danach einen Lachanfall bekam. Dann war es lange still, nur ein paar vereinzelte Wörter im Auto und viel später der jeweilige Kommentar. Im Telefon war vor allem Straße zu hören, mein Vater und meine Mutter schwiegen, er hustete ein paar Mal. Und dann habe ich unter meinem Fenster ein Auto gehört, ich bin unwillkürlich aus dem Bett gesprungen, ans Fenster gegangen, habe ihm nachgeschaut, solange ich es sehen konnte.

Vor meinem Fenster lag der Platz mit Lenin in der Mitte, hinter dem Denkmal stand das riesige Gebäude mit dem Mast und der gehissten russischen Flagge. An einer Seite des Platzes war eine Tribüne mit grünen Reklamebändern in kyrillischer Schrift aufgebaut. Ich stand in der Unterhose auf bloßen Füßen am Fenster, gerade ging im Halbdunkel ein Mann über den Platz. Ich sah ihm nach, die Laternen dehnten seinen Schatten, mit jeder Laterne zog sein Schatten um und sprang über ihn hinweg, bahnte ihm erst den Weg, verfolgte ihn gleich darauf. Auf jeder Seite standen drei Laternen, jeweils eine war kaputt. Dann ist der Mann stehengeblieben, hat nach irgendetwas gesucht, in Hosen- und Jackentaschen herumgekramt. Dann ist er weitergegangen, mit kleineren und schnelleren Schritten als zuvor, sein Schatten ist ihm vorausgeeilt. Am Ende des Platzes hat er kehrtgemacht, den Platz noch einmal überquert, vorbei an der Statue, hinunter vom Platz, und der Schatten immer hinterher. Die Laternen standen jetzt allein da, mit gesenkten Köpfen, damit es unten hell ist. Das war also der Platz, den Olmo mir aufgezeichnet hatte, mit dem Kreuz für die Stelle mit dem gehenkten jungen Mann. Da hatte er auch das Foto gemacht. Ich habe es aus der Brieftasche genommen und ans Fenster gelehnt. Vor der Scheibe waren die jungen Männer in Schwarzweiß, einer hängend, die anderen darunterstehend, und dahinter und darüber war das Lenin-Denkmal und noch weiter hinten die russische Flagge, und ein Auto hat am Straßenrand gehalten, eine junge Frau ist ausgestiegen, hat sich umgedreht und gewinkt.

Ich bin aufgewacht, als der Morgen gerade dämmerte, es war wie eine langsame Dilatation des Zimmers durch Licht. Unten auf der Straße war eine Traktorschlange, tuckernde Motoren, riesige Räder, obendrauf junge Männer in Jeans und mit Sonnenbrille, sie fuhren nacheinander auf den Platz, parkten, nickten sich grüßend zu. Dann standen sie neben ihren Traktoren, manche blieben auch oben sitzen, zündeten sich eine Zigarette an, winkten die anderen vorbei und zeigten auf Halteplätze weiter hinten. Mittlerweile waren zwei Männer auf die Tribüne geklettert, hatten ein rotes Banner an der Rückseite aufgehängt, gerade bauten sie riesige Lautsprecher zu beiden Seiten auf. Wenn sie den Strom anschalteten, dröhnten jedes Mal die Boxen los, alle, die genau darunter standen, fingen an zu schimpfen, ein paar drückten aus Protest auf die Traktorhupe. Die Sonne stieg inzwischen sehr schnell, so als würde der Himmel eingeholt wie ein Segel, Schnur fassen, ziehen, sich mit seinem ganzen Gewicht dranhängen.

Erst im Tageslicht ist mir die Zimmerfarbe aufgefallen, Rosa auf allen Wänden. Auch die Schranktüren, der Duschvorhang und die Handtücher waren grell rosa.

Bei meiner Ankunft am Abend zuvor hatte ein Mann im Texaner-Look mir das Zimmer gezeigt. Er hatte einen Hut auf dem Kopf und kaute auf einer erloschenen Zigarre herum, während er mir auf Russisch etwas erzählte und ab und zu ein O. K. dazusetzte. Es lag in der Mitte des Flurs, er hatte erst ein grünes, dann ein rotes und schließlich mein Zimmer aufgeschlossen, und das war mir im Halbdunkel am dezentesten vorgekommen. Er war in alle Zimmer gegangen, hatte sich aufs Bett gesetzt und gewinkt, ich sollte testen, wie weich es war, also hatte ich mich dazugesetzt, er ließ mich testhüpfen, wir waren eine Weile zusammen mit der Matratze auf- und abgehüpft. Er hatte mir auch alle Bäder vorgeführt, Duschvorhänge beiseitegeschoben, stolz auf Armaturen und Massagedüsen hingewiesen. Ich hatte schließlich das rosa Zimmer genommen, und er hatte anerkennend den Daumen gehoben, mir auf die Schulter gehauen und zugezwinkert. Dann sollte ich warten, kurz danach war er mit einer Flasche Wodka und zwei Gläsern wieder da, er hatte sich an den Tisch gesetzt, beide Gläser vollgeschenkt und mir eins in die Hand gedrückt. So hatten wir eine Weile dagesessen, er mit übereinandergeschlagenen Beinen und offener Lederweste, heiser und teilnahmsvoll nickend, ich grübelnd, wie ich ihn loswerden konnte, ich durfte auf sein Lächeln wohl nicht mit Lächeln reagieren. Bevor er ging, hatte er mir noch ein Faltblatt vom Hotel gegeben, die Hand geschüttelt und pantomimisch, zwei zum Hörer gespreizte Finger, signalisiert, ihn ruhig anzurufen, er hatte sogar den Hut gelüpft, ganz rüder Gentleman, und dann endlich die Tür hinter sich zugezogen. Das

Faltblatt enthielt die Preise in Rubel, ein Foto von einem Pool und nackte, um eine Stange gewickelte junge Frauen mit Goldsternchen auf den Brustwarzen und jenem Lächeln, das Kunden wie Kameraobjektiv verführen soll. Ich hatte dann aber das Licht ausgemacht, mich ausgezogen und zwischen die kühlen Laken gelegt, so schnell wie möglich alles sinken lassen, Beine, Arme, Schultern. Nachts war ich ein paar Mal aufgewacht, von heftig stampfender Diskomusik unterm Fußboden und lauten Stimmen und Gelächter auf dem Parkplatz unterm Fenster und dann wieder den wummernden Bässen. Jedes Mal, wenn ich mich im Bett herumwälzte, fiel mein Blick auf die Wodkaflasche und die beiden Gläschen, die noch immer auf dem Tisch standen. Ich betrachtete sie im Dunkeln kurz hinter dem Fußende des Bettes, und von mir aus gesehen ähnelten sie einem Kirchturm und zwei Häuschen, ein Dorf lag in meinem Zimmer wie in einer Talsohle, die wenigen Bewohner schliefen alle, auch die Kirchturmuhr stand still.

Bevor ich das Hotel verließ, bat ich die junge Frau an der Rezeption, mir beim Telefonieren zu helfen. Sie war klein und hatte sehr schmale, wie eingraviert aussehende Augen und darüber eine so hohe Stirn, dass ihr Gesicht aussah wie umgedreht. Sie hat mich angeguckt, und ich war drauf und dran, meinen Kopf auch so zu drehen, wie wenn man unterm Bett jemanden sucht. Sie hat gesagt, sie helfe mir sehr gern, das sei doch ihr Job. Kaum hatte sie das gesagt, ist sie rot geworden wegen des Englisch, das ihr über die Lippen gekommen war, die Gedanken starteten doch so groß und stark in ihrem Hirn, liefen von da hinunter zum Gaumen und durch den ganzen Mund, und da kamen sie dann so verunstaltet heraus, so hinkend, nicht wiederzuerkennen. Ich hatte Olmos Heft dabei, ich habe es aufgeschlagen und der jungen Frau die Nummer gezeigt, die wir von Italien aus anzurufen versucht hatten. Sie hat sie sich angeguckt, gesagt, die sei hier aus Rossosch, und gewählt, aber es war besetzt. Inzwischen war der Texaner dazugekommen, wie gehabt mit dem Hut auf dem Kopf, es sah nicht so aus, als hätte er ihn seit gestern Abend abgesetzt. Er hat irgendetwas zu der jungen Frau gesagt, mir auf die Schulter gehauen und ist davongestiefelt, ohne sich umzudrehen, seinen Blick hat er mitgenommen, die Jeans hing auf halber Höhe über seinem Hintern. Der Platz gegenüber war voller Menschen und Traktoren, jetzt funktionierten auch die Lautsprecher, aus ihnen brüllte ein wild herumgestikulierender Mann auf der Bühne. Inzwischen standen Dutzende Traktoren überall in der Gegend herum, die Männer, die sie hergefahren hatten, ließen jeden auf den Bock, der gern mal Probe sitzen wollte, ein paar Mamas knipsten ihre Kleinen mit den Händchen am Lenkrad. Während ich zuschaute, hat ein Mann einen Traktor gekauft, der Besitzer hat das Geld gezählt, ein Händedruck, und der Mann ist auf den Bock geklettert und hat sich den Sitz zurechtgeruckelt. Ich habe zugesehen, wie er auf die Straße gebogen ist, die Autoschlange hinter ihm musste plötzlich Schritttempo fahren. Die junge Frau von der Rezeption hat gerufen und gewinkt, ich solle mal kommen. Sie hatte die Hand über der

Sprechmuschel und wollte wissen, was sie sagen solle, sie habe den Mann jetzt am Telefon. Ich habe gesagt, ich müsse ihn treffen, ich sei extra aus Italien gekommen. Und während sie ihm auf Russisch erklärte, was ich gesagt hatte, habe ich nach draußen geguckt, auf den Platz, die Flagge, die Tribüne, die Lenin-Statue und all die Leute, die Babys in Kinderwagen. Es gab ein Foto, das Olmo genau da aufgenommen hatte, und darauf standen statt der Traktoren fünf Panzer in Reih und Glied. Es war kein Mensch auf dem Schwarzweißfoto, das er mir eines Abends gezeigt hatte. Nur der leere Platz und diese riesigen Schildkröten, die damals darauf herumkrochen, alle Geschützrohre auf die Statue gerichtet, Lenin im Fadenkreuz.

Beim ersten Mal, als Mario mit meiner Mutter hatte sprechen wollen, hatte sie sich verleugnen lassen, meine Großmutter hatte sie angesehen und noch einmal ins Telefon gefragt: Du willst mit Giovanna sprechen? Dann war eine kurze Schweigepause eingetreten, Gewisper und Verlegenheit, meine Großmutter hatte die Hand auf die Sprechmuschel gelegt, meine Mutter hatte geflüstert: Ich bin nicht da, und energisch den Kopf geschüttelt. Meine Großmutter hatte den Hörer noch etwas fester umklammert, als wollte sie ihn nicht am Zuhören hindern, sondern zum Schweigen bringen. Sie hatte meine Mutter angesehen, flehentlich und vorwurfsvoll zugleich. Dann hatte sie die Hand von der Muschel genommen, gesagt: Ach schade, nein, Giovanna ist ja in die Stadt gefahren, und hinzugefügt: Weißt ja, ihr Freund, er holt sie immer mit dem Auto ab. Sie hatte den Blick gesenkt, an ihrem Rock herumgezuppelt, und meine Mutter war aus dem Zimmer ins Bad gegangen, sie hatte meine Großmutter noch sagen hören: Bestimmt, da freut sie sich, und wart's ab, sie ruft dich an. Sie hatte das Wasser nicht gleich laufen lassen, sondern abgewartet, bis meine Großmutter das Gespräch beendete, das Gesicht im Spiegel, die Ohren jenseits der Tür. Dann hatte meine Großmutter aufgelegt, sie hatte gesagt: Ciao, du weißt ja, und der Hörer lag wieder auf der Gabel, meine Mutter hatte die Dusche aufgedreht, Wasserrauschen als Schutzwall. Als sie aus dem Bad gekommen war, hatte meine Großmutter noch immer dagesessen, die Hände verschränkt, im Gesicht noch die Lüge, die sie gerade erzählt hatte. Meine Mutter hatte sich zu ihr gesetzt, sie waren beide schuldig, meine Großmutter, weil sie ihr diesen Mann als Vater geschenkt, und meine Mutter, weil sie ihn nicht angenommen hatte.

Eines Nachmittags ein paar Tage danach hatte meine Mutter ihn dann angerufen, sie hatte dafür die Tür zugemacht. Meine Großmutter blieb draußen, vor dem Umriss ihrer Tochter hinter dem geschliffenen Glas, ein Schatten, der sich kaum bewegte, sie verstand kein Wort, hörte nur den Klang der Stimme. Am Anfang des Gesprächs hatte meine Großmutter sich nur behutsam bewegt, zum einen, um lauschen zu können, zum anderen auch, um nicht zu stören. Aber das Gespräch nahm kein Ende, und schließlich hatte sich meine Großmutter ans Kochen gemacht, die Glastür blieb weiter zu, nach und nach hatte die Dunkelheit meine Mutter im Zimmer dahinter verschlungen. Meine Großmutter hatte den Tisch gedeckt, Tischtuch, Teller, Topf auf einem Brett. Als sie an der Tür vorbeigegangen war, hatte sie meine Mutter lachen hören, sie war kurz stehengeblieben, meine Mutter hatte wieder angefangen zu lachen und sich sogar verschluckt vor lauter Lachen. Erst nach einer Stunde war sie aus dem Dunkel aufgetaucht.

Meine Großmutter hatte am Tisch gesessen, auf ihrem Platz, die Tischdecke voller Krümel vom Brot, das sie schon aß, sie hatte den Kopf gehoben, als sie das Geräusch der Tür hörte. Während des ganzen Essens hatte Schweigen geherrscht, meine Großmutter hatte nichts gefragt, und meine Mutter hatte nichts gesagt, ihr Blick war auf ihren Teller geheftet, der meiner Großmutter auf den gesenkten Kopf. Dann hatten sie gemeinsam den Tisch abgedeckt, und meine Mutter hatte gesagt: Ich wasche ab. Sie hatte im Spülbecken ein Schaumbad veranstaltet, das Geschirr hineingestellt, die Hände eingetaucht, meiner Großmutter den Rücken zugekehrt, und die hatte sie die ganze Zeit angesehen.

Von da an war meine Mutter allein zu Mario gefahren. Viele Jahre später hatte sie sich eines Nachmittags in die Straßenbahn gesetzt und denselben Weg allein gemacht, ohne meine Großmutter, mit dem Gesicht in der Fensterscheibe und der Tasche auf dem Schoß. Sie hatte einen ziemlich neuen Rock und Schuhe mit gerade andeutungsweisen Absätzen angezogen. Sie hatte am Fenster gesessen und dahinter die Stadt vorbeiziehen sehen, in jedem Gebäude andere Fenster, Verputz in verschiedenen Weißtönen, Grau und Beige, die Stadt hatte im Laufe der Jahre das Land erobert und kilometerlang mit Mietskasernen und Balkonen zugepflastert. Als die Stadt zu Ende war, kamen noch ein paar hundert Meter Wiesen, dann die Endstation und schließlich die Villa, meine Mutter war hingelaufen. Im Pförtnerhäuschen hatte diesmal eine Dame gesessen, sechzig Jahre, blauer Kittel, meine Mutter hatte ihr die Besuchserlaubnis hineingereicht, und sie hatte ihr ein Papier zurückgegeben, auf das sie zuvor laut mit einem Stempel eingehauen hatte. Meine Mutter war in der Unterführung verschwunden, Echo von flachen Absätzen, entschlossener Schritt, und eine halbe Stunde später derselbe Schritt in die Gegenrichtung. Ein Stück Traurigkeit mehr im Gesicht, aber dieselbe Entschlossenheit wie zuvor, die Straßenbahn kriegen, winken, damit der Fahrer wartet, und dann war sie wieder eingestiegen und denselben Weg, nur umgekehrt, nach Hause zurückgefahren. Abends hatte sie es meiner Großmutter gesagt, sie hatte einfach gesagt: Ich war bei Papa, und meine Großmutter hatte aufgehört zu essen, hatte gesagt: Da hat er sich bestimmt gefreut, und weitergegessen. So war Mario zu etwas geworden, mit dem auch meine Mutter zu tun hatte. Sie fuhr ihn allein besuchen, und meine Großmutter mischte sich nicht ein, machte höchstens mal eine Bemerkung, sah meiner Mutter zu, wenn sie sich vorher umzog. Von da an fuhr meine Mutter oft in die Villa, jedes Mal mit diesem entschlossenen Schritt, einmal tief Luft holen und rein in die Unterführung. Meine Großmutter fand ihre Spuren, wenn sie selbst Mario besuchte, Dinge, die seine Tochter ihm mitgebracht hatte, mit Reißzwecken auf ein Korkbrett gepinnte Fotos, einmal sogar einen Blumenstrauß in einer Vase. Auf einem der Fotos saß sie mit einer Freundin auf einem Felsen, in Shorts und Wanderschuhen, beide mit Stirnband, und auf einem anderen lag sie in den Armen eines jungen Mannes mit wenigen Haaren. Der junge Mann war mein Vater, meine Mutter schmiegte den Kopf an seine Schulter.

Ich habe die Frau mit den Goldzähnen auf einer Bank wiedergesehen, sie saß da mit verschränkten Armen, und ein kleiner Junge schwang auf einer Schaukel auf und ab. Sie folgte jedem Schwung, indem sie den Kopf nach hinten kippte und dann nach vorn fallen ließ. Der kleine Junge sagte nichts, er schwang hoch und sauste hinab, leidenschaftslos, Mund zu und flatternde Haare, seine Füße zeigten erst auf die Frau und schossen plötzlich hoch zu den Häusern. Als sie mich sah, hat sie den Arm gehoben, ohne mich richtig anzusehen. Dann hat sie die Hand auf die Bank gelegt, sie hat mir bedeutet, mich neben sie zu setzen, und ich habe mich dorthin gesetzt, wo ihre Hand gelegen hatte. Neben der Schaukel war eine Rutsche, nur ein paar Meter hoch, mit einer Kinderschlange unten am Treppchen. Sie kletterten eins nach dem anderen hinauf, standen kurz auf dem Gipfel und ließen sich in die Sandkuhle gleiten. Ein Junge mit orangeroten Haaren und einem ganzen Sternenhimmel aus Sommersprossen im Gesicht wollte partout so wieder hoch, wie er nach unten gekommen war, er krabbelte an die Ränder geklammert die Rutsche hoch, versperrte denen, die hinunterwollten, den Weg. Die anderen schimpften, ein kleines Mädchen war trotzdem losgerutscht und stieß mit ihm zusammen, beide plumpsten in den Sand und fingen an zu heulen. Der kleine Park war ein Spielplatz, ein paar zwischen vier Stahlbeton-Wohnblocks eingeklemmte Quadratmeter, in einigen wenigen Fenstern stand jemand und guckte nach unten, aus den meisten ragten nur Satellitenschüsseln auf der Suche nach einem Signal von einer ganz bestimmten Stelle im Himmel. Als ich mich zu ihr gesetzt habe, hat die Frau etwas zu dem Jungen gesagt, bei jedem Wort blinkte es in ihrem Mund, als wäre ihr innerfamiliäres Kommunikationsmittel das Morsealphabet. Er hat auch weiterhin kein Wort gesagt, sondern sie nur angesehen. Dann hat er aufgehört, sich abzustoßen, die Seile sind immer schlaffer, die Schaukelschwünge immer kürzer geworden.

Als er bei uns war, ist er vor der Frau stehengeblieben und hat die Arme hochgerissen, als sollte er durchsucht werden. Sie hat auf ihn gezeigt und gesagt: Kolja, ich habe auf mich gezeigt und gesagt: Pietro. Sie hat ihm das T-Shirt wieder in die Jeans gesteckt, ohne sie aufzuknöpfen, sie hat es nur an zwei, drei Stellen hineingezwängt und ihn danach angeguckt. Vom Platz zweihundert Meter weiter weg kam in Wellen Musik herüber, die Traktormesse war jetzt am frühen Nachmittag in vollem Gang, Windböen trugen Klangfetzen durch die Stadt wie Aschewolken, sie legten sich auf Dinge und Menschen. Kinder hörten von oben Musik nahen, hielten inne, hoben kurz die Köpfe, dann spielten sie weiter wie zuvor, und der Wind drehte, nahm die Musik wieder auf und trug sie zurück auf den Platz, als wäre nichts gewesen. Wir haben eine Weile auf der Bank gesessen, der Junge hatte sich auf die andere Seite der Frau gesetzt, mit Blick auf die Rutsche, und sie hat mir irgendwann den Stadtführer von Rossosch, den ich auf dem Schoß hielt, aus der Hand genommen. Er war hinten beim Stadtplan aufgeschlagen, die junge Frau aus dem Hotel hatte mir angekreuzt, wo ich hinmusste, sie hatte auch diese Telefonnummer daneben geschrieben. Die Frau hat den Plan genommen und gedreht, bis er die richtige Richtung hatte, als wäre er ein Lenkrad, als wollte sie durch das Wendemanöver die ganze Stadt zum Rotieren bringen, uns eingeschlossen. Als sie Rossosch endlich zu Ende verrückt hatte, hat sie mir den Plan wieder vor die Nase gehalten und auf die Straße gegenüber zwischen den Wohnblocks gezeigt, sie hat sie auf dem Plan nachgezogen, ist dann aber sofort abgebogen, erst nach rechts, dann nach links, einmal über die Straße gehen, irgendwann kam ich nicht mehr mit. Ich habe ihr die Hand auf den Arm gelegt, um sie zu unterbrechen, sie hat mich angeguckt und gelächelt. Sie hat etwas zu dem Jungen gesagt, beide sind aufgestanden, er hat, ganz junger Mann, die Hände in die Taschen geschoben, sie hat mir bedeutet mitzukommen.

Wir haben den Spielplatz verlassen, die Schlange an der Rutsche war wieder in Fluss gekommen, den kleinen Jungen mit den Sommersprossen hatte sich ein nicht viel älteres Mädchen geschnappt und in eine zu kleine Karre gesetzt. Wir sind eine Weile an Bahngleisen entlanggegangen, rechts von uns lag offenes Land, irgendwo weiter hinten verloren sich die Gleise. Der

Junge lief in ein paar Metern Abstand hinter uns her, rannte aber jedes Mal los und überholte uns, wenn sich hinter uns ein Zug näherte, und der kam jäh und hinterrücks, erst ein Rattern, danach die Lokomotive, dann Kolja, der an uns vorbeischoss. Kurz darauf wurde der Zug immer kleiner, auch der Zugschwanz verflog in der Ferne und war nicht mehr da. Kolja blieb ruckartig stehen und drehte sich um, bedrückt, weil er hier bei uns bleiben musste. Er versteckte sich hinter parkenden Autos und sprang hervor, sobald wir uns näherten, leidenschaftslos selbst beim Streichespielen. Vor einem flachen Haus sind wir stehengeblieben, ein blaues Blechtor, ein paar Fenster zur Straße, um die Griffe geraffte Gardinen. Die Frau hat noch einmal um den Stadtführer gebeten, auf das Kreuz im Plan und die Fenster gezeigt, hinter einer Scheibe stand eine Frau. Dann hat sie mir den Plan zurückgegeben, eine Seite hatte ein Eselsohr, darauf waren ein Foto vom Lenin-Platz, ein anderes mit zwei Frauen in traditionellen Trachten, und unten eine Gruppe Gebirgsjäger bei der Parade, die italienische Flagge schwenkend.

Bevor sie ging, hat die Frau mit den Goldzähnen noch versucht, mir zu erklären, wie ich wieder zum Hotel komme. Zuerst hat sie mir den Weg auf dem Stadtplan zu zeigen versucht, dann hat sie sich gebückt, einen Zweig genommen und ihn mir am Straßenrand in den Sand gezeichnet. Als Kolja sie zeichnen sah, hat er sich dazugehockt, Po zwischen den Füßen, Ellbogen auf den Knien, Kinn auf die Hände gestützt, ganz allmählich entstand vor seinen Augen ein Stück Rossosch, mit Häusern, Straßen, sogar Ampeln an den Kreuzungen. Dann hat die Frau sich wieder aufgerichtet und mich angesehen, sie hat etwas gefragt, aber ich habe nichts verstanden. Also hat sie auf die blaue Gasleitung gezeigt, die am Haus entlanglief und dann weiter, die Umrisse der anderen Häuser nachzeichnete und dann wieder geradeaus lief, am Ende der Straße einen Knick machte, in die Senkrechte ging und sich von da aus durch die ganze Stadt zog, jedes Gebäude blau eingefasst, jedes Haus wie ein gerahmtes Foto. Die Frau hat mich darauf aufmerksam gemacht, als sei das die beste Methode, sich nicht zu verlaufen, einfach die blaue Leitung im Auge behalten bis zum Hotel und sie danach ihrer Wege gehen lassen. Ich habe in die Richtung geguckt, in die sie zeigte, und danach in die Gegenrichtung, da lief die Leitung in die Felder, die Steppe, ein einziger blauer Faden quer durch ganz Russland, über Tausende von Kilometern, gezeichnet von dieser Leitung, Dorf um Dorf, Landschaft um Landschaft, ihr konnte man vertrauensvoll durch das Labyrinth folgen, ohne den Minotaurus zu fürchten.

Die Frau in dem Haus hat plötzlich das Fenster aufgemacht und herausgeguckt, und wir haben die Hälse gereckt, nur Kolja nicht, er hockte weiter da und fügte seiner Sandstadt noch mehr Details hinzu. Dann verschwand die Frau, das Fenster wurde geschlossen, die Gardinen wieder zugezogen, aber kurz danach ging das Blechtor auf. Und darin erschien eine zierliche Gestalt, dieselbe, die vorher am Fenster gewesen war, jetzt viel kleiner. Ich habe sie verdutzt angeguckt, als hätte sie vorher dank ihrer Beine bis an das Fenster über uns gereicht und nicht wegen des Stockwerks darunter. Sie stand wortlos zwischen den Torflügeln, im Hintergrund war ein Gemüsegarten zu erkennen, ein Herrenfahrrad lehnte an einem Baum, und ein alter Hund kam angekrochen, er hat uns angeguckt, ist müde zurückgeschlichen und hat sich in eine Schattenlache sinken lassen. Die Frau hat den Mund aufgemacht, um etwas zu sagen, die Frau mit den Goldzähnen ist zu ihr gegangen, hat ihr alles erklärt. Kurz danach standen wir unverhofft in einem Wohnzimmer, unsere sechs Schuhe blieben im Flur neben Dutzenden anderer stehen wie Autos auf einem Parkplatz. Wir stellten uns vor eine Wand und wussten nicht, was wir sagen sollten, alle

Leute standen um eine weinende Dame herum, setzten sich nacheinander zu ihr aufs Sofa, manche küssten sie, manche flüsterten ihr etwas zu, sie nickte, und dann rollte ihr, ohne dass sie einen Ton von sich gab, eine Träne über die Wange. Das Tischchen vor dem Sofa war vollgestellt mit Bilderrahmen, in jedem ein Foto von demselben Mann. Die Frau, die uns die Tür aufgemacht hatte, ist zu uns gekommen, sie hat Kolja eine Hand auf den Kopf gelegt und ihn zu der Dame geschoben. Die Dame hat ihn umarmt, und er hat es geschehen lassen, er hat sich sogar einen Kuss von ihr geben lassen. Er hat dabei seine Großmutter angeguckt, aus einem fremden Schmerz heraus, ich konnte nur die Füße in den Socken verkrampfen.

Wir sind fast ohne zu atmen aus dem Haus gegangen, so wie man still aus dem Bett schlüpft. Wir haben ganz leise all den Schmerz beiseitegeräumt, um herauszukommen, vorbei an den zum Trauern im Haus versammelten Menschen, jeder Stuhl eine Station des Leidenswegs, wir sind rückwärts hinausgegangen, und das Weinen rückte immer ferner. Auch im Flur hingen Fotos jenes Mannes an der Wand, neben denen der Witwe, die auf dem Sofa saß und ihn beweinte, und kurz vor dem Ausgang, wo kein Teppich mehr lag, stand ein Trimmrad, als hätte es versucht abzuhauen und wäre genau an der Stelle zusammengebrochen, hinterrücks auf der Flucht erschossen. Da stand es jetzt, in seinem Vorhaben erstarrt, und darauf lagen lauter Jacken übereinander. Ein Stück Lenker ragte heraus, und unten kam die Spitze eines Pedals hervor, ich habe im Vorbeigehen einen Regenmantelzipfel darübergehängt. Als wir hinausgingen, kam ein Mann aus dem Bad, ein großer Mann, und mit ihm das Geräusch der Spülung. Der Mann hat mich angeguckt, und ich habe durch die Tür ins Bad gespäht, ein kleiner Spiegel über dem Wasserhahn, darunter ein Waschbecken mit zwei Zahnbürsten. Er ist zu den anderen zurückgegangen, hinein in die Lichtöffnung des Wohnzimmers, breite Schultern und ein Loch im Strumpf, hinten an der Ferse. Im Flur standen noch immer die vielen Schuhe, der Impuls, die jeweiligen Füße hineinzudenken, sie mit den Menschen in Verbindung zu bringen, die nebenan den Toten beweinten, eine Verletzung der Intimsphäre, so ein Blick nach innen und auf die unterschiedlich stark abgelaufenen Sohlen, trotzdem die Idee, den Fuß hineinzustecken, die Rundungen, die Wärme, die von den Zehen geformten Ausbuchtungen zu fühlen. Seit wir gekommen waren, hatte sich ein Paar dazugesellt, dessen Schnürsenkel hatten sich über meine Schuhe gelegt wie die Umarmung eines Fremden.

Wir haben das Blechtor zugezogen, draußen frische Luft und hinter uns lauwarme. Kolja ist zu seiner Metropole aus Sand gelaufen, nachsehen, was davon übrig war, ein Fahrrad war durchgefahren. Er hat einen Stock genommen und in den Boden gerammt, ein hastiges Begräbnis für die ganze Stadt. Dann sind wir gegangen, in meiner Hand klemmte noch immer mein Rossosch-Führer, ich hatte ihn die ganze Zeit festgehalten, mit einem Finger dazwischen, um die Markierung im Stadtplan nicht zu verlieren, meine Finger waren fast taub. Auch die Telefonnummer stand da, diese von Olmo vor wer weiß wie vielen Jahren aufgeschriebene Nummer, die vielleicht gar nichts zu bedeuten hatte. An der Kreuzung haben wir uns getrennt, die beiden mussten über die Straße, und ich bin dem Wege des Gases gefolgt. Die Frau hat Kolja an die Hand genommen, erst einen Lkw vorbeifahren lassen, und dann sind sie über die Straße gegangen, eine Autoschlange hat sie verschluckt, als die vorbei war, waren sie weg.

Vor dem Hotel saß die junge Frau von der Rezeption. Auf dem Bürgersteig, den Kopf an die Wand gelehnt und mit langgestrecktem Hals, vor lauter Freude, dass die Sonne darauf schien. Ich habe mich zu ihr gesetzt, sie hat gesagt, dass sie Olga heiße, wir haben uns die Hände geschüttelt. Ich habe ihr erzählt, was ich erlebt hatte, dass ich in einem Haus gewesen war, in dem der Tod eines Mannes beweint wurde, aber nicht mal herausgekriegt hatte, wer das war. Sie hat gelächelt, ohne die Augen zu öffnen, ich habe nur ihren Bauch und ihre Brüste unter dem T-Shirt lachen sehen. Sie hat gesagt, wenn ich wolle, könne sie mit mir zusammen noch einmal hingehen und mir mit der Sprache helfen. Dann hat ihr Handy geklingelt, sie hat es ans Ohr gehalten, ein paar Worte gesagt, mit Pausen dazwischen, in denen hat sie einfach die Sonne genossen. Dann hat sie aufgelegt, und auf dem Display erschien ein Foto von einem kleinen Mädchen, auf der Nase eine viel zu große Sonnenbrille mit einem grünem Gestell und verspiegelten Gläsern, die ihr ganzes Gesicht bedeckten. Saschka, hat die junge Frau gesagt und auf sie gezeigt.

Olmo hat angerufen, als ich gerade vor der Tür stand, Olga neben mir, die Witwe ging schon vor in den Garten. Der Hund ließ uns vorbei, ohne auch nur die Schnauze zu heben, er lag völlig ermattet unterm Baum mit dem Fahrrad, eine Pfote über den Augen. Weiter hinten war ein Vordach, und unter dem Vordach stand ein Moped unter einem schwarzen Tuch, das Hinterrad vom Eigengewicht in den Boden gedrückt, und daneben ein verschmierter Kanister, in dem ein paar Fingerbreit Benzin zu erkennen waren. Die Witwe hatte, als sie mich sah, nichts gesagt, sie hatte einfach das Tor aufgemacht und uns hereingebeten. Olga hatte ihr die Hand gereicht, die Witwe hatte sie angelächelt, und sie hatten ein paar Worte gewechselt, dann war die Witwe einen Schritt zurückgetreten und hatte die ganze Olga gemustert, als würde sie sie kennen, aber in einem anderen Alter, als hätte sich viel Zeit dazwischengeschoben, und jetzt sah sie sie wieder in einer neuen Dimension. Olga war rot geworden, dieser Blick hatte sie für einen Moment wieder zum kleinen Mädchen gemacht, plötzlich schlackerten ihr die Kleider am Leib, hing ihr das T-Shirt bis zu den Knien, waren die Schuhe zu groß für ihre Füße. Dann hatte ihr die Witwe eine Wange getätschelt und die Röte erst recht zum Flammen gebracht, so als hätte sie einmal kräftig in Glut gepustet. Aber Olga hatte sich mit einer Handbewegung entwunden, sie war aus der Ecke getreten, hatte der Witwe das Foto von ihrer Tochter im Handy gezeigt und war augenblicklich wieder Mutter. Danach hatte die Witwe sie anders angesehen, es war sogar ein leicht maliziöser Blick auf einen nun nicht mehr unbefleckten, sondern vom Geschlecht eines Mannes durchdrungenen Leib.

Als Olmo anrief, habe ich Olga ein Zeichen gemacht, mir etwas Zeit für ein Gespräch zu lassen. Ich habe mich auf den Boden gesetzt und an den Baumstamm gelehnt. Olmos Stimme klang etwas besorgt, er hat gesagt, er wisse gar nicht, wo ich sei, und habe Angst um mich. Ich habe erwidert, es gebe keinen Grund, Angst zu haben. Daraufhin hat er sich entspannt, der Kloß verschwand aus seinem Hals. Er hat ganz tief Luft geholt und gesagt: Gott sei Dank, Atem und Wörter in einem Stoß. Im Hintergrund war der Fernseher zu hören, in einer Lautstärke, die jeden Satz zu Geschrei machte. Ein Mann redete beruhigend auf eine Frau ein, sie antwortete halb schluchzend. Mitten in diesen Film hinein hat Olmo mich gefragt, wo ich sei, und ich habe ihm erzählt, dass ich endlich in Rossosch sei, im Garten eines Holzhauses, neben einem schlafenden Hund. Er hat ein paar Sekunden lang geschwiegen, er brauchte Zeit, um mich in einem seiner Fotos erscheinen zu sehen. Und so habe ich dann in Schwarzweiß mit ihm geredet, aus seiner Jugendzeit heraus. Gleichzeitig habe ich Olga und die Witwe im Haus von Fenster zu Fenster gehen, für ein paar Meter verschwinden und wieder auftauchen sehen, sie haben mich angeschaut, zwei Gesichter im Fensterrahmen. Kurz danach habe ich sie aus dem Haus kommen und die Stufen zum Hof hinuntersteigen sehen. Die Witwe hatte eine Mappe in der Hand. Sie haben sich auf Plastikstühle auf der Wiese gesetzt, und der Hund hatte sein Frauchen nur zu wittern brauchen, schon war er aufgestanden und von mir weggegangen.

Olmo wollte wissen, ob noch alles da sei in Russland. Die Frage kam einfach so, mit leicht besorgter Stimme, als wäre er gerade fern der Heimat und hätte jemanden da vorbeigeschickt, mal nachschauen. Hinter ihm im Fernseher lachte jetzt die Frau, die zuvor geweint hatte, als hätte sie nie im Leben geweint. Als Olmo mich noch einmal fragte, habe ich erst geschwiegen, dann habe ich gesagt, es sei noch alles da, und er hat noch einmal gesagt: Gott sei Dank. Ich habe ihm nicht erzählt, dass Olga anhand seiner Karte Straße für Straße mit mir abgeklappert hatte und in Wahrheit nichts mehr da war von all dem, was er eingezeichnet hatte. Dass da, wo vorher die Schule gestanden hatte, jetzt ein Supermarkt war, und da, wo er ein Haus eingezeichnet hatte, die Eisenbahn fuhr und auf der Wiese ein Schwimmbad war, im Sommer stand morgens eine lange Schlange davor, ein paar Kinder schon mit Schwimmflügeln an den Armen. Ich habe ihm auch nicht erzählt, dass es die von ihm eingezeichnete Kirche nicht gab, nie gegeben hatte, und dass Olga alles, was wir nicht fanden, mit einem Bleistiftkreuz markierte, als wäre das jeweils die Stelle, an der die Erinnerung gestorben war, hinterrücks von der Zeit erschossen. Und ich habe ihm nicht erzählt, dass ich jedes Mal, wenn Olga ein Kreuz gemalt hatte, drauf und dran gewesen war, ihn anzurufen, und es dann doch nicht getan hatte, während unter ihrer Bleistiftspitze ein immer größerer Friedhof entstanden war. Ich habe ihm nur gesagt, es sei alles genauso wie früher, dabei hatte ich nie gesehen, wie es früher war.

Ich habe die ganze Nacht mit einem Bild neben mir auf dem Nachttisch geschlafen, es war ein zerknittertes Blatt Papier, alt und vergilbt, gerissen und mit Klebestreifen zusammengefügt. Darauf eine Zeichnung, die ein Kind gemacht hatte. Ein Galgen und ein Gehenkter und darunter drei Männer, je zwei Beine, zwei Arme und ein Kopf, als wären sie aus Stacheldraht. Dieselbe Szene wie auf dem Foto, das Olmo gemacht hatte, nur noch beängstigender, ich wandte mich ab, aber ich spürte es weiter neben mir. Es stand da wie zufällig hereingeschneit, eine Schneewehe von damals, eine Zeichnung von 1943. Darüber ergoss sich das Licht vom Platz, zwei ganz kaputte Laternen und vier andere mit flackernden Birnen. Die Klebestreifen, mit denen die gerissenen Stellen aneinandergefügt worden waren, schimmerten hell. Jemand hatte das Blatt durchgerissen, es war dann wieder zusammengesetzt worden, aber nicht exakt, die eine Hälfte saß höher als die andere und riss den Stacheldrahtmännern die Beine auseinander. Das Bild hatte der Mann gezeichnet, den alle beweinten, seine Witwe hatte es mir geschenkt. Sie hatte es aus einer Mappe mit weiteren Zeichnungen genommen, Olga hatte sie nach ihnen ausgefragt. Aber die Witwe hatte nichts Genaueres gewusst, nur gesagt, dass sie die Kinderzeichnungen ihres Mannes ein einziges Mal vor vielen Jahren gesehen hatte. Wir hatten zwischen wildwuchernden Gräsern gesessen und uns angesehen. Und einen Moment lang hatten wir plötzlich unwillkürlich den Blick gesenkt, nur die Witwe nicht, sie sah hoch und über das Tor hinaus. Denn gerade eben, mit dieser Frage, auf die sie keine Antwort wusste, war ihr Mann zum ersten Mal wirklich gestorben. Wir senkten die Blicke aus Scham- und Taktgefühl zugleich. Und so saßen wir eine Weile weiter zusammen und sagten nichts, und ich kam mir sogar in diesem Schweigen vor wie ein Eindringling.

Als Sara anrief, hielt ich die Zeichnung in der Hand, ich lag noch auf dem Bett, ich war eingenickt, mein Arm war auf die Bettdecke gerutscht. Ciao, hat sie nur gesagt, so als wollte sie mit einem Grußwort ein Fenster aufreißen und hinausgucken. Ich habe gesagt: Ich bin in Russland, vor meinen Augen war die Zeichnung, mein Kopf ans Kissen gelehnt. Sie hat gesagt: Ich weiß. Ich habe dann geschwiegen. Draußen vor dem Hotel war die Straße belebt, eine Bürste schabte über den Asphalt und schäumte ihn ein. Auf dem Putzfahrzeug saß ein Mann, ich sah ihn durch die Gardine, auf dem Kopf eine Bauernkappe, der Körpersprache nach jemand, der auf einer Staatsstraße im Weizenernteeinsatz ist. Der Mann am Galgen auf der Zeichnung hatte schulterlange Haare, er wirkte eher wie eine Frau und nicht wie ein junger Mann. Aber sein Kopf war durchgerissen und wieder zusammengeklebt, ein Geschlecht war in den zerfetzten Linien kaum zu erkennen. Die Witwe hatte nur noch gewusst, dass wohl die Soldaten, die den jungen Mann aufgeknüpft hatten, die Zeichnung zerrissen hatten, das hatte ihr Mann ihr erzählt. Sie hatten ihm das Blatt weggenommen, hatten es vor seinen Augen zerrissen und auf den Boden geworfen, und wenn er die Teile wieder zusammenfügen wolle, dann müsse er auf die Knie gehen und sie mit dem Gesicht zwischen Springerstiefeln und dem Geruch von Stiefelwichse in der Nase zusammenklauben. Das hatte er auch getan, und dann hatte er die Teile nach Hause getragen wie einen Verwundeten, ein kleiner Junge bei einem chirurgischen Eingriff, der Rekonstruktion einer Zeichnung durch Vernähen ihrer Einzelteile. Wütend und besorgt hatte er sich dabei über die Fetzen gebeugt, sie aneinandergelegt, Gezeichnetes und Erinnertes abgeglichen. Diese Zeichnung hatte dem Gebirge aus Jahren getrotzt, um nach fast siebzig Jahren wieder in den Lauf der Zeit einzusteigen und in meine Hände zu gelangen, niemand war übrig, der darüber noch etwas hätte erzählen können, außer einer Witwe, die sagte, sie wisse nichts.

Und während ich die zerrissene Zeichnung betrachtete, herrschte am anderen Ende des Telefons Saras Schweigen, hing ihr Ciao weit aufgerissen in meinem Zimmer. In der Etage unter mir hörte ich Frühstücksteller und Tassen klappern und einen Herrn heiser husten, der schon die ganze Nacht zwei Zimmer weiter gehustet hatte. Dann hat Sara gesagt, sie habe nur wissen wollen, wo ich bin und was ich mache. Ich habe ihr erzählt, dass ich in Rossosch sei, im Süden von Russland, aber nur noch ein paar Tage, dann sei ich wieder da. Als sie mich gefragt hat, ob ich etwas gefunden habe, habe ich ihr gesagt, dass ich eine Zeichnung gefunden habe. Sie hat weitergefragt, was da drauf sei, und ich habe gesagt, dass da drauf jemand erhängt sei. Sie hat das Wort wiederholt: Erhängt. Dann ist sie erst in wildes Schweigen verfallen und danach in Tränen ausgebrochen, ich habe ein langes zischendes Geräusch gehört, als ob Gas entwiche. Und ich habe diesen Tränen gelauscht, die aus ihren Augen bis zu mir drangen, ihrem Schmerz, der in wenigen Sekunden durch ganz Europa lief, Kilometer um Kilometer, und schließlich hier ankam, ihre Tränen flossen in diesem Hotelzimmer aus meinen Augen und meine Wangen hinunter. Dann hat Sara die Nase hochgezogen, Luft geholt und mich gefragt: Warum hast du mir nie verziehen?

Als ich ihr von der Zeichnung mit dem aufgehängten Mann erzählt hatte, war von Sara zuerst nur so ein zartes Weinen gekommen, ein schmerzvolles Zischen zwischen Italien und Russland, aber dann hat sie gesagt: Wir gehen dann jetzt schlafen. Sie hat aufgelegt, ohne ein weiteres Wort, nicht einmal ein Abschiedsciao. Mit einem Begrüßungsciao hatte sie das Fenster in mein Hotelzimmer aufgestoßen, aber nicht wieder zugemacht, sie ließ es offen und entzog sich: Wir gehen dann jetzt schlafen. Sie sagte: Wir, und gemeint waren sie und dieser Körper, der in ihrem Bauch wuchs, dieses Kind, das nicht unseres war. Gleich würde sie sich auf dem Bett ausstrecken, ihm Raum lassen, ihren Bauch als Kissen anbieten. Draußen war inzwischen der Mann von der Stadtreinigung zum Platz vorgedrungen. Der Platz war übersät mit den Überbleibseln der Traktorenmesse. Überall lagen Karten, Becher, Nylonbänder, umgedrehte Plakate, Holzbretter, Bierdosen auf dem Boden. Ein paar Männer waren mit Besen unterwegs und fegten die Überreste zu Haufen zusammen, grüne Plastikhandschuhe und Latzhosen. Der Mann mit der Kappe war jetzt am Lenin-Denkmal, fuhr weg, war aber kurz darauf wieder da, und ich sah ihn das Denkmal umkreisen wie ein Hund sein Herrchen. Dann hat er daneben angehalten, den Motor ausgeschaltet, ist abgesprungen, hat sich mit einem Ruck aufgerichtet und dabei seine Bauernkappe auf dem Kopf festgehalten. Er ist mit einem weißen Lappen zum Denkmal gegangen, hat sich auf die Zehenspitzen gestellt und angefangen, Lenin die Füße zu polieren. Danach hat er kehrtgemacht und ist zu seinem Fahrzeug zurückgegangen, hat sich auf den Sitz hochgeschwungen und ist weggefahren, einen langen Streifen aus Schaum und Wasser hinter sich herziehend.

Ich habe die Augen zugemacht, so wie Sara sicherlich auch, Tausende von Kilometern westlich von mir. Bei ihr war es noch nicht Morgen, dort dämmerte es erst, in Rossosch dagegen war der Tag schon ein paar Stunden alt. Seit ich in Russland war, hatte ich jeden Morgen beim Aufwachen an Italien gedacht, das noch schlief, so wie zu Hause, wenn man als Erster wach wird und den Schlaf der anderen hütet, wenn man ihre tiefen Atemzüge aus dem Schlafzimmer hört. So hatte ich jeden Morgen, wenn ich hier im Osten die Augen aufschlug, das Gefühl, ganz Italien zu hüten, die mächtigen Atemzüge eines ganzen Landes zu hören, und dachte an meine Mutter, meinen Vater, Olmo und sämtliche Häuser, und in den Häusern an die Wohnungen und die verlassenen Küchen und ausgeschalteten Fernseher und alle in die Betten eingesunkenen Körper in den Schlafzimmern, und für alle, so schien es mir von Russland aus, war ich der Hüter ihres Schlafes. Jetzt, wo meine Augen unter den Lidern verborgen waren, habe ich an Sara gedacht, die wieder einmal ins Bett ging, weil ihr dieser Schmerz, den sie in sich hatte, einfach zu schwer war.

Wenn Sara ein Schmerz unerträglich groß wurde, ging sie immer schlafen. Ich sah sie auf wackeligen Beinen durch den Flur gehen, dicht an der Wand entlang, manchmal hielt sie sich fest, setzte sich bei der erstbesten Gelegenheit. Sie schleppte sich durch die Wohnung, als sei der Schmerz ein Mann und sie trage ihn huckepack, seine Arme im Klammergriff um ihren Hals, seine Beine auf ihre Hüften gestemmt. Sie hatte dabei die Augen halb geschlossen, als müsse sie sich sehr konzentrieren, sich leicht nach vorn geneigt, um die Last auszugleichen, die an ihrem schmalen Rücken hing und schwerer wog als sie. So schlich sie langsam durch die Wohnung, ihre Beine zitterten vor Anstrengung. Bevor sie sich setzte, beugte sie sich vor, um ihn nicht zwischen Lehne und Rücken zu zerquetschen, lud ihn ab und setzte ihn neben sich, erst dann sank sie selbst zurück. Sie war völlig fertig, ließ die Arme sinken, die Venen auf den Händen schwollen immer dicker an. Ich sah ihr zu und sah den Schmerz neben ihr, beide erschöpft von diesem Kampf. Ich blieb dabei, nahm mir einen Stuhl, setzte mich dazu, sah Sara wortlos an. Ich suchte ihre Augen unter den Lidern, sah sie sich darunter regen, sich unter der Haut bewegen. Sara riss dann jedes Mal die Augen auf, sah mich an, lächelnd, wie jemand, der sich geschlagen geben muss, ohne den Kopf zu bewegen, es war nur eine Bitte um Verzeihung, dass sie gefallen war. Dann sagte sie, es sei das Beste, wenn sie schlafen gehe. Und hievte den erschöpften Schmerz wieder hoch, lud ihn sich wieder auf den Rücken, und ich sah sie davonziehen.

Ich habe sie im Geist Tausende von Kilometern weiter westlich durch ihre Wohnung schleichen sehen, mitsamt dem an ihren schmalen Rücken geklammerten Schmerz, ganz dicht an den Wänden ihrer neuen Wohnung entlang, habe sie ihn bis ins Schlafzimmer tragen und neben sich betten sehen. Aber dieser Schmerz, den sie jetzt gerade mit sich herumschleppte, war ein Mann mit Vor- und Nachnamen, ihn trug sie jetzt durch die Wohnung. Es war der Körper eines Mannes, der sich eines Tages umgebracht hatte, man hatte ihn an einem Strick erhängt gefunden, eines Morgens ein Anruf, zuerst Klingeln und dann dieses Schweigen. Und danach dieses Weinen, ich hatte es in ihrem Gesicht ausbrechen sehen, fünf Stunden lang hatte sie nicht aufgehört, fünf Stunden lang hatte ich sie angesehen, und dabei wusste ich nicht mal, wer dieser Mann war.

Während der Verlobungszeit hatte meine Mutter Mario jahrelang vor meinem Vater versteckt. Er fragte nichts, sie sagte nichts, aber neben ihrem Bett stand ein Rahmen mit einem Foto von Mario, er hielt sie in einer Hand geborgen, da war sie gerade geboren. Mein Vater gehörte inzwischen zur Familie, ein Jahr lang hatte er nur an der Haustür geklingelt und unten auf meine Mutter gewartet, erst dann war er selbst heraufgekommen. Meine Großmutter hatte ihm einen Stuhl angeboten und, als er saß, lachend gesagt: Endlich ein Mann im Haus. Das Abendessen war zur Vernehmung geworden, meine Mutter sagte immer mal wieder: Also bitte, Mama, mein Vater hielt unterm Tisch die Füße fest über Kreuz, und immer wenn eine Frage kam, wackelte er mit einem Fuß, aber sobald er zur Antwort ansetzte, hielt er ihn wieder still. Nach dem Essen saß er eine Zeit lang allein am Tisch, meine Mutter und meine Großmutter räumten ab. Einmal legte meine Großmutter dabei eine Hand auf seine Schulter, dann nahm sie die Hand wieder weg. So war mein Vater in einen Zweierhaushalt gekommen, vor dessen Wohnungstür nur Damenschuhe standen. Und dann waren diese Sachen aus der untersten Kommodenschublade aufgetaucht, eines Abends, als mein Vater triefend zum Abendessen erschien, er war auf dem Weg in ein Gewitter geraten. Meine Großmutter hatte sie ihm gegeben, er hatte sich damit ins Bad verzogen und ein paar Mal eine Hand aus der Tür gestreckt und meiner Mutter seine nassen Sachen übergeben. Dann war er selbst herausgekommen, in Marios Sachen, einer viel zu langen Hose und einem militärgrünen Unterhemd, das ihm von den Schultern rutschte. Meine Mutter hat sogar ein Foto gemacht, mein Vater von hinten und vor ihm meine Großmutter, es sah aus, als ob Mario wieder da wäre.

Mario war lange Zeit ein Tabuthema zwischen meiner Mutter und meinem Vater, manchmal war sie gerade nicht zu Hause, meine Großmutter sagte dazu nur: Sie besucht ihren Vater, zum Essen ist sie wieder da. Aber auch meine Mutter sagte dann nichts weiter, und immer wenn mein Vater sich nach Mario erkundigte, sagte sie nur, er wohne woanders. Danach wechselte sie das Thema, und die Woche ging ohne weitere Überraschungen zu Ende. So war die Zeit vergangen, mein Vater kam weiterhin regelmäßig, behielt alle Fragen für sich, setzte sich zu Tisch, aß und verabschiedete sich danach von Tochter und Mutter. Aber als er eines Abends kam, hatte meine Mutter sich in ihr Zimmer eingeschlossen, an dem Nachmittag war sie bei Mario gewesen. Kaum war sie wieder zu Hause, hatte sie ihre Tür zugeknallt und meiner Großmutter gesagt, sie solle niemanden in die Wohnung lassen, aber mein Vater war hartnäckig geblieben und doch hochgekommen. Sie hatten durch die Tür miteinander geredet, mein Vater hielt die ganze Zeit sein Ohr an die Tür gepresst, dahinter weinte meine Mutter, bat ihn zu gehen, flehte ihn an, und irgendwann war er laut geworden. Am Ende hatte meine Großmutter ihre Hand auf seine gelegt und gesagt: Sei ein guter Junge, und er hatte sich wegziehen lassen. In der Küche hatte meine Großmutter mit ihm geredet, leiser, wie eine Mutter mit ihrem Sohn, sie hatte ihn gefragt: Möchtest du was trinken?, und er hatte ein Glas Wein getrunken. Dann war meine Mutter aus ihrem Zimmer gekommen, und meine Großmutter hatte ihn am Arm zurückgehalten. Meine Mutter war im Nachthemd durch die Küche ins Badezimmer gegangen, dann war sie durch die Küche zurückgekommen und hatte sich wieder eingeschlossen. Danach hatte meine Großmutter meinem Vater alles erzählt, über die Villa, den Krieg, die Gefangenschaft, und dass Mario manchmal gewalttätig wurde, dass er im Kopf immer wieder in Russland war und dass er deshalb ein bisschen ruhig gestellt wurde, einmal hatte er volle drei Tage durchgeschlafen. An jenem Tag war er wieder mal mit dem Kopf in Russland gewesen, er war auf meine Mutter losgegangen und hatte sie geschlagen, ihre Nase hatte geblutet, und es war nicht das erste Mal gewesen. Sie hatte geschrien, aber dann waren vier Pfleger gekommen, hatten ihr blutüberströmtes Gesicht gesehen und Mario weggebracht, sie hatten ihn festgebunden, und meine Mutter hatte angefangen zu weinen, das sei doch bloß eine Ohrfeige gewesen, hatte sie gesagt, es sei gar nichts Schlimmes passiert, und sie angebrüllt: Er ist mein Vater, lasst ihn in Ruhe.

Über diesen Abend war dann nicht mehr gesprochen worden. Mein Vater hatte sich ein paar Wochen lang nicht blicken lassen, meine Mutter hatte ihn nicht gesucht, und meine Großmutter hatte geraten: Lass ihm Zeit. Eines Nachmittags war er wieder aufgetaucht, er hatte geklingelt und meine Mutter nach unten gebeten, er hatte erklärt: Ich muss dir etwas sagen, und sie hatte geantwortet: Ich dir auch. Sie hatten sich auf eine Bank gesetzt, und er hatte geredet, er hatte ihr gesagt, er habe Angst um sie, er wolle sie beschützen, er habe Pläne für sie beide. Er hatte versucht, ein bisschen Zärtlichkeit hineinzulegen, aber was herauskam, hatte einen erpresserischen Unterton. Meine Mutter hatte ihn angeguckt und dann den Kopf gesenkt. Schließlich hatte sie seine Hand genommen und gesagt: Er ist mein Vater, denselben Satz, den sie den Pflegern entgegengeschrien hatte, als sie ihn wegbrachten. Aber diesmal hatte sie ihn leise gesagt, ohne meinen Vater anzusehen, fast als würde sie einen Verzicht erklären oder einen Fluch aussprechen, und sie hatte sich sehr allein gefühlt auf der Bank und seine Hand losgelassen. Sie hatten noch lange schweigend dagesessen, dann waren sie aufgestanden, und meine Mutter hatte sich bei meinem Vater eingehakt. Später hatte er ihr nachgeschaut, als sie zum ersten Treppenabsatz hochging, sie ging langsam, ohne sich noch einmal umzudrehen, hielt die Finger auf dem Geländer, und in ihrem Bauch verborgen war dieses kleine Etwas, das sie meinem Vater dann doch nicht gesagt hatte.

Ich hatte mit drei Jahren Einzug in die Villa gehalten, ein Schwarzweißfoto als Beleg, die Unterführung und meine Mutter neben der Kinderkarre. Ich habe eine Wollmütze auf dem Kopf, hinten auf dem Foto steht 10. Dezember 1975. Mein Vater hatte unsere Autoschnauze mitgeknipst, sie ragt hinten rechts ins Bild, als ob sie schnuppere, vor der Einfahrt türmt sich der Schnee, den ein Mann schon aus dem Weg geschippt hatte. Meine Mutter mit Moonboots bis fast an die Knie, kurz darüber ein gestreifter Rock und auf dem Kopf ein tief in die Stirn gezogener Kolpak. Es gab noch mehr Fotos von diesem Tag, mit einer weißen Decke auf allen Wiesen und Bäumen, deren Äste sich unter der Schneelast biegen, die untersten hängen bis zum Boden. Und es gibt einen schwarzen Hund, den hatte mein Vater mehrmals fotografiert, auf einem Bild hat er die Schnauze bis übers Zahnfleisch aufgerissen und bellt ihn wütend an. Auf manchen läuft er mit anderen Besuchern mit, zwei Damen eskortiert er zum Tor und nimmt sie beim Herauskommen wieder in Empfang, immer macht er auf der Schwelle Halt und danach wieder kehrt, auch bei einem Herrn mit Hut und einer jungen Frau mit einem langen Schal um den

Hals. Auf einem Foto steht der Hund auf den Hinterpfoten, die Vorderpfoten liegen auf dem Schalter des Pförtnerhäuschens, und die Frau dahinter streckt gerade die Hand heraus und tätschelt ihm lachend die Schnauze, und er steht da mit aufgestelltem Schwanz, als ob auch er auf das Formular mit dem Stempel warte. Dann gab es noch drei Fotos in der Unterführung, dafür war mein Vater bis zum Ausgang vorgelaufen, ein schwarzes Loch und ganz hinten ein weißes Licht, und mitten in dem Licht tauchen meine Mutter und ich auf, zwei Figuren, die aus einem blendenden Schein treten wie aus einem Feuer, eine Mutter und ein Sohn auf der Flucht, ihr Kolpak und die Kinderkarre vorneweg.

Diese Fotos sind alles, was sich von meinem ersten Besuch bei Mario erhalten hat. Mein Vater war nicht mit hineingekommen, sondern hatte draußen fotografiert, die Zeit verging, wir kamen ewig nicht wieder, und er wurde langsam unruhig. Das letzte Foto hatte er von der Villa selbst gemacht, eine Reihe Fenster und zwei Gesichter darin. Auf dem Rückweg hatten sich meine Mutter und mein Vater gestritten, dann ein paar Kilometer nur Schweigen, das Geräusch des Motors und der Husten meines Vaters. Seine ganze Wut über die Warterei war in einem einzigen Satz explodiert: Du bist einfach egoistisch, er ist doch noch ein Kind. Meine Mutter hatte erst die Lippen zusammengepresst, um nicht reden zu müssen, dann hatte sie gesagt: Ja, aber der Mann, der da eingesperrt ist, ist sein Großvater. Und hatte plötzlich auf meinen Vater eingeschrien, ich war aufgewacht und hatte dann auch angefangen zu schreien. Das Ganze hatte damit geendet, dass meine Mutter meinen Vater gezwungen hatte, am Straßenrand anzuhalten. Im Auto hatte sie ihm noch ein paar Dinge ins Gesicht gebrüllt, dann war sie ausgestiegen, hatte die hintere Wagentür aufgerissen und mich auf den Arm genommen, sie hatte mir die Mütze bis über die Augen gezogen und die Tür zugeknallt. Sie ging mit großen Schritten am Bordstein entlang, inzwischen war auch mein Vater ausgestiegen, er rannte hinter ihr her, versuchte, sie am Arm festzuhalten, aber sie fuhr herum, schrie noch lauter als zuvor, drückte mich fest an ihre Brust. Irgendein Auto hielt auch noch an, jemand fragte meine Mutter, ob sie Hilfe brauche, mein Vater brüllte ihn an: Ist schon gut, und wedelte ihn mit der Hand weg. Dann ließ er meine Mutter gehen und lief zweihundert Meter zurück zum Auto. Bis nach Hause fuhr er neben ihr her, im Schritttempo, mit heruntergedrehtem Fenster, er bat um Entschuldigung, flehte sie an, wieder einzusteigen, aber als sie vor der Tür angekommen war, sagte sie nur: Such du mal einen Parkplatz, dann ging sie ins Haus.

Eine Woche lang hatten sie nicht miteinander geredet, tagelang schlief meine Mutter auf dem Sofa, mein Vater frühstückte in Hut und Mantel, und sie lag gleich daneben. Auch von diesem Biwak gibt es ein Foto, das hatte mein Vater gemacht, als sie noch schlief. Ihr Kopf war ins Kissen gesunken, die Beine waren angezogen, damit sie nicht über das Sofa hingen, ein Fuß mit Söckchen guckte unter der Decke hervor. Und daneben stand ein Tischchen mit einem Bilderrahmen. Das Foto darin war nicht sehr scharf, aber es war eins von ihrer Hochzeit, der Tisch mit dem Brautpaar, Krawatten und Hemdkragen gelockert.

Die Zeichnung habe ich abends auf dem Kissen gefunden, jemand hatte das Zimmer gemacht und sie da hingelegt. Das Fenster stand offen, die Gardinen blähten sich vom Luftzug, der von draußen hereinkam. Dann stand die Luft plötzlich still, die Gardinen sackten herunter. Und einen Augenblick später kam eine SMS von Sara, die Zeichnung vibrierte, ich hatte das Handy daraufgelegt. Aber es war eine Leermeldung, es gab keinen Text, es gab nur Licht im Display. Es hat lange geleuchtet, auch noch, als das Handy die Zeichnung nicht mehr in Vibrationen versetzte, dann ist es ausgegangen, als wäre es nie an gewesen. Ich habe mich aufs Bett gesetzt, habe die SMS noch einmal aufgerufen, bin noch einmal die Leere durchgegangen, von Anfang bis Ende. Dann ist noch eine gekommen, dieselbe Leere, dasselbe Vibrieren des Papiers, als ob der Gehenkte auf der Zeichnung etwas zu sagen versuchte, bevor er wieder ins Dunkel fiel.

Sara hat sich fast die ganze Nacht lang weiter auf die Art gemeldet, nur Nachrichten ohne Worte, eine Falltür springt auf, man sieht Licht, dann fällt sie wieder zu. Jedes Mal habe ich mich darübergebeugt, habe versucht, tief in das Loch hineinzuschauen, aber nach kurzer Zeit fiel der Deckel wieder drauf. Kaum war der Deckel zu, war das Hotel wieder da, Rossosch, die Musik unter meinem Fußboden, der Texaner, der Frauen an Gäste verscherbelte und Zimmer vermietete, damit sie die da ausziehen können, eine Flasche Wodka und alles geht leichter. Dann kam eine neue Nachricht von Sara, wieder sprang das Lichtloch auf, alles andere war jäh erloschen. Und ich wusste, am Grund dieses Lichts wäre nicht Sara zu sehen, sondern dieser Mann, der eines Tages tot war. Um die Mitte der Nacht habe ich das Handy ausgeschaltet, draußen auf der Straße war längst kein Verkehr mehr. Der letzte Motorisierte war ein junger Mann gewesen, sechzehn oder etwas älter, er war zum Trinken ins Hotel gekommen, oder um eine Frau zu suchen oder beides. Er hatte breite Schultern, alles Übrige an ihm war schmal, er sah aus, als hätte er sich einen Kleiderbügel unters T-Shirt gesteckt, damit es breiter wirkt. Er hatte das Moped ein paar Meter geschoben, dann war es angesprungen, er hatte sich auf den Sitz geschwungen, Gas gegeben und sich die Haare nach hinten gestrichen, die Schuhe waren nicht zugebunden.

Jener Mann war nur durch seinen Tod in mein Leben getreten, eines Sonntagmorgens Ende Januar. Sara hatte einen Anruf bekommen, war mit dem Telefon auf den Balkon gegangen, war wieder hereingekommen, hatte sich aufs Sofa gesetzt und nichts mehr gesagt. Ich hatte mich zu ihr gesetzt, hatte gesehen, wie alle Farbe aus ihrem Gesicht, alles Blut aus der Haut wich, wie bei einem Strand, wenn sich das Meer zurückzieht. Sie hatte nur dagesessen, an den Sofarücken gelehnt. Ich wollte wissen, was passiert war, wer da angerufen hatte. Aber jedes Wort, das ich aussprach, fiel zu Boden. Dann hatte sie sich beide Hände auf den Bauch gelegt, ihr Gesicht hatte sich verzogen, eine Grimasse, ein Schmerz, der ihr vom Bauch durch die Brust hochgestiegen und dann in einem Weinkrampf explodiert war. Es war ein heftiger Ausbruch gewesen, wie ein Brechreiz, Augen und Mund weit aufgerissen, damit er nach draußen konnte. Ich wusste nicht, was los war, ich wusste nichts Besseres, als sie in den Arm zu nehmen, ihren Kopf an meine Brust zu ziehen und zu drücken und zu fühlen, wie aus ihren Konvulsionen der warme Tränenstrom wurde, der sich auf mein T-Shirt ergoss. Stundenlang saßen wir so da, sie schaffte es nicht, etwas zu sagen, und ich stellte längst keine Fragen mehr, sondern spürte nur das Beben ihrer Brust, die Zuckungen griffen auf meinen Körper über und verebbten in ihm. Erst diese heftigen Kontraktionen und dann dieser Sturzbach aus Tränen, als wäre Sara eine durchtrennte Arterie, alles Blut, das das Herz pumpt, spritzte aus dem einen Körper und durchtränkte den anderen Körper daneben. Dann hatte sie sich von mir losgemacht, sie hatte mich angesehen, und es war deutlich, dass sie nicht wusste, was sie sagen sollte. Sie hatte mir eine Hand auf die Brust gelegt, als ob sie den Fleck, den sie hinterlassen hatte, wegwischen wollte. Dann war sie einfach aufgestanden, und kurz danach war die Badezimmertür zugegangen. Ich saß weiter da, erschöpft, zurückgesunken, mein T-Shirt durchtränkt, ein paar wenige trockene Stellen, der Rest klitschnass und trübrot.

Sara war wieder aus dem Badezimmer gekommen und hatte sich zu mir aufs Sofa gesetzt, und sie hatte, um mir diesen Schmerz zu erklären, der ihr Gesicht entstellte, damit ich sie wirklich trösten konnte, erklären müssen, wer dieser Mann war. Denn in all den Tränen, in ihren Augen war für mich ein Mann zum Vorschein gekommen, der jahrelang Teil ihres Lebens und unseres Lebens gewesen war, ein Mann, von dem ich nicht mal einen Namen gewusst hatte. Sara hatte mich angesehen und den Kopf gesenkt, das Geheimnis war geplatzt wie eine Scheibe, die mit einem Stein eingeworfen wird. Von mir, der mit tränennassem T-Shirt auf dem Sofa saß, wollte sie getröstet werden in einem Schmerz, den sie mir gerade selbst zufügte. Und ihn mir anzuvertrauen, war ihre Art, sich selbst zu bestrafen und mich um Verzeihung zu bitten.

Über Wochen hatte Sara diesen Schmerz dann durch die Wohnung geschleppt, sie wankte durch den Flur, manchmal blieb sie stehen, um Luft zu holen. Sie sah völlig ermattet aus, der Körper dieses Mannes, der ihre Schultern krümmte, drückte sie selbst zu Boden, sie schloss die Augen, um der Schwerkraft zu widerstehen, ihr zitterten die Beine. Ich wusste nichts Besseres, als für sie zu sorgen, ich kochte mittags und abends Essen für sie, wir setzten uns zu Tisch und hatten uns nichts zu sagen. Auf der einen Seite saß ich, auf der anderen die beiden, sie brachte mühsam ein bisschen Essen hinunter, und er hing auf einem Stuhl. Sara hielt den Kopf fast immer gesenkt, manchmal sah ich eine Träne hinunterlaufen, über ihr Kinn rollen und in den Teller tropfen. Ich starrte auf ihren Kopf, die Haare, die sie seit seinem Tod nicht mehr gewaschen hatte, den Scheitel, der aussah wie ein Spalt. Jede Minute Schmerz bedeutete Jahre, die sich in ihre Haut gruben, ihre Augenhöhlen schwollen an, als wäre er da drin, in diesen zwei Tränensäcken, in denen alles Leiden endete. Wenn sie den Kopf doch einmal hob, war sie jedes Mal ein bisschen älter geworden, als würden in ihrem Gesicht alle ihre Lebensalter abgespult bis hin zu dem, das sie mir als Letztes gezeigt hatte, nach dem Mittagessen. Etwas leicht Grausames hatte darin gelegen, sie tat sich etwas an, indem sie mir etwas antat. Sie hatte mich herausfordernd angesehen, der Körper des Mannes hing weiter neben ihr. Sie hatte ihre Augen in meine Augen gebohrt, sie wollte sich selbst bestrafen dadurch, dass sie in mir den Schmerz sah, den sie selbst ausgelöst hatte, so wie man die kostbarste Vase des Hauses nimmt und mit voller Wucht an die Wand schmeißt und gleich danach auf Knien über den Boden rutscht und weinend die Scherben zusammenklaubt.

Nächtelang lag sie hinter mir und schlang die Arme um mich, sie drückte sich an mich, sie suchte Deckung, indem sie sich eng an mich schmiegte. Am Anfang sagte sie nichts, ich machte das Licht aus, und sowie es dunkel war, legte sie sich an mich wie eine Schablone, Kurve an Kurve, sie machte sich hohl, wo ich rund war, und füllte meine Leerstellen. Ich spürte ihre Stirn auf meinem Rücken, ihr warmer Atem wärmte rhythmisch eine Stelle meiner Wirbelsäule. Dann kam das Weinen mit ersten leichten Stößen, noch weit auseinander, ihre Brust zuckte und bebte, mein Körper nahm das Beben auf, und sofort danach hörten die Stöße auf. Sie ließ sich erst richtig gehen, wenn sie dachte, dass ich fest schlafe, auch wenn ich erst bei den langen Atemzügen war, die dem Einschlafen vorausgehen. Jetzt gingen heftige Stöße in meinem Rücken los, ein endloser Tremor durchzog ihren ganzen Körper, und dann wieder dieses untröstliche Weinen. Und ich lag daneben im Bett und fühlte mit, wie sie am Tod eines anderen

Mannes verzweifelte. Es war die Verzweiflung einer Schiffbrüchigen, ich war ihr Baumstamm, sie klammerte sich daran mit der ganzen Kraft eines Ertrinkenden, der nicht untergehen will. Und so gingen wir beide unter, mitgerissen von dieser Strömung, der man nur nachgeben kann, und dabei hoffen, so spät wie möglich in den Wasserfall zu geraten. In Saras Klammergriff steckte die ganze Hoffnung, rechtzeitig Halt zu finden, und zugleich die Gewissheit, dass das Ende sowieso kam. Am Morgen danach sahen wir uns an, in unseren Gesichtern die Überraschung und die Verdammnis, den Untergang überlebt zu haben, und dann Frühstück machen, sich an den Tisch setzen, das ganze Elend teilen, dieses kleine Wir, das wir noch waren.

Sara hatte sogar gefragt, ob ich mit zur Beerdigung komme, aber ich hatte mich nur abgewandt. Dann hatte sie gesagt: Ich gehe jetzt, und war gegangen, im Hof hatte sie sich zweimal zu mir umgedreht, aber ich hatte hinter der Gardine gestanden, um nicht winken zu müssen. Als sie wiedergekommen war, war der Körper dieses Mannes begraben, sie hatte sich hingesetzt, sie hatte gefragt, was ich zu Mittag essen wolle, ich hatte gesagt: Entscheide du. Und so war dieser Körper plötzlich weg gewesen, ohne dass ich mich getraut hätte, eine Erklärung zu verlangen, noch sie sich, eine Begründung anzugeben. Ich wusste absolut nichts von diesem Mann, und ich würde auch nie etwas erfahren. Wir hatten ihn eilig beiseitegeräumt, ein paar Wochen nur, und schon gab es von ihm keine Spur mehr in der Wohnung, nur manchmal eine Verlegenheit, wenn wir gemeinsam jemanden mit demselben Namen trafen. Im Übrigen war er nichts weiter als ein Körper, den man in einen Sack steckt und irgendwo im Keller lagert. Da lag er unter der Erdoberfläche, hinter einer Stahltür mit der aufgemalten Nummer 38, und über der Nummer stand mein Name. Wir kamen immer daran vorbei, wenn wir das Auto aus der Garage holten, wir sahen beide nicht zu der Stahltür hin, wir gingen stur geradeaus, und wenn sich irgendwo im Treppenhaus ein Schlüssel in einem Schloss drehte, taten wir, als hätten wir nichts gehört, aber Sara griff nach meiner Hand.

Zwei Ängste waren aufeinandergetroffen, ihre, etwas zu sagen, und meine, nach einer Erklärung zu fragen, und damit hatten wir alles unter den Teppich gekehrt. Der Mann war erhängt in der Küche gefunden worden, kein Brief, der die Tat erklärt hätte, nur ein Schild mit seinem Namen um den Hals, als wäre er ein Verkaufsartikel. Und so war die Sache ausgegangen, mit der ganzen Feigheit, die wir aufbrachten, dem Schweigen nach der letzten Ölung, am Ende wiedereingekehrte Normalität, Mittagessen kochen, den Tisch decken, und was Sara betraf, den Fernseher anmachen, mal sehen, ob in der Welt was los gewesen ist. Der Körper dieses Mannes lagerte unterdessen im Keller, in einem Sack, irgendwo im oberen Regal bei den anderen Sachen, die man nicht mehr braucht. Da lag er und schimmelte vor sich hin, zusammen mit Weinkanistern, Matratzen, Fahrrädern, einem Sessel, den wir beide nicht wegzuschmeißen wagten. In der Wohnung hatten wir manchmal sogar das Gefühl, ihn schreien zu hören, diesen heimlich unter der Straße verborgenen Körper. Und wenn wir uns abends im Bett umklammerten, die Körperlust herausschrien, uns beim Liebesspiel gegenseitig in die Ohren keuchten, dann hofften wir damit auch, ihn nicht mehr hören zu müssen, taub zu werden, hofften auf ein Kind, das den Mut haben würde, erstens nach unten zu gehen und zweitens ihn zu schultern und in den Fluss zu werfen. Dieses Kind hatte sich nie eingestellt, aber mir war der Körper dieses Mannes jetzt wieder in die Quere gekommen wie ein Baumstamm auf der Straße. Zuerst durch Olmos Foto und dann durch diese Zeichnung, die ein kleiner Junge gemacht hatte, den man nichts mehr fragen konnte.

Ich bin aufgewacht, es genügte, die Augen wieder aufzuschlagen, und Sara war verschwunden, das rosa Zimmer erschien mir wie eine Befreiung. Ich hatte sie die ganze Nacht in Geiselhaft gehabt, Sara, ihren Schmerz und diesen Mann, der eines Tages an einem Strick hängend in der Küche gefunden worden war. All das hatte ich hinter den heruntergelassenen Jalousien meiner Augen gehalten, ein Spotlight im Gesicht, und ihre Schatten klebten sich auf die Wand. Und neben den Schatten der beiden waren die Schatten all derer, die angerufen und kondoliert hatten, als der Schmerz in Saras Gesicht explodiert war, all derer, die von ihm wussten. Die Telefone schrillten wie Sirenen durch die Wohnung, ich drückte mich in die Sofaecke, und Sara schloss bei jedem Anruf die Tür hinter sich, und die Verzweiflung drang durch das Glas zu mir. Zuletzt hatte meine Mutter angerufen, Sara hatte abgenommen, hatte gesagt: Ciao, Giovanna, und sich heftig geräuspert, hatte gesagt: Entschuldige mal kurz, und sich die Nase geputzt, der letzte Tränenausbruch war mit ins Taschentuch gegangen. Dann hatte sie den Hörer wieder genommen, ans Ohr gehalten und gesagt: Nein, mach dir keine Sorgen, ist nur Müdigkeit. Dann hatte sie gesagt: Ich geb dir Pietro. Sie hatte mir den Hörer hingehalten, mit einem Blick voll unendlicher Traurigkeit, stumm fordernd, und doch gleichzeitig wissend, dass sie keinerlei Ansprüche zu stellen hatte. Ich hatte Luft geholt und nur ins Telefon gesagt: Sie schläft keine Nacht, aber das geht vorbei, Sara hatte den Blick gesenkt und sich die Haare hinter die Ohren gestrichen. Dann hatte ich das Thema gewechselt und war aus dem Zimmer gegangen, und als ich wiedergekommen war, hatte Sara gesagt: Danke, und ich hatte weggeschaut.

In Rossosch war der Morgen angebrochen, der Müllwagen hatte den Weckruf die Straße entlang in alle Häuser geschickt. Ich schlug die Augen auf, und schon traten all die Körper der Nacht den ungeordneten Rückzug an. Olga von der Rezeption rief an, ich hörte die anderen Leitungen klingeln, sie sagte, dass die Witwe noch einmal angerufen hatte. Und während sie noch erzählte, klopfte es an der Tür, ich bat sie, einen Augenblick zu warten, ich ging aufmachen, und ein kleines Mädchen schlüpfte mir unter dem Arm hindurch und hüpfte auf mein Bett. Sie sah genauso aus wie das Bild, das ich auf Olgas Handy gesehen hatte. Ich habe die Tür zugemacht und Olga gesagt, dass ihre Tochter bei mir im Bett liegt, sie hat laut gelacht und gesagt, ich solle sie ihr mal geben. Saschka hat den Hörer in die Hand genommen, das Kissen an die Wand gestellt und es sich gemütlich gemacht, als ob sie stundenlang telefonieren wollte, dann hat sie sich den Hörer ans Ohr gehalten. Ich habe mich erst mal angezogen, es war mir peinlich, in Unterhemd und Unterhose vor einem kleinen Mädchen zu stehen, das ich noch nie gesehen hatte. Ich habe meine Socken aufgesammelt und den rechten Schuh neben den linken gestellt. Dann habe ich das Fenster aufgemacht, um die intimen Nachtgerüche nach draußen zu lassen, noch war Saschka eingehüllt von einer feuchten Wolke meines Körpers und meines Atems, aber jetzt flogen die Gerüche in kleinen Schüben davon, herein kam die Luft von draußen und räumte das Zimmer frei. Am Anfang lachte Saschka viel bei dem Gespräch mit ihrer Mutter eine Etage tiefer. Wenn Olga etwas zu ihr sagte, hörte sie schweigend zu, und wenn sie darauf antwortete, lachte sie über die Wörter, die sie aussprach, überrollte sie mit abrupten Lachsalven, ließ jeden Satz in die Luft fliegen, wie wenn man kräftig in eine Mehlwolke niest. Zum Reden hatte sie sich das Bettlaken über den Kopf gezogen, sie hatte sich eine Hütte gebaut, ich hörte ihre Stimme und ihr Lachen darunter. Kurz darauf kam sie selbst wieder hervor, zerzauste Haare im Gesicht, die Bäckchen rot von der Hitze, und ihre Stimme war jetzt schroffer und ärgerlicher, jeder Satz durch die Zähne gepresst. Ich sah ihr ins Gesicht, über ihrer Nase zogen sich die Augenbrauen zusammen, sie trommelte mit den Füßen auf die Matratze, ich vermutete, dass Olga sie von unten aus dem Zimmer kommandiert hatte, sie aber unbedingt hierbleiben wollte. Plötzlich brach sie in Tränen aus, knallte den Hörer neben das Telefon und stieg aus dem Bett. Ich sah zu, wie sie erst einen Fuß auf den Boden stellte, dann den zweiten, das Bettlaken zu sich zog und sich um die Schultern hängte, wie eine kleine Braut, die Schleppe kam als Letztes auf dem Flur an.

Als wir eintraten, saß sie schon auf dem Sofa. Sie war etwa achtzig Jahre alt, die Witwe saß vor ihr auf einem Korbstuhl, beide standen zur Begrüßung auf. Den Weg zum Haus kannten wir schon, das Tor, das Fahrrad, den Garten, und dann neben dem Eingang Schuh an Schuh. Olga, Saschka und ich sind eingetreten, wie eine Delegation Einzug halten würde, die Witwe hat uns miteinander bekanntgemacht, und dabei ist ihr Blick von uns zu ihr und wieder zurück zu uns gewandert. Sie hat mit der Hand auf uns gezeigt, erst auf Olga und dann auf mich, ihr Blick ist ernster geworden, und auch die alte Dame, die gerade eben noch Olga angelächelt hatte, ist unvermittelt ernster geworden. Olga hat nur genickt, mir aber nichts übersetzt, sie hat während der ganzen Begrüßung einfach weitergelächelt, Saschka war inzwischen in einen Gedanken versunken. Olga hat ihr einen kleinen Schubs gegeben, Saschka hat mit den Füßen etwas gebremst. Die Witwe hat ihr zugelächelt, die alte Dame hat Saschkas Wange berührt, eine lange schmale Hand mit Venen wie ein Stromdelta, unter der Liebkosung verschwand Saschkas rechtes Auge. Unterdessen fuhr draußen der Wind in die Äste, drückte sie gegen das Fenster, die Blätter streichelten die Scheiben und wichen dann wieder zurück. Ich habe zu Boden geguckt, auf unsere Füße im Kreis, die sich gegenseitig ansahen, musterten. Da waren Saschkas rosa Söckchen, Olgas nackte Füße mit den lackierten Nägeln und meine, die partout nicht stillhalten konnten, immer wollte ein Zeh über den anderen. Und da waren die kleinen nylonbestrumpften Füße der Witwe und die großen, knotigen der alten Dame. Sie sahen aus wie die Wurzeln eines Baumes, als ob ihre Gliedmaßen nicht auf dem Fußboden endeten, sondern in ihn hinein- und unterm Haus weiterwüchsen und sich da unten verzweigten und aufgingen in einem einzigen Gewirr mit allen anderen Wurzeln, einschließlich denen des Baumes, der draußen mit seinen Ästen gegen das Fenster peitschte.

Olga und ich haben uns neben die alte Dame aufs Sofa gequetscht, die Witwe saß vor uns auf dem Korbstuhl, die unbedeckten Knie zusammengepresst. Die alte Dame hieß Irina, sie war trotz der Hitze in ein rotes Samtkleid gehüllt. Wir anderen hatten alle nackte Arme, Olga auch nackte Beine, trotzdem wirkte die alte Dame nicht, als ob ihr die Temperatur etwas ausmachte, ihre Augen waren ruhig, ein bisschen wie Mattglas. Auf ihrer Brust prangten drei Reihen Orden und Bänder, wir konnten sie klimpern hören, als sie sich wieder hinsetzte, Saschka hat sie keinen Moment aus den Augen gelassen, sie hätte sie furchtbar gern angefasst, sie suchte immer wieder Olgas Blick, um herauszukriegen, ob das erlaubt war. Aber Olga hat ihr nur die Hand auf den Kopf gelegt, Saschka hat sie weggeschoben,

Olga hat sie wieder hingelegt, Saschka hat ärgerlich den Kopf geschüttelt. Dann hat die alte Dame angefangen zu reden, und dabei wanderte ihr Blick ständig zwischen Olga und mir hin und her, sie wollte uns beide ansprechen, und wenn sie mit Olga redete, klang ihre Sprache gar nicht fremd für mich, aber wenn sie sich plötzlich mir zuwandte, wurde daraus ein ganzer Klangwald. Olga unterbrach sie manchmal, machte aus langen Sätzen auf Russisch knappe Worte auf Englisch für mich, die Witwe nickte dazu, obwohl sie nichts verstand, ich erwiderte ihr Nicken mit einem Lächeln. Aber mir kam es vor, als könnte ich zusehen, wie die Sachen, die Irina gesagt hatte, auf dem Weg verloren gingen, so als ob jemand Wasser in einem löcherigen Plastikbeutel transportiert. Irina saß so lange still dabei, die gläsernen Augen fest auf die Witwe gerichtet, ein so scharfkantiges Gesicht und dazu so freundliche Hände, im Schoß gefaltet, ganz friedvoll. Und als Saschka nicht mehr konnte und endlich doch die Hand nach den Orden ausstreckte, mussten wir alle lachen, ihre Mutter hat sie am Handgelenk gepackt und aufgehalten, Saschka hat sich losgerissen, aber Irina hat den Arm gehoben und Olga bedeutet, sie solle sie ruhig lassen, das sei doch nichts Schlimmes.

Noch bevor Irina etwas dazu sagen konnte, hat mir Olga erklärt, dass sie die Orden, die sie auf der Brust trug, vor vielen Jahren für die Weizenernte verliehen bekommen hatte, eine Heldin der sozialistischen Arbeit, jeder Orden eine Spitzenleistung. Irina war Traktorfahrerin gewesen, die Männer hatten ihr natürlich die Hölle heißgemacht, aber sie hatte sie alle abgehängt, Kerle wollen ja vor Frauen immer als ganze Kerle dastehen, notfalls manipulieren sie sogar mal am Kühlergrill herum, damit ja sie selbst Sieger werden. Aber Irina konnte alles reparieren, sie hatte ihren Mähdrescher wieder in Gang gebracht und war triumphierend aufgestiegen, die Männer waren gedemütigt, mussten zusehen, wie sie alle Preise gewann, ballten die Hände zu Fäusten. Bei jedem Satz, den Olga sagte, sah ich Irina an, lächelte ihr zu, versuchte, ihr mit Blicken Komplimente zu machen. Irina musterte mich mit ihren Mattglasaugen, das Gesicht zur Witwe gewandt, den Blick auf mich gerichtet. Saschka saß jetzt neben ihr auf der Sofalehne. Sie studierte jeden einzelnen Orden, vertiefte sich in den Gesamtanblick, fuhr mit der Fingerspitze über alle. Aber dann hat die Witwe plötzlich etwas Schroffes gesagt und mit dem Finger auf mich gezeigt, Olga hat abrupt aufgehört zu lachen und mir eine Hand auf den Schenkel gelegt, ich sollte auch aufhören. Und einen Augenblick lang war es ganz still, nur Saschka hat weiter mit den Orden geklimpert, die Äste haben am Fenster geschabt, und ich habe Olgas Profil angestarrt. Dann hat die Witwe ihren Satz noch einmal gesagt, wieder mit dem Finger auf mich gezeigt, und Olga hat sich zu mir gedreht und erklärt, dass auch Irinas Bruder gehenkt worden war, im Dezember 1942, aber er war nur einer von vielen, die so ums Leben gekommen waren.

Saschka ist dann auf Irinas Schoß eingeschlafen, die kleine Ordenparade hatte gewirkt wie Schäfchenzählen. Olga hatte noch versucht, sie wegzuziehen, aber Irina hatte nur den Arm gehoben, man möge sie nicht wecken. Sie selbst saß zurückgelehnt im Sofa, mit ihren gläsernen Augen und dem Mund, der auf- und zuging und so den Worten Form gab. Ihr übriger Körper war völlig reglos, als läge sie beim Reden unter einem Trümmerhaufen, in den Erdboden gedrückt von einem eingestürzten Haus. Die Witwe stand hin und wieder auf, irgendwann kam sie mit einem Tablett mit einer Flasche und Gläschen zurück. Irina hat die Ankunft des Wodkas mit freudig über den Augen zusammengezogenen Brauen zur Kenntnis genommen, auf den Lippen ein Lächeln, das wie eine Narbe aussah, die schwache Erinnerung an etwas vor langer, langer Zeit Geschehenes. Dann hat Saschka sich im Schlaf herumgedreht, ihr Gesicht auf Irinas Kleid zurechtgelegt, sie hat eine Hand um Irina herumgelegt, als suchte sie ihr Ende, und sie traumverloren ganz in die Arme geschlossen.

Das Gewitter kam schlagartig, in Sekundenschnelle senkte sich Dunkelheit über das Haus, am helllichten Nachmittag. Irinas Silhouette war jetzt im Fenster zu sehen, mit Saschka auf dem Schoß, wir sahen in der Finsternis alle aus wie Ausbuchtungen an den Möbeln. In diesem Dunkel hat Irina erzählt, ein Donner, blendende Blitze, und dann ihr gehenkter Bruder auf dem Platz. Sie sprach leise, wir sahen nur ihre Schultern, und das Licht vom Fenster zeichnete ihre Konturen. Sie sprach langsam, Olga gab mir Zeichen, dass sie alles am Ende übersetzen würde, aus Angst, Irina würde vielleicht nicht mehr weiterreden, wenn sie nach ihrer eigenen noch eine andere Stimme hörte, würde sie womöglich gar nichts mehr sagen. Erst als Irina sich wieder zurückgelehnt hatte, ist Olga mit dem Kopf dicht an meinen gerückt und hat leise mit mir geredet, die Witwe hat über den Tisch gelangt und eine Hand auf Irinas Knie gelegt, und Irina hat sie mit ihrer viel größeren Hand bedeckt. Olga hat mir von dem jungen Mann erzählt, der weder der auf dem Foto noch der auf der Zeichnung war, sondern nur einer von vielen, die Soldaten hatten sie alle geholt und umgebracht, einfach so. Olga sprach, Irina saß schweigend dabei, und ich sah das alles geschehen, in diesem Zimmer, diesem Haus am Stadtrand von Rossosch, schon fast auf dem Land. Und ich sah all die jungen Männer, wie sie eingefangen und dann an einem Strick aufgehängt wurden, ich sah ihr Genick brechen, darunter ihre Füße zittern, nach Halt am Boden suchen, wie die Spasmen bei einem Fisch, der gefangen und aufs Trockene geworfen wird und bis zum letzten Moment nach dem Meer sucht. Irgendwann zitterten sie nicht mehr, der Körper ergab sich der Schwerkraft, die Füße waren plötzlich nur noch Schuhe am Ende der Beine, manchmal mit losen Schnürsenkeln, die bis auf den Boden hingen, auch sie suchten dort Halt. Irina hatte erzählt, dass viele junge Männer an Fußballtoren aufgehängt wurden, sieben oder acht an jedem Tor, wie Anzüge an einem Verkaufsständer, es gab auch ein Dorf, da hing an jeder Laterne einer, die ganze Straße lang, und abends fiel das Licht auf ihre Nacken, aber die Leute gingen vorbei und sahen nicht hin, sie liefen geradeaus weiter, mit schnelleren Schritten, die Köpfe auf Kniehöhe mit den ermordeten jungen Männern. Auch an jenem Nachmittag, als sie Irinas Bruder getötet hatten, hatte anfangs die Sonne geschienen und war ganz plötzlich weg gewesen, dann Blitze am Himmel, Donner, und der Himmel war eingestürzt wie nach einem Hammerschlag. Es regnete, als ob es nie mehr aufhören wollte, zuerst schien ihr Bruder gar nicht nass zu werden, aber irgendwann triefte sein ganzer Körper, die Haare hingen ihm wie Algen ins Gesicht, der Anzug war jetzt dunkler und klebte an ihm, das Wasser lief an ihm hinunter und rann auf seine Füße. Ein paar Frauen, die bei ihm standen, als das Wasser herunterkam, sahen hoch, ein paar keiften die Soldaten an, die Eindringlinge, beschimpften sie, spuckten ihnen ins Gesicht und auf die Uniform. Ein paar der Invasoren ließen sich bespucken, ein paar lachten, einer hatte eine Frau geohrfeigt, die hatte sich auf seinen Arm gestürzt, die Zähne hineingeschlagen und ihn zerfleischt. Aber ein Soldat war da gewesen, hatte Irina erzählt, der hatte auch geweint, der hatte sich auf den Boden geworfen und um Verzeihung gebeten. Und ihr Bruder trug einen eleganten Anzug, den hatte er gestohlen.

Irina wollte weit entfernt von ihrer Wohnung abgesetzt werden, an einem Platz mit einer einzigen Bank, auf der vier Frauen saßen. Die Frauen waren gut beschattet, über die Bank ragten zwei Bäume wie siamesische Zwillinge, die Stämme wuchsen parallel in die Höhe, dicht nebeneinander, die Äste verschmolzen oben zu einer einzigen Krone aus helleren und dunkleren Grüntönen. Alle vier fuhren gleichzeitig herum, als sie uns sahen, erst nur die Autoschnauze, dann unsere Gesichter hinter den Fenstern, wir hüpften bei jedem Schlagloch auf und ab. Irina saß vorn bei Olga, mit einer Hand hielt sie sich fest und aufrecht, die andere lag in ihrem Schoß, schmale Finger auf Samt. Bei jedem Schlagloch klimperten die Orden, wenn das Loch groß war, legte Irina die andere Hand auf die Brust und hielt auch sie fest, als wollte sie sie beschützen oder ihr Herz vor dem Schreck bewahren. Ich saß hinten, Saschka neben mir im Kindersitz, Stirn an der Scheibe, darunter hauchte ihr Mund ein Atemloch. Ab und zu stopfte sie Wörter hinein, redete durch das Loch hindurch. Olga drehte beim Antworten den Kopf nach hinten und schob ihre Worte zwischen Tür und Sitz durch, als ständen sie auf einem Zettel, und Saschka nahm ihn, las und schwieg. Irgendwann hatte Irina auf eine unasphaltierte Straße gezeigt, Olga war eingebogen und hatte das Auto hinunterrollen lassen. Und am Ende der Straße hatte sich der Platz aufgetan, die beiden Bäume und die Bank, die vier Frauen, die darauf saßen, alle mit brav zusammengestellten Füßen in Schuhen. Der Rest bestand aus Regenpfützen, manche kleiner, andere nur mit Mühe zu überspringen. Das Gewitter war ganz plötzlich wieder vorbei gewesen, als hätte es die Lust verloren, weit hinten am Himmel sah etwas aus wie eine Herde, die letzten davonziehenden Wolken. Und jetzt saßen die Damen hier, mit der Sonne waren auch sie wieder herausgekommen, hatten sich auf Plastiktüten gesetzt, eine hatte einen Schirm aufgespannt, aus dem Baum über ihnen regnete es noch.

Sie hatten Irina aus dem Auto steigen sehen, mit dem Kleid, den Orden, sie hatten zweimal hingeguckt, einmal, um sie zu betrachten, das zweite Mal, um zu erkennen, wer sie war. Ihre Blicke waren eine Mischung aus Staunen und Argwohn, als ob Irina sich besser versteckt hätte, als ob sie eine Verräterin wäre. Aber Irina hat sie dann mit ihrem narbenhaften Lächeln angesehen, und die Frau unter dem Regenschirm hat etwas zu ihr gesagt. Die drei anderen haben angefangen zu lachen, Irina hat etwas Schroffes erwidert und dabei auf mich gezeigt, ist dann aber auch rot geworden. Olga hat den Motor abgestellt und ist ausgestiegen, sie hat Saschka die Tür aufgehalten, aber die wollte lieber im Auto bleiben. Olga ist zu den vier Frauen auf der Bank gegangen, sie hat sie zum Gruß angelächelt und den Kopf schräg gelegt. Der ersten Frau hat sie auch einen Kuss gegeben und dann, mit Blick auf sie, ein paar Worte zu ihren Freundinnen gesagt. Die anderen haben eine Weile schweigend zugehört, dann haben sie genickt und ihr lächelnd in die Augen geschaut. Eine hat überrascht aufgeschrien und beide Hände vor den Mund gehalten, als hätte sie Olga jahrelang vergeblich gesucht und endlich wiedergefunden. Olga ist wieder zum Auto gegangen, sie hat sich zu Saschka hineingebeugt, und kurz danach hatte sie sie zum Aussteigen überredet, wir sahen Saschka aus dem Auto plumpsen wie ein Ball aus einer aufgerissenen Schranktür. Dann hat sie sich zur Bank ziehen lassen, an Olgas langem Arm, im Schlepptau. Aber sie ist nur ein paar Sekunden geblieben, gerade so lange, bis alle sie angeguckt, ihre Mutter ihr das Kinn hochgeschoben und die anderen ihre Kommentare abgegeben hatten, und dann schnell raus aus dem Klammergriff und im Galopp zurück zum Auto.

Irina wollte nicht ganz bis nach Hause gefahren werden, sie hatte irgendwo hinter einen Baum gezeigt, ein paar hundert Meter davor. Die Straße war eine einzige Prozession von Mietskasernen aus Stahlbeton, an allen Fenstern Satellitenschüsseln, manche verhängt von der Wäsche aus dem Stockwerk darüber. Beim Abschied ist Irina zu mir gekommen, sie hat ihre Hände um mein Gesicht gelegt, mir tief in die Augen geguckt, mir einen Kuss gegeben und fest die Hand gedrückt. Wir haben ihr nachgeschaut, sie kippte bei jedem Schritt zu einer Seite, sie bewegte sich dicht an den Häusern entlang, blieb im Schatten. Vor den Haustüren saßen Jungen, die meisten auf den Stufen, einer auf einem Fahrradsattel, sie lachten hinter ihr her, über sie und ihre Orden, und so ein dickes Samtkleid bei dieser Hitze. Aber sie ging schnurstracks weiter, die Tasche fest vor der Brust, ein Junge versuchte, sie mit einem Fußball zu treffen, er schoss an ihrem Kopf vorbei. Dann war sie um die Ecke der Mietskaserne verschwunden, der letzte Schuss verendete an einer Hauswand. Wir sind wieder ins Auto gestiegen, die Damen auf der Bank winkten, als wir abfuhren, auf dem Rückweg hat uns wieder der Schotter begleitet. Auch wir haben uns dicht an der Mietskaserne entlangbewegt, und am Ende der Mietskaserne sind auch wir um die Ecke gebogen. Und dahinter stand ein Gebäude, das wie zerbombt aussah, ein Wohnhaus, von Ratten zerfressen, ein Fenster hatte geborstene Scheiben. Da hinein ging Irina, in ihrem Sonntagskleid aus rotem Samt, die Orden, die Ehrennadeln und dazu so ein kaputtes Haus. Olga ist sofort vom Gas gegangen, Irina durfte uns nicht sehen, sie schämte sich, hier zu wohnen, sie hatte es doch zu verbergen versucht. Als sie im Haus verschwunden war, hat Olga Vollgas gegeben, wir waren sehr schnell am Ende der Straße.

Wir sind erst nach einer Schleuderfahrt durch Schlamm und Geröll an den Fluss gekommen, das Auto kippte bei jedem Schlagloch ruckartig zu einer Seite, als hätte es sich verrenkt. Olga und ich machten alle abrupten Schlenker mit, ließen unsere Körper mitschwingen, erst beide nach rechts, dann wieder beide nach links, je nach der Senke, in die wir gerade gerieten. Saschka saß hinten im Kindersitz, starrte aus dem Fenster, hielt den Atem nur kurz an, wenn das Schlagloch richtig groß war. Manchmal drehte Olga sich zu ihr um und suchte ihren Blick, wenn sie ihn fand, schickte sie ihr ein Lächeln, wenn nicht, beobachtete sie sie. Manchmal nahm sie auch eine Hand vom Lenkrad und langte nach hinten, aber ohne Saschka anzugucken. Es war dieselbe Geste, mit der man in einer Tasche nach dem Schlüssel tastet, einmal den Rücksitz abtasten nach einer schweigenden Tochter. Ich konnte sehen, wenn sie sie gefunden hatte, ihr Arm lag eine Weile unbewegt da, dann kam er wieder nach vorn, die Hand legte sich wieder aufs Lenkrad zu der anderen, die so lange die Spur gehalten hatte. Wir hatten die Landstraße verlassen, nachdem wir durch ein Dorf gefahren waren, ein Ortsschild am Eingang, ein Dutzend Holzhäuser an einer

Straße, dann dasselbe Ortsschild noch einmal, das Dorf wár zu Ende, der Name durchgestrichen. Ich hatte es am Fenster vorbeifliegen sehen, beim Durchfahren den Kopf mitgedreht, die Häuser tauchten im Rückspiegel auf und lagen bald darauf hinter uns, ausgesät auf der Straße, die wir auch schon hinter uns hatten, dann verstreut in Wiesen, plötzlich niedriger als die Gräser auf den Feldern. Olga hatte auf ein rotes Gebäude gezeigt und gesagt, das sei ihre Schule gewesen. Saschka hatte von hinten etwas gefragt, und sie hatten miteinander in ihrer Geheimsprache geredet, die nicht Russisch war, sondern der zerstreute Ton, in dem man sich so unterhält, ein paar Wörter zwischen Schweigephasen.

Dann kam eine Straße durch den Wald, ein brauner Strich, der zum Fluss hinunterführte, und dazwischen große Lücken voller Himmel, manchmal Wolken, die sich hineinschoben, ihre Formen änderten und weiterzogen. Wir waren auf dem Weg zum Don, Olga hatte ihn auf einem meiner Fotos entdeckt, sie hatte ihn gleich erkannt. Olmo hatte mich gebeten, hinzufahren und genau die Stelle zu suchen. Auf dem Foto war einfach irgendein Abschnitt des Flusses zu sehen, es lag Schnee, am anderen Ufer patrouillierte ein russischer Soldat, ohne Deckung, Olmo hatte gezielt und abgedrückt, er hatte ihn mit einem Foto unsterblich gemacht. Der Russe lächelte, aber nur halb, sein Mund zeigte Freude über das Foto, seine Augen dagegen waren erschrocken, sie zeigten Verrat und Schmerz, genau in diesem Augenblick hatte ihn jemand getroffen. Olga hatte das Foto betrachtet, entsetzt die Stirn gerunzelt, angewidert den

Mund verzogen, sie hatte auf den Soldaten gezeigt und gesagt, das dürfe man nicht, einen Menschen verraten, der einem vertraut, ihn einfach umbringen, während man ihn fotografiert. Hinten auf dem Foto stand nur Don, Januar 1943. Und hier waren wir jetzt und suchten einen Weg hinunter an den Fluss, Olga hatte mir allerdings gesagt, sie sei nicht sicher, ob die Stelle, die wir suchten, genau hier war. Aber das Wasser von damals, hatte sie gesagt, sei ja sowieso schon lange nicht mehr da. Das sollte heißen, dass es längst im Meer war, und wer weiß, wie oft es inzwischen verdampft war, und wer weiß, wie oft die Wolken es aufgenommen und wieder auf die Erde hatten fallen lassen, und wer weiß, in wie viele Felder es gesickert war, welche Pflanzen es genährt hatte, und wer die Pflanzen dann gegessen hatte, und zu wessen Körper sie geworden waren, und welches Blut in diesem Körper floss.

Auf dem letzten Stück Straße haben wir die Fenster hochgedreht, bei jedem Schlagloch, in das wir gerieten, war uns Wasser ins Gesicht geklatscht. Zuerst mussten wir eine ganze Strecke im Dunkeln fahren, das Laub über unseren Köpfen war dicht, die Baumkronen hatten sich von einer Seite zur anderen zu einem großen Bogen gewölbt. Es gab nur ein paar Risse aus Sonnenlicht, Spalten zwischen Ästen, aber dann hat sich der Fluss vor uns aufgetan, und das Licht ist uns auf die Windschutzscheibe geknallt wie ein aus dem Himmel geschleuderter Stein. Wir sind mit schlammverklebten Reifen auf der Böschung angelangt, Saschka wollte wissen, wo wir hier waren. Wir haben neben einem anderen Auto geparkt, bei dem standen alle Türen offen, von drinnen kam wummernde Musik, die Boxen waren zu schwach für unverzerrten Klang. Nicht weit entfernt stand eine Familie um einen Grill herum, der Vater, nackter Oberkörper, rauchend, legte Koteletts drauf, die Mutter hielt ihm den Teller hin, von dem er das Fleisch nahm, und die beiden übergewichtigen kleinen Söhne pusteten so lange in die Glut, bis sie das Feuer fast zur Explosion brachten und sich Anschreier einfingen. Ich habe erst die Familie und ihre Aktivitäten am Grill beobachtet, dann habe ich Olga gefragt, ob wir da seien, ob das hier der Don sei. Sie hat Ja gesagt, mich etwas verlegen angelächelt und auf das andere Ufer gezeigt, da waren zwei genau solche Familien, Grill, offenes Auto, Rauchfahnen bis hoch in die Bäume. Olga hat den Motor abgestellt und den Schlüssel abgezogen. Ein Püppchen baumelte am Rückspiegel, es schaukelte noch ein paar Sekunden nach, dann hing es still.

Ich bin ins Wasser gegangen, als wäre das der einzige Weg zum anderen Flussufer. An einer bestimmten Stelle war der feste Boden einfach zu Ende, also nur schrittweise weiter und mit jedem Schritt ein bisschen tiefer hinein ins Wasser, Steine spüren, dann Schlamm, die Füße darin verschwinden sehen. Olga war ein paar Dutzend Meter hinter mir am Auto, es stand da, wo der Waldweg endete, die Heckklappe offen, ihr Schatten ein dunkleres Quadrat auf dem Rasen. Olga versuchte, Saschka den Badeanzug anzuziehen, Saschka verlor das Gleichgewicht, bekam den Fuß nicht durchs Loch, warf lachend den Kopf nach hinten. Etwas entfernt von ihnen brüllte der Vater gerade seine Söhne an, sie hatten irgendetwas in die Glut fallen lassen, dunkler Rauch war aufgestiegen, der Grillfleischduft in Plastikgestank erstickt. Die Jungen hatten angefangen zu heulen, Saschka hatte innegehalten und sie angestarrt, den Mund halb offen, einen Fuß im Badeanzug, den anderen in der Luft wie ein erwartungsvolles Huhn. Dann haben die beiden Jungen sich beruhigt, die Mutter hat den Fleischteller ins Gras gestellt, an jede Hand einen Sohn genommen und sie ans Ufer gebracht. Und so waren sie jetzt alle bei mir, die Mutter, die ihnen die Hütchen zurechtrückte, damit sie vor der Sonne geschützt waren, und die Jungen, die ihr zu entwischen versuchten. Sie hatten leicht verknautschte Gesichter vom Weinen und gleichzeitig Lust, ins Wasser zu springen. Ich habe sie untertauchen sehen. Ich bin instinktiv in Deckung gegangen, die Wasserspritzer haben mir sofort Gänsehaut gemacht. Die Mama hat mich angesehen, mich angelächelt, als wollte sie sich entschuldigen, und die Schultern hochgezogen. Ich habe den ganzen Ärger, den ich verspürte, zurückgehalten, ich habe ein paar Sekunden lang die Augen zugemacht und ihn hinuntergeschluckt, dann habe ich die Augen wieder aufgemacht und ihr Lächeln mit einem Lächeln erwidert.

Die Kinder sind dann in Richtung Flussmitte davongeschwommen. Die Mama ist am Ufer stehengeblieben und hat sie beobachtet, sie hat ein paarmal Luft geholt, als ob sie hinter ihnen herrufen wollte, aber dann doch nichts gesagt. Die beiden Brüder haben sich ab und zu umgedreht, der größere suchte immer nach dem Blick seiner Mutter, um herauszukriegen, ob er zurückkommen solle. Dann hat von hinten der Vater gepfiffen, es war ein Hundehalterpfiff, die Jungen sind erstarrt und sofort zum Ufer zurückgeschwommen. Gleich neben meinen Füßen hüpften inzwischen Frösche, ich sah sie aus dem Wasser schießen und kurz dahinter wieder hineintauchen, das Wasser schlug über ihnen zusammen, das Gequake erstarb, wie wenn jemand abrupt den Mund zuklappt. Ich stand noch immer unentschlossen da, in meiner himmelblau gestreiften Unterhose, mit den Füßen im Schlamm, während die Wassernattern im Zickzack durch den Fluss schossen, als ob sie eine Naht aus Wasser und Wasser nähten. Dann habe ich das Klingeln meines Handys näher kommen hören, bis direkt in meinen Rücken. Ich habe mich umgedreht, und da war Saschka, sie hatte es in der Hand und kam mit ausgestrecktem Arm in ihrem Badeanzug anstolziert. Sie sprach nur mit den Augen, sie trug das Handy, als wäre es eine Bombe, die jederzeit hochgehen kann. Am Telefon war Olmo, er wusste, dass ich an den Fluss fahren wollte. Er hat sich entschuldigt, ich hatte ihm gesagt, ich würde ihn zurückrufen. Er hat gefragt, ob ich am Don sei, und ich habe Ja gesagt. Er hat geschwiegen, dann hat er gefragt: Kann ich ihn mal hören? Ich bin ein paar Schritte weiter ins Wasser gegangen, zwischen hüpfenden Fröschen und um meine Beine gleitenden Nattern. So bin ich noch ein paar Schritte weiter gegangen, jetzt reichte mir das Wasser bis an die Knie, ich habe sie eingeknickt, ich bin bis zum Hals eingetaucht, das Handy am Ohr, mein Atem ging plötzlich heftiger wegen der Kälte, seiner stockte am anderen Ende.

Dann sind wir einfach nur zusammen baden gegangen, vorsichtig atmend, als ob wir gemeinsam bei Nacht durch einen Fluss waten und hinübergelangen müssten, ohne gesehen zu werden. Vom Ufer kam die laute Musik aus den Autotüren herüber, wehte mir mitsamt dem Plastikgeruch über den Kopf, zerstob bei der ersten Böe und zog mit dem Flusslauf davon. Die beiden Jungen waren jetzt wieder bei ihrem Vater, die Mutter hatte sie auf ein Handtuch beordert, der kleinere hatte sich an die Flanke des größeren gekuschelt. Olmo sagte nichts, ich fragte nichts, ich stand im Wasser, untergetaucht bis auf eine Hand und das Telefon, die Füße im Schlamm. Als ich da stand, mit seinen Atemzügen im Ohr, kam es mir vor, als hätte ich ihn mir auf den Rücken geschnallt, müsste versuchen, ihn auf die andere Seite des Flusses zu tragen. Er hängt auf mir, seine Arme um meinen Hals, seine Brust an meinem Rücken, während ich unter ihm schwimme, Beine und Arme ganz sachte bewege, damit er nicht herunterfällt, immer in Angst, ihn aus dem Sattel zu werfen, wo ich ihn doch retten will. Olmo klammert sich atemlos an mir fest, er kann gar nicht anders, als mir zu vertrauen, das Wasser trägt mindestens die Hälfte seines Gewichts. Und dann bin ich am Grund an einen Stein gestoßen, ein stechender Schmerz, Verlust des Gleichgewichts, nach Halt suchen, mich an der Luft festklammern, und das Telefon ist ins Wasser gefallen. Ich habe es durch die grüne Wasseroberfläche sausen und verschwinden sehen, Olmo war augenblicklich verschluckt, ohne auch nur einen Spritzer. Zur selben Zeit rief Saschka vom Ufer aus nach mir, sie hatte inzwischen meinen Namen gelernt, die Mama hatte ihr ein rosa Taschentuch auf den Kopf gebunden.

Meine Mutter war am Telefon: Rate mal, von wo aus ich dich anrufe, dabei hat sie gelacht und dann noch einmal gesagt: Rate mal. Ich war bei Saschka und Olga zu Hause, wir waren gerade angekommen, das Handy funktionierte noch, eine wundersame Rettung. Saschka hat mich bei der Hand genommen und zum Balkon gezogen, meine Mutter hat gesagt: Ist gar nicht so schwer, aber wenn du willst, gebe ich dir einen kleinen Tipp, und als ich gesagt habe: Ja, gut, gib mir einen Tipp, ist die Leitung zusammengebrochen. Die Mietskaserne, in der Olga wohnte, war eine von vielen, aber sie war die letzte vor der Stadtgrenze. Nach vorn heraus sah man nur Gebäude, Autos, Straßen und Menschen, auf der Rückseite war die Steppe, und sie kam von zu weit her, als dass man ihren Ursprung hätte ausmachen können. Olga hatte die Balkontür für mich aufgemacht, Saschka war zwischen uns durchgewitscht, hatte sich auf einen blauen Plastikstuhl gestellt und als Erste hinausgeguckt, Ellbogen aufs Geländer, Kinn in den Händen. Dann haben sie mir die Landschaft gezeigt, Olga hat den Arm ausgestreckt und die Finger gespreizt, als hätte sie einen Schmetterling in der Hand und wollte ihn fliegen lassen. Wir haben ziemlich lange schweigend an dieser äußersten Stelle von Rossosch gestanden, an der nicht nur die Stadt zu Ende war, sondern das ganze Festland, und jeder von uns schob einen Gedanken vor sich her, einen jeweils geheimen Gedanken, der würde natürlich nie zurückkommen, aber er würde jedenfalls irgendwo ankommen.

Saschka stieß ab und zu einen kleinen Schrei aus und reckte den Arm nach unten, als wäre da das Meer, ein ferner Punkt, der immer näher kam, gestrichene Segel, wir hatten das Gefühl, wir sehen Flaggen, gespannte Taue. Aber jedes Mal waren es doch nur Autos oder Lkws, kleine oder große, oder ein Fahrrad, sie kamen langsam auf uns zugeschaukelt, holten sich Schub vom Wind, fuhren unter uns vorbei, verschwanden in die andere Richtung. Wir sind wieder hineingegangen, aber die Wohnung war nach ein paar Schritten zu Ende, nur zwei Zimmer, Linoleum mit Parkettmuster, eine Küche und ein Schlafzimmer, in dem sie beide schliefen. Saschka hat mich wieder an der Hand gezogen und es mir gezeigt, ein kahler Raum, zwei einzelne Betten nebeneinander, dazwischen ein Nachttisch. Auf Saschkas Bett saß eine Puppe, Olgas sah aus wie ein Ehebett, das mit der Axt zerhauen worden war, die eine Hälfte war den Flammen übergeben worden, die andere sah aus wie eine Verzichtserklärung, in der Olga sich jeden Abend zusammenrollte.

Meine Mutter hat wieder angerufen, als wir in der Küche saßen, am Kühlschrank hing eine Zeichnung unter einem Magneten in Herzform. Sie zeigte ein Haus und daneben eine Blume, eine Margerite, die bis zum Dach hochwuchs. Mitten in der Küche stand eine Schüssel auf dem Fußboden, mit etwas Wasser darin. Olga hat mir erklärt, die stehe da für den Fall, dass es regnete, dann lief immer Wasser vom Dach die Stromleitung hinunter, bei manchen Leuten ging dann auch öfter mal das Licht aus. Sie selbst schalteten bei Gewitter immer das Licht aus, setzten sich ans Fenster und guckten auf das Haus gegenüber, im Winter mit einer Decke über den Beinen. Solange es regnete, saßen sie im Dunkeln, und jedes Fenster gegenüber war ein angeschaltetes viereckiges Licht. In der Finsternis warteten sie darauf, dass eins der Vierecke ausging, ausgeschaltet vom Wasser, das über die Kabel lief, durchknallende Birnen und plötzlich Dunkelheit. Sie starrten auf das Gebäude gegenüber, und irgendwann ging tatsächlich ein Fenster aus, dann noch eins, wie auf einem Schießstand, anlegen, abdrücken, und plötzlich Schwarz, wo vorher Weiß war. Dann hat Olga gefragt, ob ich Tee möchte, und Wasser zum Kochen auf den Herd gestellt.

Genau in dem Augenblick hat meine Mutter wieder angerufen, und Olga hat gesagt, ich solle nah ans Fenster gehen. Meine Mutter war endlich klar zu verstehen, ihr Gelächter dasselbe wie zuvor, sie hat gesagt: Hier ist Mama, und damit ein Gespräch mit irgendjemandem abgebrochen, der neben ihr stand und Kommentare abgab. Sie hat gesagt: Und, weißt du's jetzt?, ich konnte neben ihr einen Hustenanfall hören, sie hat gleich weitergeredet: Ich könnte noch sagen, ich rufe von zu Hause aus an. Und da wusste ich, der Jemand neben ihr war Olmo, meine Mutter saß in der Küche unseres früheren Zuhauses. Und dann habe ich auch gelacht, ein bisschen verlegen, und sie hat gefragt: Wieso hast du mir denn nie erzählt, dass er hier wohnt? Aber ihre Stimme klang ganz leicht, und sie selbst schien schlagartig verjüngt, sie hat gesagt: Wir erzählen uns gerade alles, und Olmo hat im Hintergrund gelacht. Dann habe ich sie durch die Wohnung gehen hören, die Stille wechselte von Zimmer zu Zimmer. Sie hat gesagt: Hier ist jetzt alles anders, und es klang, als wäre das ein Trost, dann ist ihre Stimme nach draußen gewandert, der Balkon, Autos von unten, eine vorbeifahrende Straßenbahn. Plötzlich hat sie leiser gesprochen, ganz ernst, sie hat mich gefragt: Warum kommst du nicht zurück? Und hinzugefügt: Hast du was gefunden? Ich habe nur Ja gesagt. Und gleich danach: Nein. Nein. Während sie mit mir sprach, ist Olmo gekommen, ich habe mitgehört, was er gesagt hat: Giovanna, hier riecht was, und sie hat geantwortet, wieder ganz fröhlich: Mach den Herd aus, ich komme gleich. Dann ist sie mit mir wieder hineingegangen, hat mir erklärt: Wir haben uns Nudeln gemacht, und ich konnte Teller und Gläser hören und Olmo beim Tischdecken, er hat gefragt: Trinkst du Wein?, und meine Mutter hat gesagt: Nicht bei der Hitze. Dann, zu mir: Na gut, Pietro, das sollte ja nur eine Überraschung sein, wir wollen jetzt essen, und Olmo ist näher ans Telefon gekommen und hat gerufen: Ciao, junger Mann. Meine Mutter hat aufgelegt, und ich habe die Augen zugemacht, um das Gespräch noch für einen Moment aufzuheben. Sie und Olmo waren darin, und dieses Leichte, das ich in ihrer Stimme gehört hatte, als käme ihr Anruf von einem Ort, der ihr viele, viele Jahre gefehlt hatte. Jetzt saß sie an diesem fehlenden Ort, in der Küche unserer alten Wohnung, und neben ihr saß Mario, mein Großvater, vor einem Teller und einem Glas. Mario, der immer nur bis zur Haustür mitkam und dann kehrtmachte, weil mein Vater ihm nicht begegnen wollte, das Letzte, was ich von ihm sah, war immer der Rücken. Aber jetzt, als Toter, war er auch nach oben gekommen, durch den Hausflur, dann fünf Treppen hoch, an die Wohnungstür, die endlich für ihn aufgemacht worden war, er hatte sich mit seiner Tochter zu Tisch gesetzt, und sie hatte für ihn gekocht.

Vor der Rückreise habe ich noch ein Versprechen eingelöst, das ich Olga gegeben hatte, nämlich das Haus ihres Großvaters auf dem Land zu besuchen. Es war kaum mehr als ein Holzkasten mit Türen und Fenstern, eine Isba, davor und dahinter nur Steppe, Hühner, die durch ein kaputtes Tor hinein- und hinausspazierten, jemand hatte Zahlen auf das Blech geschrieben. Davor stand ein großer blauer Briefkasten, zerhackt von irgendeinem Vogel, der darin nisten wollte. Auf den Kasten war ein rotes Kreuz gepinselt, aber die Farbe war alle gewesen, bevor es vollständig war, es sah aus wie in den blauen Untergrund verschwommen. Das Türchen stand offen, und tatsächlich war ein Nest innen, das den ganzen Boden bedeckte, es sah aus wie ein Bett, das jemand vor dem Weggehen nicht gemacht hatte. Olga hat mir das Haus schon vom Auto aus gezeigt, einen fernen Punkt mitten im Grün, der Strommast ragte scharf in die Höhe, und darunter stand dieses Holzhaus samt Hof, wie vergessen, ein Dorf, das fortgegangen war und alles mitgenommen hatte bis auf eine Sache.

Olgas Großvater ist als Nachhut einer Hühnerschar durchs Tor gekommen, das Auto stand kaum, da spazierten die Hühner heraus wie Majoretten und stoben nach rechts und links auseinander. Dann kamen er und eine verspätete Henne, die ihn noch überholt und sich mit den anderen vereint hat. Er stand da, zwei Krücken und nur ein Bein, der kleine, gedrungene Körper eines Bauern, das Gesicht dunkel von der Sonne und übersät mit Zeichen, scharfe Falten, die aussahen wie eingraviert. Wir sind aus dem Auto gestiegen, über uns dräute der Strommast, sein Schattendreieck wanderte über das Haus und verschwand, es sah aus wie ein Mann, der mit gespreizten Beinen über uns steht, die Haltung wie bei jemandem, der die Hände in die Hüften gestemmt hat und von oben herabguckt. Als wir durch das Tor gegangen waren, sind auch die Hühner wieder hereingekommen. Dahinter war ein Hof, zwei an einer Mauer liegende Hunde und ein paar Katzen, die die Hühner schikanierten, verscheuchten, ein paar Schritte mit wackelnden gefiederten Hinterteilen. Der Rest des Hofs bestand aus weggeworfenen Sachen, die dem ruinösen Zahn der Zeit überlassen worden waren, eine fleckige, löcherige Matratze, rostzerfressene Spaten, ein Fahrrad ohne Vorderreifen und Haufen voller Krempel, ein kaputter Stuhl, Tischbeine, ein Stück Tür, und ganz obendrauf lag ein vorn offener Schuh. So wie diese Stapel von Überbleibseln da aufgeschichtet waren, sahen sie aus wie Scheiterhaufen, bereit für das Opferfeuer, später Rauchsäulen über der Steppe aufsteigend, sich im Himmel auflösend. Als wir auf dem Hof waren, ist Saschka sofort zu den Hunden gelaufen, Olgas Großvater wollte sie aufhalten, er hat eine Krücke hochgerissen wie eine Schranke, aber sie hat sich gebückt und ist darunter durchgerannt, er wäre fast umgefallen.

Die Hühner kamen auch ins Haus, die Tür war nur angelehnt, und sie steckten einfach die Köpfe dazwischen. Besonders eine Henne, kleiner und fetter als alle anderen, ging ständig ein und aus, als ob sie etwas vergessen hätte. Sie kam in die Küche, verschwand im Flur, wenn sie wieder auftauchte, dann nur, um wieder durch die Tür und nach draußen zu gehen, wir sahen sie durchs Fenster im Hof zu den anderen laufen. Draußen rannte sie immer herum, drinnen schritt sie bedächtig, hob das Bein jedes Mal ganz hoch und setzte es ein Stückchen weiter vorn wieder ab, exakt zielend, wie beim Gehen auf einem Seil, nicht nach unten gucken, tief durchatmen. Alle anderen Hühner rannten ungeordnet durchs Haus, kreuz und quer durcheinander, mit Karambolagen auf einer Fliese, alle in Gedanken, atemlos, ein Gemisch aus Euphorie und Panik, als müssten sie alles aufpicken, was aufzupicken war, und dann ganz schnell abhauen, sich so schnell wie möglich in Sicherheit bringen. Sie dagegen kam ganz anders hereingeschritten, gouvernantenhaft, wir beobachteten ihre wohlabgewogenen Bewegungen, heben, zielen, absetzen, ihre Augenringe mit dieser Zeichnung, die aussah wie eine Lesebrille, aufsetzen und alles erkennen. Olgas Großvater saß mittendrin, die Krücken lehnten an einem kleinen Kühlschrank, der zwischen Ausguss und Herd klemmte. Er saß da und schien die Hühner gar nicht wahrzunehmen, die sein Haus bevölkerten, unter deren Durchmärschen der Fußboden so gelitten hatte, ab und zu sprang eins auch auf den Tisch, tat ein paar Schritte und sprang mit Zwischenstopp auf einem Stuhl wieder hinunter. Wir saßen ihm gegenüber, Olga mit Saschka auf dem Schoß, auf Saschkas Schoß eine Katze, und ich daneben, ich zog immer das Bein aus dem Weg, wenn die Gouvernante vorbeispazierte. Es war neun Uhr morgens, auf dem Tisch standen Wodka, ein Napf mit Honig, hart gekochte Eier, Blini, Olgas Großvater sah mich an, er hatte das alles für uns gemacht.

Olga wollte unbedingt, dass ich ihn kennenlerne, der Krieg hatte ihm das Bein genommen, das Haus war das Einzige, was ihm geblieben war. Olga erzählte ihm, dass ich Italiener sei, dass mein Großvater den Krieg mitgemacht habe, die Italiener und die Russen, das war eben so gelaufen, wie es gelaufen war. Er kannte nur drei Wörter auf Italienisch, für ihn waren sie ein Wort, er hatte sie von den Soldaten am anderen Donufer gehört, es war kalt gewesen, Schüsse waren gefallen und dann dieses eine Wort, das aus dreien bestand: Sacramento porca Madonna. Das hat er jetzt fast gebrüllt und dazu sein Glas gehoben, er hielt die vereinten Wörter für einen Trinkspruch, also habe auch ich mein Glas über dem Tisch gehoben: Sacramentoporcamadonna, und runter damit, lachen, und Olga dann auch: Sacramentoporcamadonna, und schließlich Saschka: Sacramentoporcamadonna, ganz leise, der Katze zugeflüstert. Danach kam ein stundenlanges Ess- und Trinkgelage, er hat angefangen zu singen und mit einer seiner Krücken den Takt dazu geklopft. Saschka ist nach draußen gegangen, hat sich ein Holzstöckchen geschnappt, wir haben sie einen Weg auf den Boden zeichnen sehen, einen Pfad aus Geraden und Kurven, auf den sie die Hühner zwingen wollte, sie hat sie angeschnauzt, eins ist sogar aufgeflattert aus lauter Angst vor ihr. Und dann hat Olgas Großvater plötzlich aufgehört zu lachen, sein Mund hat sich verschlossen, seine Augen haben sich verdunkelt. Olga hat mir erklärt, dass ihm der Wodka immer fröhliche Stimmung und Lieder schenkte, aber was er am Ende hinterließ, war diese blaue Melancholie, die lud er ihm auf die Schultern, und dann ließ der Großvater sie sinken, sich davon niederdrücken. Das spürten auch die Hühner, sie kamen tatsächlich nicht mehr in die Küche, sie suchten das Weite, der Geruch, den der Schmerz eines anderen Tieres verursacht, schlägt alle in die Flucht. Olga hat sich zu ihm gesetzt und ihm die Hand auf sein eines Bein gelegt. Sie schien hin- und hergerissen, sollte sie den Schmerz des Großvaters teilen, in diesen privaten Raum eindringen, mich raushalten und abwarten, bis es vorbei ist, oder mir die ganze weinende Trauer übersetzen. Sie haben eine Weile russisch miteinander gesprochen, Zärtlichkeit in den Augen und Gewalt auf den Lippen, sie hat ihn flehend von unten angesehen. Dann hat Olga sich zu mir gewandt und gesagt, er sei nicht böse auf mich, aber sie seien eben millionenfach gestorben, um sich zu befreien, von uns. Als sie wieder schwieg, hat ihr Großvater nach draußen gezeigt, jenseits des Fensters. Und Olga hat mir erklärt, dass der ganze Boden dort voller Toter sei, die Felder, die Bäume, dieses Haus, und dass der Bruder ihres Großvaters auch hier unter der schwarzen Erde liege.

Bevor wir uns verabschiedeten, habe ich gefragt, ob ich ein Foto von ihm machen dürfe, woraufhin Olgas Großvater auf seinen Krücken aus der Küche stürzte, aber dann kam er wieder, in einem Sakko mit Orden und Ehrennadeln auf der Brust. Er hat sich vor dem Kühlschrank postiert, Habachtstellung auf einem Bein, ernster Blick, gesammelte Miene. Olga hat ihn gebeten zu lächeln, aber das tat er nicht, in seinem Gesicht lag das Wissen, dass er in diesem Moment verewigt wird, auf einem Foto, über den Tod hinaus. Dann hat er uns zum Auto gebracht, Pollen hatten in der Zwischenzeit ihren großen weißen Wirbel begonnen, der ganze Hof war schon übersät, die zwischen uns herumrennenden Hühner wirbelten sie wieder auf. Wir haben uns die Hände geschüttelt, er hat Olga gefragt, wann ich abreise, ich habe auf meine Armbanduhr gedeutet, das sollte heißen, sehr bald, mit dem nächstmöglichen Flug. Wir haben aus dem Auto gewinkt, er hat eine Krücke geschwenkt, die auf der Seite mit dem Bein, eine Geste wie bei Schüssen in die Luft. Er ist die ganze Zeit, die wir für den Rückweg über die Schotterpiste brauchten, so stehengeblieben, Saschka hat aus dem Rückfenster zugeguckt, wie er verschwand. Er stand einfach da, bestäubt von weißen Pollen, Jacke und Orden schon weiß, der Kopf ergraut, obwohl er gar keine Haare mehr hatte. Und diese Pollen gingen über ganz Russland nieder, sanken auf unser Auto und die Straße, sanken auf die Felder mit all den Toten darunter und auf die ganze Steppe und auf die Tiere und durch die Landschaft radelnde Frauen und auf die Strommasten, der Himmel war voller weißer Flocken und war dennoch blau trotz all des sommerlichen Schneetreibens, dieses warmen Schnees, der sich über alle Dinge legte.

Sie brachten mich zum Bus, als eben der Morgen gedämmert hatte, Olga wollte, dass Saschka auch mitkommt, mich wegfahren sieht. Ich hatte bei ihnen übernachtet, also Gepäck abholen vor dem Abendessen, in der Lobby ein fester Händedruck vom Texaner, ein beiläufiger Gruß zu Olga, in seinem Blick Enttäuschung über die entgangene Chance. Er hatte mir sogar noch eine Flasche Wodka geschenkt, aber erst in Italien trinken, am besten mit einer Frau, vor der ich keine Angst habe. Saschka war bei mir, während ich oben im Zimmer meine Sachen packte und ihre Mutter unten wartete, sie saß auf dem Boden und sah mir zu. Ich spürte, wie ihre Augen mir folgten, als ob sie mir von hinten leuchteten, sie gingen mit mir im Schrank ein und aus, bei jedem Hemd, das ich vom Bügel zog, auf dem Bett zusammenfaltete, auf den wachsenden Stapel in der Tasche legte, nächste Schicht, nächste Farbe. Sie saß lange so da, kam nie näher, sah mir nur zu auf diese fordernde Art, ließ mich bei jeder Geste, die ich tat, spüren, dass es die Geste von einem ist, der weggeht. Sie saß mit dem Rücken an der Wand, in die Nische unter dem Fenster gekauert, eine kleine Votivkapelle mit einem zornigen kleinen Mädchen darin, die bodenlangen rosa Gardinen dienten als Vorhang. Die ganze Zeit, die sie da unten hockte, hielt Saschka sich abwechselnd die Augen zu, erst das rechte, dann das linke, zusehen, wie die Dinge zentimeterweise verrücken, dabei selbst immer an derselben Stelle bleiben. Mit mir machte sie es genauso, das war ihre Rache, mich nach Belieben zu verrücken, die Macht, einfach ein Auge zu verschließen und mich dadurch herumzuschieben, ohne dass ich irgendetwas merkte. Aber dann war sie doch gegangen, lautes Türknallen, Zorn, die Votivkapelle leer, der Heilige geflohen.

Und dann meine Nacht bei ihnen, zu dritt am gedeckten Tisch, Abendessen ohne viele Worte, Stoffservietten, ihre beiden mit geklauten roten Geschenkbändchen umwickelt. Olga hatte sich feingemacht und darauf bestanden, dass auch ihre Tochter sich feinmachte, Saschka hatte es nur widerstrebend getan und tatsächlich schon beim Essen die Schuhe wieder abgestreift und die Füße auf den Stuhl gezogen. Und Olga war die ganze Mahlzeit lang zwischen Laufen und Sitzen gependelt, ja nichts anbrennen lassen, meinen Teller holen und füllen, Saschka ein Zuhause mit Vater vorführen, dabei hatte sie doch längst einen, der wer weiß wo war. Nach dem Essen hatte Olga abgeräumt, schnell die Teller in die Spüle, und darauf bestanden, ein Foto zu machen, die Kamera auf den Herd, und im Galopp zu uns ins Bild. Aber zweimal war der Selbstauslöser losgegangen, bevor sie wieder bei uns war und sich in Positur stellen konnte, der Blitz hat zweimal nur ihren Rücken getroffen, zwei Fotos einer Frau auf der

Flucht. Irgendwann hatte es geklappt, Olga hatte mir Saschka auf den Schoß gesetzt, sie selbst stand hinter uns und hatte ihre Arme um uns beide gelegt. Auf dem Foto war allerdings Saschkas Kopf gerade weggedreht, Olga sah direkt ins Objektiv, mit roten Lippen und Lächeln, ich hatte die Augen zu und einen Arm von Olga auf der Brust. Das war das Ergebnis, eine Familie nur fürs Foto, Krümel auf der Decke, Gläser noch auf dem Tisch, dazu diese Servietten, zwei mit Bändchen und eine ohne. Dann kam das Bettenbauen: aus ihren zwei kleinen ein großes, das aber trotzdem geteilt blieb, mit zwei Decken und zwei Laken. Saschka war ins Badezimmer gegangen und auf nackten Füßen in einem sehr engen Nachthemd wieder herausgekommen. Niemand von uns war unter die Decken geschlüpft, um keine trennenden Barrieren zu schaffen, ich lag in Boxershorts und T-Shirt da, schamhaft wegen Saschka und leicht verschämt wegen der Haare auf meinen Beinen, die bis zu den Shorts hochwuchsen. Im Schlaf hatte dann jeder gemacht, was er wollte, und der Wecker hatte uns aufgeteilt erwischt, Olga mit Saschka zusammen, die Decke über ihre Körper geworfen wie bei einem Sofa, das man verhängt, bevor man in die Sommerferien fährt. Ich war in dem anderen Bett aufgewacht, das Gesicht auf einem Kissen voller ausgeblichener Feen mit Reisstrohhüten auf dem Kopf und Essstäbchen in der Hand, mein Mund hatte den ganzen Atem der Nacht auf die Feen gehaucht.

Als wir zum Bus kamen, lief schon der Motor, und der Fahrer saß am Steuer, die dunkle Brille gegen die Sonne im Anschlag. Saschka war nach ein paar Minuten im Auto wieder eingeschlafen, allerdings war sie auch vorher nicht richtig wach gewesen. Dann ist der Bus losgefahren, Olga hatte die Kleine auf dem Arm, sie hat mir zugewinkt und die Hand dann wieder auf den Kopf ihrer Tochter gelegt. Danach kamen nur noch Felder, einnicken und sie bei jedem Wachwerden unverändert wiedersehen, über Stunden dieselben Straßen, Asphalt, Sonne, grüne Gräser, warten, dass Moskau in Sicht kommt. In einer der Wachphasen war auf einer Wiese ein Bronzedenkmal zu sehen gewesen, ein Panzer, dessen Rohr in den Himmel zielte, und vor und hinter dem Panzer Wiese, immer nur Wiese. Unter dem Denkmal waren zwei Radfahrer, zwei Männer mit braungebrannten Gesichtern und Profi-Waden. Sie saßen auf dem Sockel, teilten sich eine Feldflasche, ihre Räder lehnten an den Panzerketten. Beide mit den Ellbogen auf den Knien, beide mit nackter Brust, ihre bunten T-Shirts hingen über dem Geschützrohr, sie wehten wie Gardinen in einem Mietshausfenster.

Moskau ist dann am Boden geblieben, das ruckartige Ende des Wummerns auf der Startbahn, kurz darauf das Rumpeln des einklappenden Fahrwerks, ein dumpfes Geräusch und eine andere Stille, die Luft auf den Flügeln, die Suche nach einem Loch für den Steigflug. Ich habe die Stadt durch das Fensterchen betrachtet, sie lag jetzt reglos da wie ein Verzicht, so als ob sie dem Flugzeug zuerst noch nachgelaufen wäre, aber dann plötzlich aufgegeben hätte. Mit jedem Stück, das das Flugzeug in den Himmel stieg, sah ich sie schrumpfen, am Anfang musste man noch in alle Richtungen gucken, um sie ganz zu erfassen, am Ende passte sie komplett in ein Fensterchen. Dann sind wir in eine Wolke hineingeflogen, und Moskau verschwamm und verschwand. Über den Wolken waren jetzt nur noch wir paar Menschen in einem halbleeren Flugzeug. Neben mir saß ein Mann mit Schnauzbart, er hatte während des ganzen Steigflugs Schweißausbrüche, aber kaum lag das Flugzeug wieder waagerecht, waren sie vorbei. Zuerst hatte er die Rückenlehne vor sich fixiert, als ob auf der sein ganzes Leben abliefe, schnell noch mal Revue passieren lassen vor dem Absturz. Er hatte Schweißtropfen auf der Schläfe, die einzeln nach unten rollten, immer auf derselben Bahn, der Mann presste die Fingerkuppe auf die Wange, sobald da ein Tropfen ankam, fing er ihn ab, dann wischte er den Finger an der Hose trocken. Kaum war einer unten, kam sofort der nächste angerollt, wie Skispringer auf der Schanze, Anlauf und abwärts, er spießte sie immer an derselben Stelle auf, automatisch, er tilgte sie auf dem Schenkel, den Blick weiter starr nach vorn auf die Rückenlehne. Dann war der Steigflug vorbei, wir waren ins Himmelblau vorgestoßen, die Anschnallzeichen waren aus, sein Gesicht war augenblicklich trocken. Er hatte die Krawatte gelockert, als hätte der Knoten seine Arbeit, das Flugzeug bis in den Himmel zu bringen, getan, und hatte sich nach der Stewardess umgesehen, auf seiner Wange ein salziger Strich.

Der Flug war ein langer Schlaf, zerfranst, ab und zu die Augen aufmachen, bis zur Spitze des Flügels gucken und gleich wieder ins Dunkel sinken. Die Stewardess ist nur zweimal gekommen, hat uns ein Tablett aufs Tischchen gestellt und etwas später wieder abgeholt, jetzt lag der Plastikbecher darauf, am Rand Lippenabdrücke, die Serviette hineingeknüllt, das Brötchen angebissen. Und ich hatte das Gefühl, ich gehe hier weg und verliere alles, mit jedem Stück Himmel mehr ein Verlust von dem, was ich mit an Bord gebracht hatte, was ich auf der Reise hierher nicht gefunden hatte, und von dem, was ich gefunden, aber gar nicht gesucht hatte, mit jedem Meter mehr in der Luft etwas Eingebüßtes und etwas Dazugewonnenes. Es gab einen Augenblick während des Flugs, in dem ich nach unten geguckt habe, ich habe einen Punkt zwischen dem Rumpf und dem Flügel gesucht, ich habe hinunter auf die Erde geschaut. Es war wolkenlos, es gab nur eine Wiesenfläche, Deutschland, Österreich, vielleicht schon Italien. Ab und zu tauchte eine bewohnte Gegend auf, ein Dorf oder eine Stadt, winzig klein und ganz weit weg, wie die Häuser und Hotels bei Monopoly. Vor diesen Häusern, in den Höfen, auf den Balkonen, auf einer Wiese liegend, auf Dorfstraßen unterwegs, vor den Ampeln im Stau, auf Traktoren waren Menschen und lebten ihr Leben auf Erden, zu klein und zu weit weg, um sie von hier oben erkennen zu können. Einer von ihnen hob gerade den Kopf und sah uns vorüberfliegen, den weißen Streifen, den wir hinter uns ließen. Über zehntausend Meter hoch in der Luft hängend hatte ich das Gefühl, die Dinge zu verlieren, sie im Himmel zurückzulassen, wie ein Flugzeug bei einem verzweifelten Landeversuch, zuerst den Tank leeren, dann festen Boden suchen. Olga und ihre Tochter habe ich so in der Luft zurückgelassen, ich hatte das Gefühl, ich streue sie aus wie Asche, über Deutschland oder Österreich oder Italien. Und außer ihnen habe ich Olgas Großvater ausgestreut, seine Krücken, die Hühner und die Goldzähne der Frau, deren Namen ich nie erfahren habe, und ihren Enkel Kolja und die Lenin-Statue, den Don, in dem ich kurz untergegangen war, und auch diese Zeichnung, die ich noch immer in der Tasche hatte, ein junger Mann an einem Galgen, und die Asche des Mannes, der das gezeichnet hatte, und sein Gesicht in den Bilderrahmen.

Zehntausend Meter weiter unten waren all diese Menschen, jemand sah hoch, jemand zeigte seinem Nebenmann das Flugzeug, jemand hielt sich die Hand über die Augen, um es gegen die Sonne sehen zu können. Und aus den Dingen, die ich verstreute, entstand der Kondensstreifen hinter dem Flugzeug, und er wurde poröser, zerfiel, am Anfang ein dichter weißer Streifen und nach und nach nur noch Tupfer, die auseinanderrissen, zurückblieben, die Schuhe im Flur, die Orden auf der Brust der Traktorfahrerin, das Foto von Olgas Großvater, die Wassernattern, der Hut des Texaners, die unter der Steppe begrabenen Toten. Alles fiel hinunter, und mir blieb nichts mehr, meine Sachen gingen da unten auf die Dörfer nieder, zehntausend Meter tief, wie die Flyer, die am Strand aus Flugzeugen abgeworfen werden. Jemand sah sie vielleicht heruntersegeln und lief hin, fing sie aus der Luft, hielt sie mit der Hand fest, trug sie nach Hause, das Flugzeug war inzwischen längst weg.

Zehntausend Meter weiter unten, aber das wusste ich noch nicht, würde Sara mich abholen. Die Tür zur Ankunftshalle würde aufspringen, und wir würden alle gemeinsam hinausgehen, mit athletischen Schritten um die Ecke biegen, jeder mit seinem Gepäck auf Rollen. Zwischen all den anderen Leuten würde ich Sara sehen, mein Blick angelockt von ihrem. Sie würde sich aus der Kulisse der Wartenden lösen, sie würde herauskommen und dann direkt auf mich zugehen. Wir würden aus dem Flughafengebäude treten und Taxilichter entgegenkommen sehen, und Kofferräume würden aufgeklappt für die Verwandten, alle wieder gut angekommen, Umarmungen, Mamas Kontrollblicke in die Gesichter ihrer Kinder nach den Sommerferien, die jetzt vorbei waren, in ein paar Tagen würde für alle die Schule wieder losgehen. Sara würde sagen, dass meine Mutter ihr verraten hatte, wann ich ankomme, und wir würden zu dem unterirdischen Parkhaus gehen. Die ganze Zeit würden wir kein weiteres Wort wechseln, nur die Geräusche von Schritten und Kofferrollen hören und am Kassenautomaten bezahlen. Wir würden in der falschen Etage landen, das Auto am richtigen Platz suchen, aber einen Stock zu tief. Und Sara würde sagen: Das stand doch hier, und dann würde sie sagen: Bin ich blöd. Und wenn wir es gefunden hätten, würde sie sagen: Da ist es ja, als wäre es zurückgekommen. Sie würde mir den Schlüssel geben, sie würde sagen: Fährst du?, und sich auf die Beifahrerseite setzen, während ich das Gepäck in den Kofferraum stellen würde. Und sie würde sich anschnallen, ich würde zusehen, wie sie sich den Gurt über die Brust zieht, ich würde die Hand zu ihrem Bauch ausstrecken und dann kurz davor zurückziehen, und ich würde sie fragen: Muss der Gurt wirklich sein? Und sie würde sagen: Los, die blenden schon auf, lass uns fahren.

Danksagungen

Dieser Roman hat viele Zuhause. Er hat während seiner allmählichen Verfertigung viel Gastfreundschaft und Trost erfahren. An manchen Orten habe ich Wärme, Unterstützung erhalten und menschliche wie intellektuelle Auseinandersetzung erlebt. An anderen habe ich kostbare und schmerzhafte Zeugenaussagen geschenkt bekommen, die zu beschützen ich auf jede Weise versucht habe. An wieder anderen habe ich im wahrsten Sinn Zuflucht gefunden. Diese Orte wie auch die Menschen, die dort leben, haben diesen Roman zu dem gemacht, was er heute ist. Ihnen allen möchte ich hiermit danken, Erwachsenen wie Kindern, ohne Namen zu nennen, sie sollen in der Intimität ihrer Lebensumfelder bleiben dürfen. Sie haben mir so viel bedeutet und tun es bis heute, jeder auf seine Weise, dass ich immer gerührt bin, wenn ich an sie denke. Jeder von ihnen wird sich hier wiederfinden können, in aller Diskretion und Zuneigung, die ihm gebührt.

Die Orte liegen: in Turin in der Strada Consortile del Salino, in der Via Belfiore, am Lungo Po Antonelli, in der Via Fratelli Calandra, der Via Vincenzo Gioberti, der Via Carlo Alberto, der Via Fidia, der Via Sant'Antonino, der Via Biancamano und auf dem Corso Siccardi; in Torre Pellice im Vicolo Dagotti; in Mailand in der Via Cappuccio; in Trient in der Via Francesco Petrarca; in Camogli an der Piazza Don Bosco; in Bologna in der Via delle Fragole; in Genua in der Via Assarotti; in Woronesch in der Uliza Mitschurina (WGAU); in Moskau in der Uliza Pjatnizkaja; in Paris in der Rue de l'Université und der Rue Becquerel; in Reano in der Località Fontanelle; in Cuneo in der Via Beppe Fenoglio und der Via Luigi Teresio Cavallo. Dies ist meine Umarmung.

Andrea Bajani

Die Übersetzerin dankt sehr herzlich der römisch-kalabresisch-kreuzbergischen Freundin Rosetta Froncillo, die in beiden Sprachen lebt, liest und schreibt und auch diesmal wieder kluge, sanfte Wellenbrecher auf dem Weg vom Ufer der einen zu dem der anderen zur Verfügung gestellt hat. Und natürlich Andrea Bajani, der alle Fragen geklärt hat, die nur der Autor selbst klären kann – wie immer präzise und schnell. Il mio abbraccio a tutti e due!

Pieke Biermann